NATALIE BRUNELL

BITCOIN FÜR ALLE

BITCOIN FÜR ALLE

Warum unser Finanzsystem kaputt
und Bitcoin die Lösung ist

NATALIE BRUNELL

VERLAG FRANZ VAHLEN MÜNCHEN

**Jeder ist gegen Bitcoin,
bevor er für Bitcoin ist.**

—MICHAEL SAYLOR

Aktuelle Neuerscheinungen, Bestseller und Tipps aus dem Lektorat im Vahlen-Newsletter unter: **https://www.vahlen.de/newsletter**.

Original title: *Bitcoin is for Everyone: Why our financial system is broken and Bitcoin is the solution*

Übersetzt aus dem Amerikanischen durch das Lektorat des Verlags Franz Vahlen

»Originally published in the UK by Harriman House, an imprint of Pan Macmillan, a division of Macmillan Publishers International Limited in 2025, www.harriman-house.com.«

Die Abbildungen 1, 2, 3, 5, 6, 8, 9 und 10 wurden vom Autor unter Verwendung generativer KI-Tools von ChatGPT erstellt. Die Abbildungen 4 und 7 wurden vom Verlag gezeichnet, enthalten jedoch Grafiken, die vom Autor unter Verwendung generativer KI-Tools von ChatGPT erstellt wurden.

vahlen.de

ISBN PRINT 978 3 8006 8039 9

Dieser Titel ist auch als E-Book erhältlich.

Wilhelmstr. 9, 80801 München
info@vahlen.de
Druck und Bindung: Beltz Grafische Betriebe GmbH
Am Fliegerhorst 8, 99947 Bad Langensalza

Satz: Satzkiste GmbH, Stuttgart
Produktion: Sieveking Agentur, München
Umschlag: Ralph Zimmermann – Bureau Parapluie

vahlen.de/nachhaltig
produktsicherheit.vahlen.de

Gedruckt auf säurefreiem, alterungsbeständigem Papier
(hergestellt aus chlorfrei gebleichtem Zellstoff)

INHALTSVERZEICHNIS

Vorwort 9

Einleitung: Jeder hat eine Geschichte 13

1. Jeder spürte, dass es ein Problem gibt 21
2. Alle arbeiten härter für weniger 29
3. Das hätten alle in der Schule gelernt 41
4. Jeder ist von der Gelddruckmaschinerie betroffen 51
5. Alle brauchen Geld 67
6. Jeder muss dem System vertrauen 77
7. Alle wollen Dollar 87
8. Jeder spürt die Auswirkungen 95

9. Alle haben den Preis gezahlt 109

10. Alle fragen: »Was ist Bitcoin?« 121

11. Jeder kann den Code von Bitcoin überprüfen 135

12. Alle brauchen Energie 151

13. Jeder kann sich mit dem Internet des Geldes verbinden 165

14. Alle brauchen Hoffnung 177

15. Jeder kann seine eigene Bank sein 191

16. Alle möchten ein sinnvolles Leben 203

Epilog: Bitcoin ist für ALLE 213

Dank 217

Glossar und wichtige Begriffe 223

Anmerkungen 237

Über die Autorin 245

VORWORT

»Da schwimmen diese beiden jungen Fische dahin und treffen zufällig auf einen älteren Fisch, der in die andere Richtung schwimmt, der ihnen zunickt und sagt: ›Guten Morgen, Jungs. Wie ist das Wasser?‹ Die beiden jungen Fische schwimmen ein Stück weiter, und schließlich schaut der eine den anderen an und sagt: ›Was zum Teufel ist Wasser?‹«

DAVID FOSTER WALLACE

Jeder könnte eine Wegbeschreibung gebrauchen.

Wir schwimmen in einer Welt, die so untrennbar mit Geld verbunden ist wie Fische mit Wasser.

Wir arbeiten, geben Geld aus, sparen und streben nach etwas, halten aber selten inne, um die Frage zu stellen, die alles verändern könnte:

»*Was zum Teufel ist Geld?*«

In dem Moment, in dem wir anfangen, Geld zu hinterfragen – nicht nur, wie man mehr davon bekommt, sondern was es wirklich ist –, beginnen wir, die Welt mit anderen Augen zu sehen. Dieses Buch ist eine Einladung, diese Frage zu stellen.

Wie der Titel schon sagt, richtet sich *»Bitcoin für ALLE«* an, nun ja, wirklich jeden. Von denen, die von Gehaltsscheck zu Gehaltsscheck leben, über Familien mit komfortablen Ersparnissen bis hin zu Investoren, die Portfolios im Wert von mehreren Millionen Dollar verwalten. Wir alle kämpfen mit den Herausforderungen, die das heutige Wirtschaftssystem mit sich bringt.

Viele von uns haben das Gefühl, ein leckgeschlagenes Schiff zu steuern, das nur eine starke Welle davon entfernt ist, ganz unterzugehen. Für andere bedeutet das über Wasser Bleiben eine ständige Anstrengung, in dem sie klug investieren, Schulden aufnehmen und sich auf komplexe Strategien verlassen, nur um den Anschluss nicht zu verlieren.

Wir haben all das als »normal« hingenommen, aber es lohnt sich zu fragen: Muss es wirklich so sein?

Dieses Buch untersucht, wie wir an diesen Punkt gelangt sind, und bietet eine einfache, anschauliche Einführung in Bitcoin als Ausweg aus unserem aussichtslosen Kampf mit *kaputtem Geld* – ein Konzept, das wir im Laufe des Buches definieren und näher beleuchten werden.

Es bietet einen Weg, das Ruder herumzureißen.

Bitcoin erregt derzeit viel Aufmerksamkeit, und seine Rolle in der Weltwirtschaft wird in den kommenden Jahrzehnten nur noch an Bedeutung gewinnen. Sich mit Bitcoin auseinanderzusetzen, ist aufschlussreich und inspirierend, kann aber auch einschüchternd wirken: Bei der Fülle an Informationen ist es leicht, sich verwirrt, überfordert oder unsicher zu fühlen, wo man anfangen soll.

Deshalb habe ich dieses Buch geschrieben.

Sie brauchen weder einen Hintergrund in Wirtschaft oder Technologie noch müssen Sie ein investigativer Journalist wie ich sein, um das Potenzial von Bitcoin zu verstehen. Sie brauchen nur ein wenig Neugier und Aufgeschlossenheit.

Wir beginnen unsere Bitcoin-Reise mit einem Porträt unseres derzeitigen Finanzsystems und decken die Mängel auf, die zu einer so extremen Vermögenskonzentration und einem allgegenwärtigen Gefühl der Frustration unter den Zurückgelassenen geführt haben.

Sobald wir uns in der Welt des kaputten Geldes zurechtgefunden haben, werden wir bereit sein, Bitcoin nicht nur als Alternative zum Status quo zu erkennen, sondern als bahnbrechendes, transformatives Instrument der finanziellen Selbstbestimmung. Wir werden einen Blick hinter die Kulissen werfen und die Grundlagen von Bitcoin erkunden – was es ist, woher es kommt und wie es funktioniert –, während wir die größeren Probleme im Blick behalten, für deren Lösung es ausdrücklich entwickelt wurde.

Schließlich werden wir untersuchen, wie Bitcoin das Potenzial für Freiheit und Wohlstand an Orten eröffnet, an denen finanzielle Unterdrückung solche Möglichkeiten lange Zeit ausgeschlossen hat, und darüber nachdenken, wie Bitcoin dazu beiträgt, die Art und Weise neu zu definieren, wie wir in unserem eigenen Leben Werte schaffen und erleben. Natürlich werden wir auch Methoden zum Kauf und zur Aufbewahrung des Bitcoin-Tokens selbst besprechen.

»*Bitcoin für ALLE*« lädt Sie ein, diesen Status quo in Frage zu stellen und darüber nachzudenken, wie wir darauf konditioniert wurden, den Ist-Zustand zu akzeptieren, anstatt uns vorzustellen, wie die Dinge *sein könnten*.

Wenn Sie dieses Buch zu Ende gelesen haben, hoffe ich, dass Sie sehen, was ich sehe: dass Bitcoin ein bahnbrechendes Werkzeug für finanzielle Freiheit ist, das gewöhnlichen Menschen wie Ihnen und mir hilft, aus diesen turbulenten finanziellen Gewässern herauszunavigieren und echten, dauerhaften Wohlstand aufzubauen.

Mein Ziel ist es, Ihnen Bitcoin näherzubringen, damit Sie beginnen können, Ihre eigenen Träume neu zu definieren, denn der Aufbau einer besseren Zukunft beginnt damit, daran zu glauben, dass sie möglich ist.

Die Reise beginnt hier.

Einleitung

JEDER HAT EINE GESCHICHTE

»Das Leben bringt manchmal enorme Schwierigkeiten und Herausforderungen mit sich, die unerträglich scheinen. Aber du kannst sie ertragen, und du wirst sie ertragen, und dein Leben kann einen Sinn haben.«

BARBARA WALTERS

Denken Sie einmal darüber nach, wie oft Sie heute schon mit Geld in Berührung gekommen sind. Haben Sie einen Kaffee getrunken oder getankt? Lebensmittel für das Abendessen gekauft? Was ist mit der Kleidung, die Sie tragen, der Wasserflasche, die Sie aufgefüllt haben, oder sogar dem Stuhl, auf dem Sie bei der Arbeit saßen?

Geld ist in fast jeden Aspekt unseres Lebens eingewoben. Die Kinder ins Bett bringen, sich mit einem guten Buch zurückziehen oder auf dem Handy scrollen, bevor man das Licht ausmacht? Die Decke, das Kissen, der Schlafanzug, die Wandfarbe, das Buch, das Smartphone, das WLAN, das Stofftier und natürlich diese Lichter: verdientes Geld, ausgegebenes Geld, manchmal sogar das Gefühl, Geld verschwendet zu haben.

Geld fließt durch alles hindurch und verwebt das Gewebe unseres Alltags so nahtlos miteinander, dass wir es kaum bemerken – zumindest so lange, bis es nicht mehr ausreicht.

Mit unseren Jobs, Elternabenden, Ölwechseln und Zahnarztterminen haben wir selten die Zeit, innezuhalten und über das Wesen des Geldes selbst nachzudenken. Wir wissen, was Geld ist.

Oder etwa nicht?

Die meisten von uns haben ein ziemlich kompliziertes Verhältnis zu Geld. Und wenn wir nicht gerne darüber *nachdenken*, dann *reden* wir auch nicht gerne darüber, besonders wenn die Zeiten hart sind.

Finanzielle Schwierigkeiten können dazu führen, dass wir uns unzulänglich, beschämt und verletzlich fühlen.

Vielleicht gehen wir insgeheim davon aus, dass wir selbst schuld an unseren Problemen sind. Wir geben uns große Mühe, damit niemand von unseren finanziellen Sorgen erfährt, und antworten mit unserem überzeugendsten »Mir geht's gut!«, wenn jemand fragt.

Das ängstliche, mulmige Gefühl in unserem Bauch erzählt jedoch eine ganz andere Geschichte. Während wir uns abmühen, scheint es bei allen anderen zu klappen. *Oder etwa nicht?*

Auch wenn es in diesem Buch um Bitcoin und den Aufbau dauerhafter finanzieller Sicherheit geht, handelt es sich im Kern doch um ein Buch über *Hoffnung*.

In vielerlei Hinsicht sind Geld und Hoffnung zwei Kräfte, die unser Leben vorantreiben; wie bei uns allen wurde auch mein eigenes Leben von beiden geprägt.

Seit ihrer Kindheit war es der Traum meiner Mutter, nach Amerika zu kommen. Meine Eltern wuchsen im kommunistischen Polen auf, wo die Menschen unter den Wirren des Krieges, einer diktatorischen Regierung und zahlreichen Invasionen litten. Es gab kaum Aussicht auf wirtschaftliche Chancen oder sozialen Aufstieg.

Bis heute erinnert sich meine Mutter lebhaft daran, wie sie mit kleinen Kindern im Schlepptau in endlosen Schlangen vor den Essensausgabestellen stand. Einmal, nachdem wir nach stundenlangem Warten endlich an der Theke angekommen waren, war sie am Boden zerstört, als sie erfuhr, dass die Frau vor uns die letzten Parowki – meine Lieblings-Hotdogs – erhalten hatte. Ich brach in Tränen aus, meine Mutter ebenfalls, und die freundliche Fremde war so gerührt, dass sie uns einige ihrer Parowki anbot. »So war das Leben im Kommunismus.«

Mein verstorbener Großvater machte meine Mutter mit klassischen amerikanischen Filmen, Radiosendungen und anderen Einblicken in das Leben jenseits des Eisernen Vorhangs bekannt und pflanzte damit den Gedanken in ihren Kopf, dass es vielleicht eine bessere Welt geben könnte. Er erzählte ihr, dass es in Amerika Freiheit und Chancen gäbe; einen Ort, an dem die Menschen nicht stundenlang in der Schlange stehen mussten, um sich mit dem Nötigsten zu versorgen, und an dem Kinder davon träumen konnten, mehr zu erreichen, als ihre Eltern es je konnten.

Zurück in Polen lebte meine Familie unter vollständiger zentralistischer Kontrolle, in einer Welt ständiger Knappheit. Die Menschen mussten kreativ werden, um über die Runden zu kommen, und wandten sich oft der Schattenwirtschaft zu, weil es keine anderen Optionen gab.

Es mag klischeehaft klingen, aber für sie glich allein das Wissen, dass es Amerika gab, einem Leuchtfeuer in der Nacht.

⇻

Ich war erst fünf Jahre alt, als wir aus Polen in Chicago ankamen, aber einige Erinnerungen haben sich tief in mein Gedächtnis eingebrannt.

Ich erinnere mich an unsere erste Wohnung außerhalb der Stadt. Sie war winzig. Nur zwei kleine Schlafzimmer, ein Badezimmer und eine beengte Küche, in es der meine Mutter irgendwie schaffte, aufwendige polnische Gerichte zuzubereiten, egal wie viel Arbeit sie hatte. Meine Eltern bestanden darauf, dass mein Bruder und ich die Schlafzimmer bekamen, damit wir ein Gefühl von Normalität und Privatsphäre hatten, während sie sich mit einem billigen Schlafsofa im Wohnzimmer begnügten.

Erst viel später wurde mir das Ausmaß dieser Selbstlosigkeit und dieser Opferbereitschaft wirklich bewusst.

⇻

Damals dachte ich, »reich« zu sein, hieße, eine Garage zu haben. Mein Vater, ein Elektriker, arbeitete sechs Tage die Woche und stand während der brutalen Winter in Chicago um 3 Uhr morgens auf, um Eis und Schnee vom Auto zu kratzen. Zu sehen, wie er der eisigen Kälte Tag für Tag trotzte, bestärkte mich in der erlernten Überzeugung, dass harte Arbeit und Bildung zu einem besseren Leben führt. Ich war fest entschlossen, all ihre Opfer zu würdigen, indem ich jede Gelegenheit ergriff, die sich mir bot.

Als ich älter wurde, ermutigten mich meine Eltern, eine Karriere in der Medizin, im Rechtswesen oder sogar in der Politik anzustreben – Bereiche, die sie mit Stabilität und finanzieller Sicherheit verbanden. Aber ich hatte andere Vorstellungen. Bei uns zu Hause liefen ständig die Fernsehnachrichten, nicht nur, um uns auf dem Laufenden zu halten, sondern auch, um meinen Eltern beim Englischlernen zu helfen. Beim Anschauen dieser Sendungen war ich von der Idee fasziniert, selbst Geschichten zu erzählen, die von Bedeutung sind. Ich beschloss, Journalistin wie Barbara Walters oder Oprah Winfrey zu werden, um Menschen aus allen Gesellschaftsschichten zu treffen und ihre Geschichten mit der Welt zu teilen.

Ich ahnte nicht, dass das finanzielle Erdbeben, das zur globalen Geschichte des Jahrzehnts werden sollte, auch mein persönliches und berufliches Leben auf den Kopf stellen würde.

Als ich auf die Highschool kam, hatten sich meine Eltern bereits an die Lebensgewohnheiten ihrer neuen amerikanischen Heimat angepasst und sich nach und nach vom *Bargeldersparen*, einer tief verwurzelten Gewohnheit unter kommunistischer Herrschaft, verabschiedet. Stattdessen hatten sie Kredite aufgenommen und sich bei Banken Geld geliehen, um ihre Träume zu verwirklichen.

Das war eine große Umstellung, da sie in einem System aufgewachsen waren, in dem solche Kredite so gut wie unbekannt waren: Im kommunistischen Polen gab es keine Kreditkarten oder Hypotheken, und Wohnraum wurde in der Regel von der Regierung zugeteilt. Wenn man es irgendwie schaffte, ein Haus zu kaufen, wurde es im Voraus in bar bezahlt. Die bloße Vorstellung, geliehenes Geld zu nutzen, um sich ein Leben aufzubauen, war meinen Eltern völlig fremd.

Als sie schließlich ihr bescheidenes Reihenhaus in einem Vorort von Chicago kauften, symbolisierte die Hypothek meiner Eltern nicht nur, dass sie den amerikanischen Traum lebten, sondern auch ihr neu gewonnenes Vertrauen in dieses ungewohnte System.

Damit brach eine goldene Zeit für unsere Familie an. Meine Eltern hatten endlich ein eigenes Schlafzimmer und sogar, unglaublich, eine Garage! In den folgenden Jahren vertiefte sich ihr Vertrauen in den amerikanischen Lebensstil nur noch weiter. Die Immobilienpreise schossen in die Höhe – allein zwischen 2004 und 2006 um fast 35 %[1] – und es schien letztendlich töricht, nicht dem Beispiel ihrer Freunde zu folgen und die niedrigen Zinsen sowie die gestiegenen Immobilienwerte zu ihrem Vorteil zu nutzen. Also schoben meine Eltern ihre Zweifel schließlich beiseite und nahmen einen Immobilienkredit auf, um das kleine polnische Restaurant mit Feinkostladen zu eröffnen, von dem meine Mutter seit ihrer Einwanderung geträumt hatte.

Kaum hatten sie die Regale gefüllt, spülte die große Finanzkrise von 2008 alles wie ein Tsunami hinfort.

Wir verloren unser Zuhause. Meine Eltern meldeten Insolvenz an. Sie haben sich nie ganz davon erholt, weder finanziell noch emotional. Die Finanzkrise zerstörte ihre Ersparnisse, ihre Hoffnungen und letztendlich ihre Beziehung.

Bis heute fällt es mir schwer, über diese Erfahrung zu schreiben oder zu sprechen, ohne von einer Welle tiefer Traurigkeit überrollt zu werden. Es war ein klarer Wendepunkt in meinem Leben: Fast über Nacht verlor sich mein naives Vertrauen in eine strahlende, vielversprechende Zukunft angesichts der nackten Realität des Erwachsenenlebens in einer Welt, die keinen Sinn ergab.

Mitanzusehen, wie das Leben meiner Eltern in Echtzeit zusammenbrach, hat für mich alles verändert. Ich fühlte mich betrogen: Wie konnte das guten, ehrlichen Menschen passieren? Meiner Familie – und unzähligen Millionen wie uns –, die so hart gearbeitet und sich an die Regeln gehalten hatten?

Die Erfahrung meiner Familie mit einem plötzlichen finanziellen Ruin hat in mir ein Feuer entfacht. Natürlich suchte ich nach jemandem, dem ich die Schuld geben konnte. Meine Wut richtete sich sofort gegen die »Reichen und Gierigen«. Ich nahm an, dass sie ihre Macht und ihren Einfluss genutzt hatten, um die Regierung dazu zu manipulieren, sie mit Hunderten von Milliarden an Steuergeldern zu retten – Geld, das still und leise aus mageren Gehaltsschecks wie unseren abgezogen wurde.

Ich fühlte mich mit der Occupy-Wall-Street-Bewegung verbunden, die forderte, die Reichen zu besteuern und das Geld an diejenigen von uns umzuverteilen, die in Not waren. Ich hatte schon immer Mitgefühl für den »kleinen Mann«, der unter der Last eines Systems zerquetscht wurde, das zugunsten der Mächtigen manipuliert war, und beschloss, etwas dagegen zu unternehmen. Ich würde tatsächlich Investigativjournalistin werden, genau wie meine Heldinnen, und ein Licht auf die Ungerechtigkeiten und die Korruption werfen, die so viele schweigend erdulden mussten.

In den folgenden zehn Jahren widmete ich mich dieser Aufgabe mit voller Kraft. Ich reiste quer durch das Land, um für meine Geschichten die »kleinen Leute« zu treffen, also ganz normale Menschen wie meine Eltern, die versuchten, sich in einem System zurechtzufinden, das gegen sie arbeitete. Ich deckte öffentliche Korruption auf, die explodierenden Kosten für Lebensunterhalt und Bildung sowie die zunehmende Polarisierung, die schon damals begann, ganze Gemeinschaften auseinanderzureißen.

Ich liebte meinen Job. Die Arbeit war faszinierend, aber auch herzzerreißend. Die Menschen, die ich interviewte, hätten so viel mehr verdient. Das hätten wir alle.

Meine Berichterstattung brachte mir Lob und Auszeichnungen ein, aber selbst nach einem Jahrzehnt, in dem ich »meinen Beitrag geleistet« hatte, verdiente ich immer noch kaum genug, um meine Rechnungen zu bezahlen, geschweige denn für meine Zukunft zu sparen. Das mulmige Gefühl in meinem Magen verschwand nie.

Mit jeder Geschichte und mit jedem Jahr, das verging, verfolgte mich dasselbe Gefühl: Irgendetwas stimmte einfach nicht. Die Zukunft – einst so aufregend, wenn man daran dachte – fühlte sich völlig entmutigend an.

Es war das Gegenteil von allem, was ich über den amerikanischen Traum geglaubt hatte, der ein besseres Leben durch harte Arbeit und Ausdauer versprochen hatte.

Damals konnte ich das unmöglich wissen, aber diese schwierigen Jahre bereiteten mich auf die Erkenntnis vor, die mein Leben verändern würde. Doch wie bei so vielen unserer größten Einsichten würde es einige Zeit dauern, bis ich das in Gänze zu schätzen wusste.

Ich kam 2016 durch Freunde in Sacramento, Kalifornien zum ersten Mal mit Bitcoin in Berührung und berichtete im folgenden Jahr sogar kurz darüber im lokalen Fernsehen.[2] Etwa zur gleichen Zeit kaufte ich ein wenig davon, nicht aus Überzeugung, sondern als Glücksspiel.

Damals steckte ich noch in dem Paradigma des kaputten Systems fest und betrachtete Bitcoin als kaum mehr als einen Lottoschein. Mir war noch nicht klar, dass es die beste Lösung für genau die Probleme sein könnte, denen ich zu entkommen und die ich aufzudecken versuchte.

Erst einige Jahre später, als ich versuchte, meine finanzielle Situation in den Griff zu bekommen, griff ich endlich zu den Bitcoin-Büchern, die mein Mentor mir dringend ans Herz gelegt hatte.

Während ich las, fügten sich die Puzzleteile zusammen. Ich hatte das Gefühl, als würde mir ein Schleier von den Augen genommen. So vieles ergab plötzlich Sinn.

Ich begann, die wahre Natur der Probleme zu verstehen, über die ich während meiner gesamten Karriere berichtet hatte: Die Menschen, die ich interviewt hatte, scheiterten nicht, weil sie nicht hart genug arbeiteten oder weil sie Pech hatten. Wie ich waren sie tatsächlich in finanziellem Treibsand gefangen.

Mir wurde klar, dass Bitcoin überhaupt kein Glücksspiel war; es war eine Rettungsleine.

⇸

Das Wissen über Bitcoin hat mein Leben verändert. Es hat mir die Augen für die eigentlichen Ursachen der Probleme geöffnet, über die ich mir schon lange Gedanken gemacht hatte: *Warum* schwindet der amerikanische Traum? *Warum* wird alles immer teurer? *Warum* haben so viele Menschen die Hoffnung verloren? Mir wurde klar, dass viele unserer grundlegenden Annahmen über Geld – was es ist und wie es funktioniert – falsch sind.

Unsere Politiker mögen uns erzählen, die Wirtschaft sei stark, aber die Fakten vor Ort, in unseren Häusern und in unseren Geldbörsen, erzählen eine andere Geschichte.

Ob wir nun uns selbst, unsere politischen Gegner oder irgendeine vage Vorstellung von Unglück dafür verantwortlich machen, wir spüren tief in unserem Innersten, dass etwas nicht stimmt, und wir fühlen uns hilflos.

⇸

Jahrelang hatte ich über große Ereignisse berichtet – Wirtschaftskrisen, politische Umbrüche, soziale Unruhen –, ohne die eine Kraft vollständig zu verstehen, die sie alle stillschweigend prägt: *Geld*. Mir fehlten noch die

Werkzeuge, um zu erkennen, wie das Geldsystem so vieles von dem antreibt, was wir in den Schlagzeilen sehen. Bitcoin öffnete mir die Augen, und als ich es einmal erkannt hatte, konnte ich nicht mehr wegsehen. Deshalb habe ich eine vielversprechende Karriere im traditionellen Fernsehjournalismus aufgegeben, um Menschen über Bitcoin aufzuklären.

Bitcoin enthüllte nicht nur die Ursache so vieler unserer Probleme, sondern bot auch eine Lösung: eine neue Grundlage für wirtschaftliche Selbstbestimmung, die uns allen offensteht.

Mir war klar, dass ich diese Entdeckung nicht für mich behalten konnte. Bitcoin gab mir Hoffnung in einer Zeit, in der ich mich hoffnungslos fühlte. Und ich wusste, dass dieses Wissen mit der Welt zu teilen längst mehr war als nur Teil meiner langjährigen Aufgabe, gewöhnlichen Menschen zu helfen. Es war meine *Berufung*.

1.

JEDER SPÜRTE, DASS ES EIN PROBLEM GIBT

»Ein Nickel ist keinen Dime mehr wert.«

YOGI BERRA

Jedes Jahr bekommen wir für denselben Geldbetrag immer weniger. Der Kaffee auf dem Weg zur Arbeit, die Einkäufe auf dem Heimweg, die Gesundheitsversorgung, Autoreparaturen, die Kosten für den Kauf eines Hauses – fast alles, was wir brauchen, wird immer teurer. Dieses Muster scheint so tief in unserer Realität verwurzelt zu sein, dass wir es mittlerweile als unvermeidlich ansehen. Schließlich haben unsere Eltern viel weniger für Milch, Häuser und Studiengebühren bezahlt als wir heute und unsere Großeltern noch weniger als das. Wenn es Ihnen wie mir geht, haben Sie das wahrscheinlich als etwas abgetan, das außerhalb unserer Kontrolle liegt, und die steigenden Kosten einfach als »so ist das nun mal« abgehakt. Aber haben Sie sich jemals gefragt, *warum das so* ist? Warum wird alles teurer, während wir das Gefühl haben, nicht mehr mithalten zu können? Selbst wenn wir eine jährliche Gehaltserhöhung erhalten, haben viele von uns dennoch Mühe, mit den Lebenshaltungskosten Schritt zu halten, geschweige denn, bedeutende Fortschritte in Richtung finanzieller Sicherheit oder Vermögensaufbau zu machen.

Dieser unerbittliche finanzielle Druck ist besonders herzzerreißend, weil er genau dem Versprechen zuwiderläuft, an das so viele von uns, egal wo auf der Welt, seit unserer Kindheit geglaubt haben: dem amerikanischen Traum. Dieses Ideal nimmt einen einzigartigen und heiligen Platz in der Geschichte ein und bietet die Hoffnung auf ein *Leben, das von unseren Anstrengungen bestimmt wird, nicht von unseren Lebensumständen.*

Doch diesen Traum heute zu verwirklichen, ist eine andere Geschichte. Wie ein Kind mit einem Malbuch versuchen viele von uns ihr Bestes, um »innerhalb der Linien« dessen zu bleiben, was wir uns leisten können. Doch die Grenzen rücken immer näher, und der Traum entgleitet uns.

Da läuft etwas furchtbar schief.

Die Vermögenskonzentration in den Vereinigten Staaten hat die fast aller anderen großen Industrienationen übertroffen.[3]

Die Löhne sind in den letzten Jahrzehnten kaum gestiegen.[4] Schlimmer noch: Inflationsbereinigt bewegen sie sich tatsächlich auf fast dem gleichen Niveau wie vor 40 Jahren!

Jeder Achte von uns lebt in Armut.[5]

Unterdessen stieg das Gesamtvermögen der reichsten Milliardäre Amerikas allein in den vier Jahren zwischen März 2020 und Dezember 2024 um mehr als 193 %![6]

Das sind nicht nur Zahlen. Sie zeichnen ein düsteres Bild eines Systems, das die Kluft zwischen Arm und Reich weiter vergrößert.

Man muss kein Wirtschaftswissenschaftler sein, um zu erkennen, dass die obersten 1 % der Amerikaner mehr Vermögen angehäuft haben als die gesamte Mittelschicht, das unbestrittene Rückgrat der Gesellschaft.

Wenn Sie das wütend macht, sind Sie nicht allein.

Diese Vermögenskonzentration liegt nicht daran, dass die »Habenichtse« plötzlich faul und inkompetent geworden sind. Oder daran, dass die »Reichen« plötzlich besonders gierig geworden sind. Gier gab es schon immer und wird es immer geben.

Das Problem liegt darin, wie das Geld selbst korrumpiert wurde.

Wie der milliardenschwere Wall-Street-Mogul Carl Icahn es in einer HBO-Dokumentation formulierte: »Ich habe dieses Geld verdient, weil das System so schlecht ist, nicht weil ich ein Genie bin.«[7]

Er hat den Nagel auf den Kopf getroffen.

Die Tatsache, dass die Gewinner ihren Anteil am Kuchen immer weiter vergrößern, während der Rest von uns um (immer weniger) Krümel kämpft, ist eigentlich ein Symptom des Problems, das all den anderen zugrunde liegt: kaputtes Geld.

Icahns Beobachtung weist auch auf eine tiefere Wahrheit hin. Selbst für diejenigen, die das Gefühl haben, dass das Geldsystem gut funktioniert –

wo Ausgeben so einfach ist wie das Durchziehen einer Kreditkarte und Investitionen stetig wachsen –, ist eine Gesellschaft, die durch ein kaputtes Finanzsystem strukturell verarmt ist, von Natur aus fragil.

Und die Risse in unserem gesellschaftlichen Fundament lassen sich kaum noch ignorieren.

So sollte es eigentlich nicht sein. Das ist nicht die Welt, von der wir dachten, dass wir sie von unseren Eltern und Großeltern erben würden.

Die meisten von uns sind mit der Überzeugung aufgewachsen, dass selbst in schwierigen Zeiten eine starke Arbeitsmoral die Chance auf ein besseres Leben für uns selbst, unsere Familien und unsere Gemeinschaften verspricht. Doch die Messlatte wird immer höher gelegt.

Für diejenigen, die mehrere Jobs haben und *dennoch* feststellen, dass sie Schulden machen müssen, um ihre Grundbedürfnisse zu decken, geht das einfach nicht auf.

Und selbst für diejenigen, die den Komfort finanziellen Erfolgs genießen, sind die Folgen dennoch sehr real: Wie lange kann die Gesellschaft unter der Last einer wachsenden Mehrheit, die durch Frustration und Verzweiflung an den Rand gedrängt wird, noch zusammenhalten?

Für mich verkörpert der amerikanische Traum die Hoffnung, die meine Eltern veranlasste, in die Vereinigten Staaten zu kommen. Meine Mutter sagte immer, dass man in ihrer Heimat Polen, wenn man arm geboren wurde, wahrscheinlich auch arm starb. Aber in Amerika konnte der, der arm war oder mit absolut nichts hier ankam, mit einer starken Arbeitsmoral und Bildung absolut alles erreichen. Jahre später lernte ich andere Kinder von Einwandererfamilien kennen, die mit genau denselben Worten aufgewachsen waren und daran glaubten.

Das war das Leben, nach dem sich meine Mutter sehnte, das Leben, für das sie Himmel und Erde in Bewegung gesetzt hatte, um es für ihre Familie zu schaffen.

Die Tatsache, dass es ein Land gibt, das sich diesen Idealen verschrieben hat – wenn auch nicht in vollkommener Weise –, ein Land, das buchstäblich auf der Prämisse gegründet wurde, dass das Streben nach Freiheit und

Glück der höchste Ausdruck menschlichen Potenzials ist, hat den Blickwinkel auf das Mögliche erweitert. Es hat unzählige Millionen Menschen nach Amerika gezogen, riesige Reserven an menschlicher Energie und Einfallsreichtum freigesetzt und *die Welt verändert.*

Es ist der eine Traum, der groß genug ist, alle anderen zu umfassen, und es ist ein Traum, für den es sich zu kämpfen lohnt. Der amerikanische Traum ist nach dem Land benannt, das am meisten für ihn steht, aber der Traum ist in Wahrheit *universell.*

Dieser Traum steckt jedoch in großen Schwierigkeiten.

Wenn die Lebenshaltungskosten so dramatisch steigen,[8] dass die Kreditkartenschulden Allzeithochs erreichen und Zahlungsrückstände zunehmen – insbesondere bei jungen Erwachsenen –, ist klar, dass etwas grundlegend schiefgelaufen ist.

Wenn mehr als die Hälfte der Amerikaner unbezahlte Arzt- und Behandlungskosten schuldet (sogar diejenigen mit einer Krankenversicherung![9]), wissen wir, dass etwas sehr schiefgelaufen ist.

Wenn die explodierenden Lebensmittelpreise Millionen von Amerikanern dazu zwingen, sich an Tafeln[10] anzustellen, wissen wir, dass etwas grundlegend schiefgelaufen ist.

Aber vielleicht zeigt sich der bröckelnde amerikanische Traum nirgendwo deutlicher als in der Aussicht auf Wohneigentum. Einst ein Grundpfeiler der Stabilität, ist Wohneigentum heute für fast die Hälfte aller Amerikaner aufgrund explodierender Immobilienpreise[11] unerreichbar, was ein Viertel der Millennials – meine Generation – dazu zwingt, wieder bei ihren Eltern einzuziehen.[12]

Diese Hoffnungslosigkeit zeigt sich auch in einer aktuellen, erschreckenden Umfrage der University of Michigan, wonach junge Amerikaner mit 50 % höherer Wahrscheinlichkeit daran zweifeln, ob das Leben einen Sinn hat. Vier von zehn gaben an, es sei »schwer, Hoffnung für die Welt zu haben«.[13]

Die sozialen Medien sind voll von emotionalen Videos junger Menschen, die nicht wissen, wie sie sich jemals ein Eigenheim leisten oder gar Kinder ohne finanzielle Belastungen großziehen können.

Das sind keine Klagen verwöhnter oder gieriger Menschen. Es sind ehrliche Ausdrucksformen von Frustration und Verzweiflung einer Generation, die auf die schlichten, aber angenehmen Häuser ihrer bürgerlichen Kindheit blickt. Häuser, die heute fast unerreichbar geworden sind. Selbst vorsichtige Schätzungen zeigen, dass zwischen 2020 und 2025 die Einkommen *um 79 Prozent hätten steigen müssen, um sich ein durchschnittliches Eigenheim leisten zu können.*[14] Für viele ist das ein unübersehbares Zeichen dafür, dass die Wirtschaft aus dem Gleichgewicht geraten ist.

Und diese Belastung endet nicht bei ihnen. Jüngere Generationen sehen sich mit der erdrückenden Last explodierender Studienkosten konfrontiert, während ihre Eltern den Ruhestand hinauszögern und weit über die Jahre hinaus arbeiten, die einst der Erholung vorbehalten waren. Selbst diejenigen mit stabilen, gut bezahlten Jobs müssen oft ein zweites oder drittes Einkommen ergattern, nur um mit den steigenden Mieten und den ständig wachsenden Ausgaben Schritt zu halten.

Wie Sie in Abbildung 1 sehen können, reichte 1971 ein einziges Einkommen der Mittelschicht aus, um sich ein schönes Haus leisten zu können. Die Situation hat sich heute dramatisch verändert.

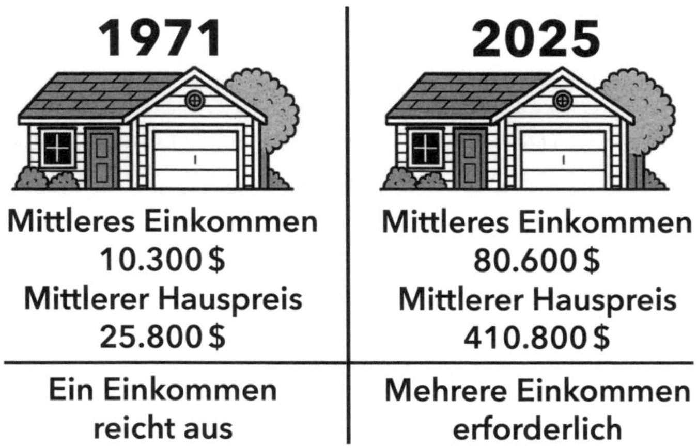

Abbildung 1: Mittleres Einkommen und mittlerer Immobilienpreis 1971 und 2025

Quelle: United States Census Bureau, »Money Income in 1971« (Dezember 1972); Federal Reserve Bank of St. Louis (2025).

Auch wenn wir versuchen, gute Miene zum bösen Spiel zu machen, sind unsere Herzen voller Sorge.

Betrachtet man die Probleme auf der Ebene grundlegender menschlicher Erfahrungen, wird deutlich, wie viel uns verbindet. Wir alle sehnen uns nach Verbundenheit und einem Gefühl der Zugehörigkeit. Wir wollen unser Leben heute verbessern und gleichzeitig für eine bessere Zukunft sparen; wir wollen eine gute Bildung für unsere Kinder, sicherere Gemeinden, einen Ort, den wir stolz unser Zuhause nennen können; wir wollen, dass die Zeit, die wir in unsere Arbeit investieren, wertgeschätzt und fair vergütet wird. Wir wollen auch sicherstellen, dass unsere Familien und die Menschen, die von uns abhängig sind, versorgt sind, wenn wir nicht mehr da sind.

Das sind keine leeren Fantasien; sie sind das Fundament einer gesunden Gesellschaft. Es lohnt sich also zu fragen, warum viele von uns das Gefühl haben, dass das Versprechen dieses Landes der unbegrenzten Möglichkeiten schwindet, und warum die Auswirkungen dieses Verlusts weit über die Grenzen Amerikas hinaus zu spüren sind.

Während globale Debatten zunehmend in einfache politische Lagerkämpfe nach dem Muster »wir gegen sie« abgleiten, sind die Spuren unseres kaputten Geldsystems überall sichtbar.

Die Kluft zwischen den Reichen und allen anderen wächst nicht nur; sie vergrößert sich in immer schnellerem Tempo, sodass es unmöglich wird, aufzuholen. Wenn wir einem Auto hinterherjagen, das immer schneller wird, wird es irgendwann unmöglich, die Lücke zu schließen.

Deshalb reichen unsere jährlichen Gehaltserhöhungen – wenn wir das Glück haben, sie zu bekommen – bei weitem nicht aus. Wie wir in Kapitel 2 sehen werden, halten diese Erhöhungen einfach nicht mit unserem Kaufkraftverlust Schritt.

Nichts davon ist natürlich oder unvermeidbar.

Aber wir greifen vor. Wie das Sprichwort sagt: Ein klar benanntes Problem ist halb gelöst.* Wenn wir unser ganzes Leben nur ein einziges System kennen, fällt es schwer, es wirklich zu erkennen.

Als Reporterin hatte ich es mir zur Aufgabe gemacht, die Missstände aufzudecken und anzuprangern, die ich überall um mich herum sah.

Aber wie die beiden jungen Fische, die sich des Wassers nicht bewusst waren, war ich so sehr auf die Symptome eines kaputten Geldsystems fixiert, dass ich nie daran dachte, das System selbst zu untersuchen.

Mir war nicht bewusst, dass Geld, die eigentliche Grundlage unserer Wirtschaft, von einigen wenigen kontrolliert wurde, die seine Menge mit einem einzigen Tastendruck erhöhen und seinen Wert verändern konnten. Mir war nicht klar, wie tiefgreifend die ständig wachsende Geldmenge jeden Aspekt meines Lebens beeinflusst hat. Das System arbeitete gegen Menschen wie mich und machte es zugleich denen an der Spitze leichter denn je, ihren Reichtum weiter auszubauen.

Aber zu erkennen, wie dieses System die Lebenshaltungskosten, den Wert der Zeit und den Umfang unserer Träume beeinflusst, ist der erste Schritt, um es neu zu gestalten.

---

* Dieses Zitat kursiert in unterschiedlichen Fassungen und wird verschiedenen Personen zugeschrieben. Am häufigsten wird es Charles Kettering zugerechnet, der von 1920 bis 1947 als Vizepräsident und Forschungsdirektor bei General Motors tätig war.

ZUSAMMENFASSUNG VON KAPITEL 1

Unser Geld reicht von Jahr zu Jahr weniger. Wir geben uns selbst die Schuld dafür, dass wir den Anschluss verlieren. Die Lebenshaltungskosten sind in die Höhe geschossen, und für Grundbedürfnisse wie Wohnen sind heute mehrere Einkommen erforderlich, während früher ein einziges ausreichte. Das liegt nicht daran, dass wir faul oder unverantwortlich sind, sondern daran, dass wir in einem *kaputten Geldsystem* leben - einem System, in dem die meisten Menschen hart arbeiten, aber kaum vorankommen, in dem die Löhne nicht mit den steigenden Preisen Schritt halten und in dem die Lebensqualität von einer Generation zur nächsten abnimmt. Das Verständnis der Natur dieses Problems ist der erste Schritt, um wirtschaftliche Chancen zurückzugewinnen und den amerikanischen Traum wiederzubeleben.

Kernaussage: Die steigenden Lebenshaltungskosten sind nicht Ihre Schuld. Sie sind das Ergebnis eines kaputten Währungssystems, das zu einer extremen Konzentration von Reichtum führt.

2.

ALLE ARBEITEN HÄRTER FÜR WENIGER

»Nicht das, was wir nicht wissen, bereitet uns Probleme, sondern das, was wir für sicher halten, was aber einfach nicht stimmt – wie zum Beispiel zu glauben, dass ein Dollar immer einen Dollar wert sein wird.«

JOSH BILLINGS

Die meisten von uns wuchsen mit dem Glauben auf, dass wir hart arbeiten und Geld sparen sollen. Die Idee war einfach: Wenn man einen Teil seines Gehalts beiseitelegt, sichert man sich mit der Zeit seine Zukunft.

Benjamin Franklin sagte bekanntlich: »Ein gesparter Penny ist ein verdienter Penny.« Aber heute trifft es eher zu, dass ein gesparter Penny ein verlorener Penny ist. Es reicht nicht mehr aus, einfach nur ein Gehalt zu verdienen und Bargeld zu sparen, und ich wünschte, ich hätte das früher gelernt.

Angesichts der langsamen Erosion der Kaufkraft, die die heutige Wirtschaft prägt, verliert Geld, das in einem Sparschwein oder einem einfachen Girokonto versteckt ist, Tag für Tag an Wert, wie ein Eiswürfel, der in der Sonne schmilzt. Für viele reicht selbst das Sparen in einem betrieblichen Altersvorsorgeplan nicht aus, um finanzielle Stabilität zu gewährleisten.[15]

Das bedeutet: Wenn Sie über Wasser bleiben wollen (geschweige denn vorankommen), können Sie nicht einfach nur Geld *sparen*; **Sie müssen es in Dinge *investieren*, die an Wert gewinnen**.

Sie müssen *Vermögenswerte* wie Aktien, Immobilien, Gold oder sogar kleine Unternehmen erwerben – alles, was schneller an Wert gewinnt oder Erträge generiert, als die Preise steigen.

Mit anderen Worten: *Ihr Geld muss für Sie arbeiten*, nur um mit den steigenden Lebenshaltungskosten Schritt zu halten.

⇸

Aber wie viele von uns haben das tatsächlich gelernt? Für diejenigen, die keine Wirtschaftshochschule besucht haben, bleiben die Grundlagen des Investierens – sowohl das *Warum* als auch das *Wie* – oft überwältigend und rätselhaft.

So sind die meisten Lohnempfänger, also Menschen, die ihre Zeit gegen ein Gehalt tauschen, dem uralten Rat gefolgt, hart zu arbeiten und so viel wie möglich zu sparen, und merken trotzdem, dass sie nicht vorankommen.

Um wenigstens ihren Lebensstandard zu erhalten, müssen normale Arbeitnehmer ohne jegliche Ausbildung oder Anleitung einen Weg finden, Teilzeitinvestoren zu werden.

Wie Michael Saylor, Vorstandsvorsitzender von Strategy, feststellte: »Von einem Menschen sollte nicht verlangt werden, über die Politik der Zentralbanken, die Politik in den Vorstandsetagen, Wettbewerbsdynamiken, Technologietrends, regulatorische Eingriffe, die Politik im Kongress, Arbeitsbeziehungen, Rechtsstreitigkeiten und Konflikte zwischen Nationalstaaten zu spekulieren, nur um seine Ersparnisse zu sichern.«[16]

Dieses schmelzende Eis treibt uns in ein Wettrennen, für das sich die meisten von uns nie angemeldet haben.

⇸

In den letzten Jahren habe ich beobachtet, wie Freunde Schulden aufnahmen, um Anlageimmobilien zu kaufen, mit dem Ziel, ihre finanzielle Lage zu verbessern. Immobilien waren traditionell ein wirkungsvolles Instrument zum Vermögensaufbau, und das aus gutem Grund, aber es ist alles andere als einfach. Die Verwaltung von Immobilien – sei es für Langzeitmieten oder Kurzaufenthalte – erfordert Zeit, Fachwissen und ständigen Einsatz, während man gleichzeitig Risiken, Instandhaltungskosten und andere finanzielle Komplexitäten bewältigen muss.

Die meisten dieser Freunde hatten nie den Wunsch, nebenbei als Vermieter tätig zu sein. Doch wie *Forbes* es treffend formulierte: »Der Weltbürger muss doppelt so hart arbeiten, wenn es darum geht, über Geld nachzudenken und darüber, wie es so eingesetzt werden kann, dass Wert erhalten bleibt und/oder wächst.«[17]

⇸

Ob wir uns dessen bewusst sind oder nicht: Das kaputte Geldsystem hat uns in eine endlose Jagd nach *Rendite* getrieben, von Fachleuten bevorzugt »Kapitalrendite« genannt.

Wir halten selten inne, um zu hinterfragen, was tatsächlich geschieht und warum.

Die Antwort liegt in der *Inflation*, aber nicht in der Art, die Schlagzeilen macht. Diese Inflation findet lange bevor wir Preissteigerungen sehen statt.

⇸

Wir haben unser ganzes Leben lang unter dem Bann der Inflation gestanden und sie als gegeben hingenommen: Die Preise steigen! Schließlich ist das schon so, seit unsere Großeltern einen Vierteldollar für Brot und 1,50 Dollar für einen Kinobesuch bezahlt haben (siehe Tabelle 1).

Lebenshaltungskosten 1971 – Vergleich USA und BRD

Wohnen

Kategorie	USA 1971	BRD ca. 1971
Durchschnitts-einkommen	10.622 $/Jahr	15.000–18.000 DM/Jahr
Einfamilienhaus (neu)	25.200 $ gesamt	120.000–160.000 DM gesamt
Hauspreis in Jahresgehältern	ca. 2,4 Jahres-einkommen	ca. 7–9 Jahres-einkommen
Neuwagen	3.560 $ gesamt	6.000–8.000 DM gesamt

Kategorie	USA 1971	BRD ca. 1971
Durchschnittsmiete	150 $/Monat	200-300 DM/Monat
Studiengebühren Eliteuni	2.600 $/Jahr	0 DM/Jahr
Kinoticket	1,50 $/Stück	2-3 DM/Stück
Benzin	ca. 0,11 $/Liter	ca. 0,60-0,70 DM/Liter

Lebensmittel

Kategorie	USA 1971	BRD ca. 1971
Briefmarke	0,08 $/Stück	0,30 DM/Stück
Zucker	ca. 0,27 $/kg	ca. 0,25-0,30 DM/kg
Milch	ca. 0,31 $/Liter	ca. 1,30-1,60 DM/Liter
Kaffee	ca. 2,16 $/kg	ca. 5-7 DM/kg
Speck	ca. 1,76 $/kg	ca. 5-6 DM/kg
Eier	ca. 0,98 $/kg	ca. 1,70-2,10 DM/kg
Hackfleisch	ca. 1,37 $/kg	ca. 4-5 DM/kg
Brot	ca. 0,55 $/kg	ca. 0,80-1,20 DM/kg

*Tabelle 1: Lebenshaltungskosten 1971: USA-Werte aus der Originaltabelle auf Liter bzw. Kilogramm umgerechnet. BRD-Werte sind zeittypische Näherungen für Westdeutschland um 1971.**

Quelle für die USA: www.wtfhappenedin1971.com. Für Deutschland: Destatis; Deutsche Bundesbank; historische Verbraucherpreisindizes und Marktstatistiken (BRD, ca. 1971).

Während Inflation oft im Zusammenhang mit steigenden Preisen diskutiert wird, ist das nur ein Teil der Geschichte. Im Kern ist Inflation ein

* Die US-Preise von 1971 lassen sich nicht direkt auf Deutschland übertragen. Die BRD-Werte beruhen auf zeittypischen Näherungen aus historischen Statistiken und wirtschaftshistorischen Übersichten. Sie dienen der kaufkraftnahen Vergleichbarkeit und stellen keine exakten Ladenpreise oder Währungsumrechnungen dar.

Kaufkraftverlust. Und sie wird nicht durch natürliche Kräfte, sondern durch eine wachsende Geldmenge angetrieben.

⇸

Genauer gesagt: Steigende Preise sind zwar die *Auswirkung* der Inflation, aber nicht deren eigentliche *Ursache*.

Die tiefere Ursache unserer Probleme, und worüber wir kaum etwas hören werden, ist diese ständig wachsende Geldmenge. Dies wird als *monetäre Inflation* bezeichnet, auch bekannt als *Geldentwertung*. Aus Gründen, auf die wir gleich noch eingehen werden, verliert Geld mit der Zeit an Wert, je mehr davon geschaffen wird. Das Ergebnis? Die Preise steigen, was bedeutet, dass Ihr Geld nicht mehr so weit reicht wie früher.

Die monetäre Inflation ist der verborgene Motor hinter den steigenden Kosten vieler lebensnotwendiger Güter.

Vielleicht denken Sie jetzt: »Moment mal, es gibt doch viele Gründe, warum die Preise steigen! Was ist mit Störungen in der Lieferkette oder Zöllen?« Diese Faktoren können zwar durchaus zu Preissteigerungen führen, doch handelt es sich dabei oft um die viel diskutierten, kurzfristigen Schocks, nicht um die eigentliche Ursache.

Die Wahrheit ist: Hinter diesen oberflächlichen Kräften verbirgt sich eine tiefere, beständigere Strömung. Der stetige und unaufhaltsame Anstieg der gesamten Geldmenge untergräbt still und leise den Wert unseres Geldes.

⇸

Schauen Sie sich um: Die Preise für alles, was wir brauchen – Lebensmittel, Immobilien, Versicherungen – sind weitaus schneller gestiegen als unsere Gehälter.

Viele Lebensmittel haben sich in den letzten Jahren fast verdoppelt; für ein neues Haus, das 1970 noch 60.000 Dollar kostete, bezahlt man heute gebraucht 500.000 Dollar und muss es wahrscheinlich noch komplett renovieren. Was einst mit einem Mittelklasse-Einkommen bezahlbar war, erfordert heute zwei oder sogar drei.

Wir spüren die Auswirkungen überall, aber die meisten von uns sind nicht in der Lage, die systemischen Ursachen unserer Probleme zu ergründen. Wir zucken mit den Schultern, lassen unseren Frust bei Freunden und

Familie raus oder beschweren uns in den sozialen Medien. Wir gehen davon aus, dass jemand »da draußen« unglaublich gierig ist – vielleicht ein Unternehmen, vielleicht die »Superreichen« – und machen dann weiter damit, unser Bestes zu geben, damit alles irgendwie funktioniert.

Schließlich ist Inflation einfach eine Tatsache des Lebens, oder?

Steigende Preise wären nicht so schädlich, wenn die Einkommen im gleichen Tempo steigen würden. Aber wie wir sehen werden: *Wenn die Geldmenge wächst, kommt das im System geschaffene neue Geld nicht alle gleichermaßen zugute.* Es fließt in eine ganz bestimmte Richtung und begünstigt einige Menschen (die Reichen und gut Vernetzten), während es anderen (dem Rest von uns) schadet.

Arbeitnehmer sehen von diesem neuen Geld selten etwas in Form von nennenswerten Lohnerhöhungen. Stattdessen sammelt es sich in immer weniger Händen an, treibt die Preise für Vermögenswerte der Reichen in die Höhe und setzt die große Mehrheit von uns im Laufe der Zeit unter enormen finanziellen Druck.

Und dennoch bleibt Inflation das tragende Fundament unseres schuldenbasierten Wirtschaftssystems, obwohl die Effizienz technologischer Fortschritte unser Leben eigentlich billiger machen sollte.

Regierungen und Zentralbanken propagieren eine »gesunde« jährliche Inflationsrate von 2 % als notwendig, um die Wirtschaft stabil zu halten und Wachstum zu sichern.

Die Idee dahinter, so sagen sie, ist, dass eine moderate Inflation Ausgaben und Investitionen fördert und den politischen Entscheidungsträgern Spielraum gibt, die Wirtschaft bei Bedarf anzukurbeln. Dieses Ziel wird nicht nur in den Vereinigten Staaten verfolgt, es ist in den meisten Ländern der Welt die Norm.

Diese 2 % beziehen sich auf die *Verbraucherpreisinflation* (CPI, was eigentlich für *Consumer Price Index* steht, den Maßstab, mit dem diese Inflation gemessen und dokumentiert wird). Der CPI erfasst die Kosten für Dinge wie Lebensmittel, Kleidung, Autos und andere Dinge des täglichen Bedarfs. Alles, was über diesem Wert von 2 % liegt, schürt tendenziell die

Frustration in der Bevölkerung, während alles darunter auf eine sich abkühlende Wirtschaft hindeutet.

Sie haben wahrscheinlich die ständigen Nachrichtenberichte gesehen: Die Inflation steigt, kühlt ab, stabilisiert sich, schießt in die Höhe. Da kann einem schon mal schwindelig werden! Aber selbst, wenn Berichte darauf hindeuten, dass »die Inflation zurückgeht«, bedeutet das nicht, dass die Preise fallen. **Es bedeutet lediglich, dass sie langsamer steigen**.

Man könnte annehmen, dass die politischen Entscheidungsträger ernsthaft versuchen, die Inflation zu beseitigen oder zu verringern. In Wirklichkeit ist die Inflation in diesem System jedoch kein vorübergehendes Problem, das gelöst werden muss; sie ist vielmehr von Grund auf so konzipiert, dass wir alle auf einem Laufband rennen, das jedes Jahr um 2 % schneller wird.

Hier sind die Daten: Wenn man die Veränderungen des Verbraucherpreisindex (CPI) im Jahresvergleich ab dem Jahr 2000 mittelt, ergibt sich eine Inflationsrate von etwa 2,5 % pro Jahr, was sehr nahe am offiziellen Ziel liegt.

Dieser Durchschnitt berücksichtigt sogar den Anstieg nach der Pandemie, als der Verbraucherpreisindex im Juni 2022 satte 9,1 % erreichte.[18]

Dennoch wissen die meisten von uns, dass unsere eigenen Rechnungen und Ausgaben weit über 2,5 % gestiegen sind, insbesondere in den letzten Jahren.

Wenn Sie sich überhaupt schon einmal Gedanken über den Verbraucherpreisindex gemacht haben, gehen Sie wahrscheinlich, so wie ich früher auch, davon aus, dass er ein genaues Abbild aller Arten von Inflation widerspiegelt, einschließlich der explodierenden Wohnkosten. Doch das tut er nicht.

So stiegen beispielsweise die Studiengebühren seit 2000 um durchschnittlich 5,5 % pro Jahr,[19] die jährlichen Prämien für arbeitgeberfinanzierte Familienkrankenversicherungen um durchschnittlich 6 % pro Jahr[20] und die Gesundheitsausgaben in diesem Zeitraum um 5,5 % pro Jahr.[21]

Vielleicht ist Ihnen auch aufgefallen, dass die Immobilienpreise weit über diese Inflationszielrate hinaus gestiegen sind; seit 2000 ist der Durchschnittspreis für Wohnimmobilien nicht nur in den USA jährlich um mehr als 4 % gestiegen, in einigen Regionen sogar um durchschnittlich mehr als 7 % pro Jahr.[22]

Unterdessen haben sich die Löhne in etwa parallel zum angegebenen Verbraucherpreisindex entwickelt und seit 2000 nur ein jährliches Wachstum von 3 % verzeichnet.[23]

Während Ihr Gehalt also jedes Jahr vielleicht ein wenig steigt, hält es definitiv nicht mit den steigenden Kosten für Bildung, Gesundheitsversorgung und Wohnen Schritt.

Und die Kluft zwischen dem, was Sie verdienen, und den Lebenshaltungskosten wird immer größer.

Durchschnittliche jährliche Wachstumsrate 2000–2025

Kategorie	USA	BRD
Verbraucherpreise gesamt (CPI)	ca. 2,5 % p. a.	ca. 1,8–2,0 % p. a.
Durchschnitts-Löhne	ca. 3,0 % p. a.	ca. 2,0–2,2 % p. a.
Durchschnitts-Hauspreis	ca. 4,1 % p. a.	ca. 3,0–3,5 % p. a.
Hochschulgebühren	ca. 5,5 % p. a.	ca. 0–1 % p. a.
Gesundheitsausgaben gesamt	ca. 5,5 % p. a.	ca. 3,5–4,0 % p. a.
Krankenversicherungsprämien	ca. 6,0 % p. a.	ca. 3,0–3,5 % p. a.

*Tabelle 2: Vergleich USA und BRD (durchschnittliche jährliche Wachstumsraten)**

Quelle für die USA: »2024 Employer Health Benefits Survey«, KFF, (Oktober 2024), www.kff.org. Die BRD-Werte nach Destatis, Bundesbank, OECD-Langzeitreihen und EU-Vergleichsdaten; kaufkraftnahe Näherungen für 2000–2025.

Warum also besteht eine Diskrepanz zwischen der offiziellen Inflationsrate und den steigenden Preisen, die wir tatsächlich erleben?

Tatsächlich erfasst der Verbraucherpreisindex (CPI) die Preise eines hypothetischen »Warenkorbs«, der alltägliche Einkäufe repräsentiert, *doch der*

* Während sich Preis- und Kostenentwicklungen in den USA und der Bundesrepublik in ihrer Richtung ähneln, unterscheiden sie sich deutlich in ihrer Intensität. Besonders Wohnen und Gesundheit wachsen in beiden Ländern schneller als Einkommen, während Bildungskosten fast ausschließlich ein US-Phänomen sind.

Inhalt dieses Warenkorbs wird oft selektiv ausgewählt und ständig neu zusammengestellt.

Wenn Steak zu teuer wird, gehen Statistiker davon aus, dass die Käufer stattdessen einfach Hähnchen kaufen. Also ersetzen sie in ihren Berechnungen einfach »Steak« durch »Hähnchen« und behaupten, die Lebenshaltungskosten seien gleichgeblieben. Wenn ein neues Auto bessere Sicherheitstechnik oder einen größeren Bildschirm bietet, behandelt der CPI dies als »mehr für sein Geld bekommen«. Das ist ein kleiner finanztechnischer Trick, der den Anschein erweckt, als sei der Preis tatsächlich gesunken.

Weitere Anpassungen tragen ebenfalls zu dieser Verzerrung bei. Verpackungen werden stillschweigend kleiner (Stichwort Shrinkflation), und die Miete, für die meisten Haushalte der größte Kostenblock, wird auf erstaunliche Weise ermittelt, indem Hausbesitzer gefragt werden, was sie für ihre eigene Wohnung wohl verlangen würden, wenn sie sie vermieten wollten. Zusammengenommen helfen diese stillen Korrekturen dabei, das vermeintlich »sichere« Zwei-Prozent-Ziel zu wahren, während die tatsächlichen Lebenshaltungskosten in der Realität deutlich schneller steigen.

Der Punkt ist: Die Inflationszahlen, die uns gemeldet werden, stimmen nicht mit der Realität überein, die wir erleben.

Selbst wenn die Inflation wirklich nur 2 % pro Jahr betragen würde – und wir wissen, dass dies nicht der Fall ist –, würde diese scheinbar geringe Zahl unsere Kaufkraft im Laufe der Zeit dennoch still und leise untergraben. Und dabei ist der *Zinseszinseffekt* noch nicht einmal berücksichtigt. In Wirklichkeit sind die tatsächlichen Kostensteigerungen weitaus höher.

Wie bei einem Boot, das langsam aber stetig Wasser zieht, fühlt sich eine Inflation von 2 % zunächst noch beherrschbar an. Doch sobald mehr Wasser eindringt, als man hinausschöpfen kann, erhöht jeder weitere Zentimeter die Last, mit der man ohnehin schon kämpft. Mit der Zeit schöpft man nicht mehr nur das Wasser aus, das in diesem Jahr hineingelaufen ist, sondern hat es mit einer Menge zu tun, die sich über Jahre angesammelt hat. Genau so wirkt Inflation mit Zinseszins: Sie erhöht die Belastung leise und kontinuierlich, bis Sie sich kaum noch über Wasser halten können.

Was als kleine Unannehmlichkeit beginnt, entwickelt sich zu einer Krise, da unsere Ersparnisse, Gehälter und Renten an Kaufkraft verlieren. Mit der

Zeit ist das Ergebnis klar: Selbst wenn wir alles »richtig« machen, gehen wir dennoch unter.

Durch den Zinseszins werden die Folgen selbst einer geringen Geldentwertung schnell verstärkt. Das bedeutet, dass sich die Kaufkraft unseres Geldes nach 35 Jahren halbiert.

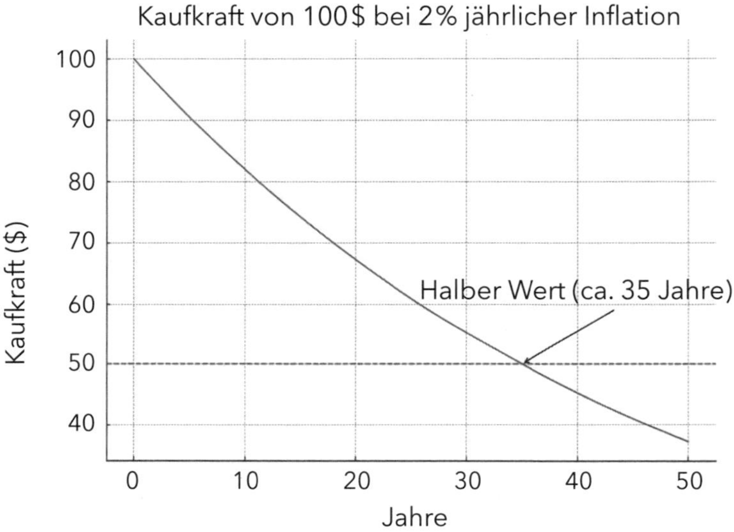

Diagramm 1: Wie sich der Zinseszins bei 2 % auf die Kaufkraft auswirkt

Quelle: Beispiel von Natalie Brunell zur Veranschaulichung der Berechnung von Zinseszinsen.

Halten wir hier kurz inne. Vielleicht fragen Sie sich: »Wenn jedes Jahr mehr Geld im Umlauf ist, ist das dann nicht gut für alle? Macht es nicht jeden reicher?«

Das ist eine berechtigte Frage. Auch wenn es vielleicht etwas kontraintuitiv erscheint: Mehr Geld in das System zu pumpen, bedeutet nicht automatisch mehr Wohlstand für alle. Stattdessen verwässert die Geldzufuhr für die meisten von uns den Wert des Geldes.

Stellen Sie sich ein Glas edlen Rotwein vor. Wenn Sie nur einen Schuss Wasser hinzufügen – sagen wir 2 % –, bemerken Sie zunächst kaum einen großen Unterschied. Aber wenn Sie Jahr für Jahr weiter Wasser hinzufügen, ist der Wein schließlich nicht mehr wiederzuerkennen. Die Farbe verblasst, der Geschmack verschwindet, und zurück bleibt eine schwache, verwässerte Version des Originals. Außerdem brauchen Sie ein größeres Glas, um alles aufzunehmen!

Aber hier ist der Haken. Man hat nicht wirklich mehr Wein, man hat zunehmend verdünnten Wein, der auf dem besten Weg ist, kaum mehr als aromatisiertes Wasser zu werden.

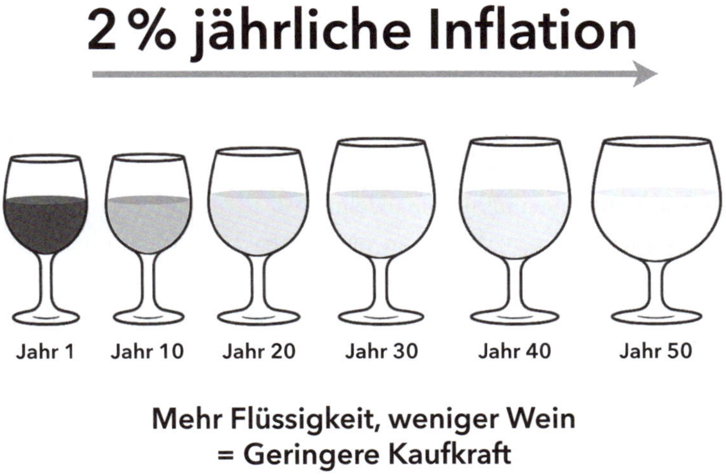

Abbildung 2: Inflation wirkt wie Verdünnung

Genau das passiert bei der monetären Inflation. Wie wir gleich sehen werden, liegt es in der Natur des Geldes, dass mit steigendem Geldangebot die Kaufkraft jeder Einheit (in diesem Fall des Dollars) schrittweise verwässert wird.

Angenommen, Sie besitzen eine seltene Sammelkarte, z. B. eine von nur 21, die jemals gedruckt wurden. Ihr Wert ergibt sich aus dieser inhärenten Knappheit. Sammler wissen, dass sie gegeneinander bieten müssen, um eine zu ergattern. Stellen Sie sich nun vor, eine Fabrik würde plötzlich Hunderte identischer Kopien produzieren. Über Nacht ist das, was einst sehr selten war, nun praktisch alltäglich. Da das Angebot explodiert ist, bricht der Marktpreis Ihrer Originalkarte ein.

Geld funktioniert auf sehr ähnliche Weise. Wenn das Angebot an Dollar schneller wächst als das Angebot an käuflichen Gütern und Dienstleistungen, steht hinter jedem einzelnen Dollar ein kleinerer Anteil an realem Wert, und seine »Sammelbarkeit« sinkt. Genauso wie die Flutung des Marktes mit mehr Karten deren Wert verwässert, verwässert die Flutung der Wirtschaft mit neuem Geld die Kaufkraft jedes einzelnen Dollars. Man braucht mehr davon, um die gleichen Lebensmittel, die Miete oder Konzertkarten zu bezahlen.

Und es kommt noch schlimmer. Wie wir bereits angedeutet haben, *wird neues Geld nicht gleichmäßig in der Wirtschaft verteilt*. Stattdessen fließt es in Richtung derer, die seiner Quelle am nächsten stehen: mächtige Institutionen, große Konzerne und die Finanzelite.

Wir werden sehen, wie dies zu ungleichen Wettbewerbsbedingungen führt, bei denen die Gläser derjenigen an der Spitze mit edlem Rotwein gefüllt werden, während allen anderen nur der fade, verwässerte Rest bleibt.

ZUSAMMENFASSUNG VON KAPITEL 2

Wir sind mit der Überzeugung aufgewachsen, dass harte Arbeit und Sparen unsere Zukunft sichern würden. Doch heute funktioniert diese Formel nicht mehr. Still und stetig untergräbt die Inflation den Wert jedes Dollars oder Euros, den wir verdienen. Offizielle Zahlen wie der Verbraucherpreisindex (CPI) mögen den Eindruck vermitteln, dass die Lage stabil ist, doch diese Zahlen werden so angepasst, dass sie den tatsächlichen Anstieg der Lebenshaltungskosten verschleiern. Unterdessen haben die Löhne nicht Schritt gehalten, und normale Menschen werden in die Rolle widerwilliger Investoren gedrängt, indem sie Immobilien, Aktien oder alles andere kaufen, was die Inflation übertreffen könnte, nur um ihre Kaufkraft zu erhalten.

Kernaussage: Sie kommen nicht voran, weil Sie schlechte Entscheidungen getroffen haben. Sie bleiben zurück, weil das System darauf ausgelegt ist, den Wert Ihres Geldes im Laufe der Zeit zu mindern.

3.

DAS HÄTTEN ALLE IN DER SCHULE GELERNT

»Die beste Investition, die du tätigen kannst, ist die in dich selbst. Je mehr du lernst, desto mehr wirst du verdienen.«

WARREN BUFFETT

Im letzten Kapitel haben wir gesehen, wie die offizielle Zahl des Verbraucherindex oft die tatsächliche Belastung durch die Inflation verschleiert. Lassen Sie uns nun mit etwas mehr Abstand die Ursache dieses Problems betrachten: ein System, das die Wirtschaft mit neuem Geld überschwemmt und den Reichtum an der Spitze konzentriert.

Ökonomen verwenden eine Kennzahl namens »M2«, um unsere gesamte Geldmenge zu erfassen. Stellen Sie sich M2 als jeden Dollar oder Euro vor, der in naher Zukunft ausgegeben werden könnte. Gemeint sind Bargeld in unseren Geldbörsen und Girokonten (»M1«) plus die meisten Sparkonten und Geldmarktfonds für Privatkunden. Insgesamt zeigt M2, wie viel sofort verfügbares Geld in der Wirtschaft vorhanden ist.

Die folgende Grafik veranschaulicht, wie dramatisch die US-Geldmenge M2 seit 1971 gewachsen ist, ein wichtiges Jahr, auf das wir in Kapitel 8 noch einmal zurückkommen werden. Wenn wir das Wachstum der Geldmenge im Zeitverlauf darstellen, springt eine Erkenntnis sofort ins Auge: M2 ist unerbittlich in eine Richtung gestiegen und hat dabei die Kaufkraft jedes bereits im Umlauf befindlichen Dollars stetig verwässert.

Selbst wenn wir uns nur auf die letzten fünf Jahre konzentrieren, fällt eine massive Verschiebung im Jahr 2020 auf, als die Covid-Rettungspakete in Kraft traten und die Geldmenge fast senkrecht in die Höhe schoss.

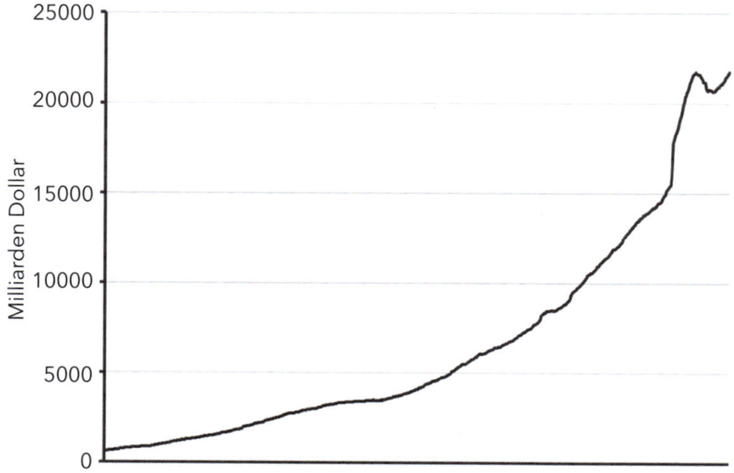

Diagramm 2: Wachstumsrate der Geldmenge M2 1971 bis 2025

Quelle: Board of Governors of the Federal Reserve System (USA) via FRED.

Etwa 40 % aller derzeit im Umlauf befindlichen US-Dollar wurden in diesen wenigen Jahren der Pandemie geschaffen.

Fairerweise muss man sagen, dass die Entscheidungsträger mit einer beispiellosen Krise konfrontiert waren. Vielleicht waren sie sich der langfristigen inflationären Folgen voll bewusst, vielleicht aber auch nicht. In jenem Moment mussten sie sich entscheiden: entweder später höhere Preise oder jetzt hungernde Menschen, die ihr Zuhause verlieren. Die Wahrheit ist wahrscheinlich komplex und vielschichtig: Auch sie waren dem bereits bestehenden System ausgeliefert. Manche handelten vielleicht aus der Dringlichkeit heraus, andere aus ideologischen Gründen und wieder andere vielleicht aus echter Unwissenheit.

→»

Was aber den meisten Menschen nicht bewusst ist und was die Grafik so deutlich zeigt, ist, dass die Geldmenge bereits seit Jahrzehnten stetig anwächst. Schon vor Covid war M2 mit einer durchschnittlichen Rate von fast 7 % pro Jahr gewachsen,[24] und fügte dem Wein still und leise Wasser hinzu. Was 2020 geschah, war nicht der Anfang des Problems. Es war vielmehr die dramatische Beschleunigung eines seit langem bestehenden Musters.

Die Geldmenge ist von Bedeutung, weil, wie wir im letzten Kapitel anhand der Sammelkarten gesehen haben, jeder neu hinzugefügte Dollar die Kaufkraft der Geldmenge mindert, die sich bereits in Ihrem Portemonnaie befindet.

Wenn also Ihr Einkommen und Ihr Vermögen nicht schneller wachsen als diese Geldmengenausweitung, verlieren Sie im Grunde genommen Jahr für Jahr an realer Kaufkraft.

Stellen Sie es sich so vor: Wenn die Geldmenge um etwa 7% pro Jahr wächst, während Ihr Gehalt nur um 3% steigt, schrumpft Ihr »reales« Gehalt – gemessen an der Kaufkraft – tatsächlich um etwa 4% pro Jahr.

Wer bekommt also den Wein, und wer bleibt auf dem Wasser sitzen?

Vielleicht ist die Auswirkung dieses Phänomens nirgendwo in unserem Leben so unverkennbar wie bei den Kosten für die zentrale Säule des amerikanischen Traums: den Eigenheimkauf.

Wenn die Geldmenge wächst, sucht sie Zuflucht in Sachwerten, die ihren Wert bewahren und steigern, und Immobilien stehen dabei oft an erster Stelle.

Die Immobilienpreise schießen in die Höhe, und die Gehälter halten nicht Schritt. Die Auswirkungen sind katastrophal.

Ob es nun langjährige Mieter sind, die zusehen müssen, wie der Traum vom Eigenheim immer weiter in die Ferne rückt, Mittelklassefamilien, die angesichts steigender Kosten in allen Bereichen Mühe haben, ihre Zahlungen zu leisten, oder Rentner mit festem Einkommen, die befürchten, dass ihre Ersparnisse nicht einmal für bescheidene Ausgaben und Grundsteuern reichen, haben die explodierenden Immobilienpreise das Leben für fast alle von uns erschwert.

Und für junge Menschen, die gerade erst am Anfang stehen, insbesondere diejenigen, die alle Regeln befolgt, gute Abschlüsse gemacht, solide Jobs gefunden und hart daran gearbeitet haben, eine gute Bonität aufzubauen, ist der Traum vom Eigenheim fast völlig außer Reichweite gerückt.[25]

Tragischerweise zwingt diese wirtschaftliche Realität auch Millennials und die Generation Z dazu, sich einer zutiefst persönlichen und emotionalen Entscheidung zu stellen: den Kinderwunsch aufzuschieben, weil die Gehälter einfach nicht mit den steigenden Lebenshaltungskosten Schritt halten können. Im Jahr 2020 war die Geburtenrate in den USA niedriger als jemals zuvor in der Geschichte. Wie das *Wall Street Journal* es formulierte: »Schon bevor die Pandemie uns lehrte, das Unerwartete zu erwarten, zögerten Mitglieder der Millennial-Generation die Familiengründung hinaus, bis sie finanzielle Meilensteine erreicht hatten.«[26]

Ich kann diese Studien nachvollziehen, denn so sehr ich mir auch immer gewünscht habe, eine eigene Familie zu gründen, habe auch ich dieses Kapitel meines Lebens immer wieder aufgeschoben. Wie jahrelange Berichterstattung und die Schwierigkeiten meiner eigenen Eltern zeigten, hatte ich angesichts der Belastungen, die finanzielle Not für Menschen, insbesondere für Kinder, mit sich bringen kann, das Gefühl, keine andere Wahl zu haben, als weiter auf finanzielle Stabilität hinzuarbeiten, bevor ich mich darauf konzentrieren konnte, eine eigene Familie zu gründen.

Früher war das nicht so. Werfen wir einen Blick auf die Situation im Jahr 1971 – einem wahrhaft entscheidenden Jahr –, um zu sehen, wie sehr sich die Dinge verändert haben.

Wie Sie sich vielleicht aus Abbildung 1 im ersten Kapitel erinnern, lag der Durchschnittspreis für Eigenheime in den USA 1971 bei etwa 25.800 Dollar, während das durchschnittliche Haushaltseinkommen bei rund 10.300 Dollar lag, was einem Verhältnis von Immobilienpreis zu Haushaltseinkommen von etwa 2,5 entsprach. Das bedeutete, dass sich selbst ein Haushalt mit nur einem bescheidenen Einkommen, wie beispielsweise das eines Postbeamten oder Lehrers, ein Eigenheim durchaus leisten konnte.

Im Jahr 2025 lag der Durchschnittspreis für Wohnimmobilien bei über 410.000 US-Dollar, während das durchschnittliche Haushaltseinkommen rund 80.600 US-Dollar betrug. Damit kostet Wohneigentum inzwischen mehr als das Fünffache eines Jahreseinkommens und macht Wohneigentum heute etwa doppelt so unerschwinglich wie noch vor fünfzig Jahren.

Erschwerend kommt hinzu, dass auch die Belastung durch monatliche Hypothekenzahlungen seitdem erheblich gestiegen ist. Da die Immobilienpreise in den letzten zwei Jahrzehnten in die Höhe schossen, hätten schon moderate Zinserhöhungen Hypotheken für viele Familien unerschwinglich gemacht, ganz zu schweigen von den aggressiven Erhöhungen, die wir tatsächlich erlebt haben.

So haben sich die Hypothekenzahlungen zwischen 2019 und 2024 mehr als verdoppelt,[27] was den Erwerb von Wohneigentum zusätzlich erschwert.

Es muss noch einmal betont werden: Für fast 50% der Amerikaner (und auch vieler Europäer) scheint der Traum vom Eigenheim heute völlig unerreichbar. Die Löhne haben nicht Schritt gehalten, die Kosten sind in die Höhe geschossen, und unser Geld verliert weiter an Kaufkraft. Wahrscheinlich haben Sie die Auswirkungen bereits zu spüren bekommen.

Wir sind nicht verrückt. Wir können diesen Spagat wirklich nicht schaffen.

Wie bereits erwähnt, verdünnen wir den Wein seit Jahrzehnten mit Wasser in einem Umfang von etwa 7%! Ein paar Tropfen wären vielleicht verkraftbar gewesen, vor allem, wenn die Löhne mit der wachsenden Geldmenge Schritt gehalten *hätten*.

Aber auch hier zeigen die Daten eindeutig, dass dies nicht der Fall war. Und wir wissen das aus eigener Erfahrung, ungeachtet der Daten: Keiner meiner Arbeitgeber hat mir jemals eine jährliche Lohnerhöhung von 7% gewährt! Hat Ihrer das getan?

Und dennoch steigen die Preise weiter: nicht unbedingt, weil die Dinge, die wir kaufen, besser geworden sind, sondern weil unser Geld an Wert verloren hat.

Nehmen wir zum Beispiel ältere Häuser. In den meisten Fällen sind sie nicht plötzlich geräumiger, besser gebaut oder mit modernsten Geräten ausgestattet worden. Sie sind vor allem deshalb teurer geworden, weil mehr Geld im Umlauf ist, das um sie konkurriert. Und um das Ganze noch schlimmer zu machen, haben Institutionen – die als erste Zugang zu dem neuen Geld haben – Immobilien in rasendem Tempo aufgekauft. Sie haben dies nicht nur getan, um von Mietern zu profitieren, die sich keinen Kauf mehr leisten können, sondern auch, weil Immobilien zu den wenigen Vermögenswerten gehören, die in einem inflationären System ihren Wert behalten und steigern.

Deshalb kostet das Haus, das seit 1970 nicht mehr renoviert wurde, heute eine unglaubliche halbe Million Dollar. Das Weinglas wird nicht nur verdünnt, es quillt geradezu über vor Wasser mit Weingeschmack.

Im Kern sollte der Wert eines Hauses von dem abhängen, was es uns bietet: einen Ort, an dem wir eine Familie gründen und ein Leben aufbauen können. Heutzutage werden Häuser jedoch ebenso sehr als Investitionen betrachtet wie als Wohnorte, wobei steigende Preise oft als Zeichen des Wohlstands und als Beweis für finanzielle Sicherheit und kluge Investitionen gefeiert werden.

Für viele Hausbesitzer verbirgt dieser »Gewinn« eine komplexere Realität: Während die Immobilienpreise in einigen Regionen in die Höhe geschossen sind, ist die Geldmenge tatsächlich noch schneller gewachsen und hat die Wertsteigerung der meisten Häuser überholt. Höhere Immobilienwerte bringen auch höhere Steuern, höhere Versicherungsprämien und höhere Instandhaltungskosten mit sich. Ein Verkauf mag einen Geldsegen bringen, doch sofern sie ihre Region nicht vollständig verlassen, investieren Hausbesitzer dieses Eigenkapital danach oft in eine andere überteuerte Immobilie.

Gleichzeitig kaufen wohlhabende Investoren – darunter große Institutionen – weiterhin zahlreiche Immobilien auf, nicht, um darin zu wohnen, sondern um dort *Geld zu parken, Miete einzunehmen und darauf zu warten, dass ihre Vermögenswerte an Wert gewinnen* . Damit treiben sie die Preise in die Höhe und verdrängen hart arbeitende Familien.

Was einst der Grundpfeiler des amerikanischen Traums war, ist zu einem Spiel geworden, das sich immer weniger Menschen leisten können.

Und das betrifft nicht nur den Immobilienmarkt. Noch einmal: Wenn die Geldmenge wächst, steigen auch die Preise anderer Vermögenswerte, wie zum Beispiel Aktien. Auf den ersten Blick mag das wie Wirtschaftswachstum oder Vermögensbildung aussehen. Doch in vielen Fällen spiegeln Aktienkurse diese illusorischen Wertsteigerungen bei Immobilien wider: Es *sieht* lediglich nach finanziellem Fortschritt *aus*. Unternehmensaktien steigen nicht unbedingt, weil echter Wert geschaffen wird, sondern reiten oft nur auf derselben Inflationswelle, die alles andere verzerrt.

Das ist eine ernüchternde Wahrheit: Diese »Gewinne«, die wir auf dem Immobilien- *und* Aktienmarkt sehen, sind nicht unbedingt Zeichen für echten Wohlstand. Für viele, die ein Eigenheim besitzen oder über ein Rentenkonto verfügen, mag es so aussehen, als ginge es ihnen auf dem Papier gut. Und ja, es geht ihnen sicherlich besser als dem Durchschnittsverdiener, der gerade so über die Runden kommt. Doch selbst in diesem »besseren« Szenario halten die meisten Menschen lediglich mit der wachsenden Geldmenge Schritt. Sie bauen aber keinen tatsächlichen Wohlstand auf.

Auf mehr Ebenen, als uns oft bewusst ist, ist das eigentliche »Best-Case-Szenario« den *wirklich* Reichen vorbehalten.

Wie bereits angedeutet, genießen die Reichen und gut Vernetzten einen frühen und privilegierten Zugang zu neu geschaffenem Geld. Sie können unvorstellbare Summen leihen, um mithilfe von Hebeleffekten *noch mehr* Vermögenswerte zu kaufen, oft für fast nichts.

Hier geht es nicht um ein paar schwarze Schafe, die das System ausnutzen. Es geht um das System selbst, das zwar legal, aber zutiefst verzerrt ist und unbemerkt mit dem Wenigen der Ärmsten den Reichtum der Reichsten mehrt. Und da vieles davon hinter einem Labyrinth finanzieller Komplexität geschieht, bemerken die meisten von uns nicht, was wirklich vor sich geht.

In den folgenden Kapiteln werden wir aufschlüsseln, wie diese Maschinerie funktioniert und warum sie bisher so schwer zu durchschauen war.

Um einen der wichtigsten und am wenigsten verstandenen Aspekte dieses finanziellen Labyrinths zu verstehen, wenden wir uns einem der bekanntesten Brettspiele aller Zeiten zu: Monopoly.

Stellen Sie sich vor, Sie haben sich ein paar Stunden Zeit genommen, um mit einigen Freunden Monopoly zu spielen. Das Spiel beginnt wie immer: mit klaren Regeln und einem *festen Geldbetrag*.

Jeder entwickelt seine Strategie auf der Grundlage der verfügbaren Ressourcen, und das Spiel verläuft vorhersehbar: Die Spieler sammeln Geld, wenn sie über »Los!« kommen, kaufen Grundstücke auf und bauen Häuser und Hotels, um Miete einzunehmen und Einnahmen zu generieren.

Doch in der Mitte des Spiels verdoppelt der Bankier plötzlich die verfügbare Geldmenge. Und anstatt diesen neuen Reichtum gleichmäßig unter allen Spielern zu verteilen, *belohnt der Bankier diejenigen, die bereits die meisten Grundstücke im Spiel erworben haben.* Dies führt ganz offensichtlich zu einer plötzlichen und erheblichen Vermögensungleichheit.

Die Spieler mit dem neuen Geldzufluss lagen ohnehin schon vorn; nun verfügen sie über *noch mehr* Kaufkraft und können daher in jeder Runde *noch mehr* Grundstücke aufkaufen.

»Aber auf den Karten steht immer noch 400 Euro für die Schlossallee«, protestieren Sie. Stimmt. Doch in dem Moment, in dem zwei finanzstarke Spieler dieselbe Immobilie wollen, wird der aufgedruckte Preis kaum mehr sein als ein Startgebot. Die Spieler können (und werden!) weit über dem Nennwert bieten.

Durch das Hinzufügen von neuem (Spiel-)Geld hat der Bankier, wie diese Abbildung zeigt, eine Situation geschaffen, in der **mehr Geld hinter derselben Anzahl von Grundstücken her ist, was die Kaufkraft jedes Dollars, der bereits im Umlauf war, effektiv verringert**. Die Preise aller Grundstücke – und insbesondere der begehrtesten – steigen.

Abbildung 3: Dollar jagen Immobilien

Spieler, die keinen Zugang zu dieser »neuen Geldquelle« haben, wissen nichts von der verdoppelten Geldmenge und sind daher massiv im Nachteil. Ihre Gewinnchancen sind drastisch gesunken: Egal, was sie tun, es ist für sie strukturell so gut wie unmöglich geworden, aufzuholen.

Natürlich gibt es in einer normalen Runde Monopoly immer Gewinner und Verlierer. Aber damit das Spiel funktioniert – und überhaupt Spaß macht –, *müssen für alle die gleichen Regeln gelten*. Es wäre absurd, wenn der Bankier bestimmten Spielern zusätzliches Geld geben würde. Aber ob Sie es glauben oder nicht: Genau das passiert hier draußen in der realen Welt.

Hier draußen hängen die Spielregeln davon ab, wo man sitzt.

Es ist diese Flut an neuem Geld und die daraus resultierende Vermögenskonzentration, die uns zu der kühnen Idee führt, die den Kern von Bitcoin und dieses Buches bildet:

Geld, das inflationiert werden kann, kann seinen Wert nicht halten. Geld, das immun gegen Inflation ist, bewahrt und vermehrt Vermögen.

Um das zu verstehen, kehren wir zu unserer Wein-Metapher zurück. Wein kommt natürlich nicht einfach aus dem Nichts, jemand muss die Trauben anbauen, sie ernten und sie in einem sorgfältigen Prozess in ein Produkt von weitaus größerer Komplexität und Anziehungskraft verwandeln.

Genauso repräsentiert Geld, egal in welcher Form – Dollar, Euro, Yuan oder eine der über 150 nationalen Währungen –, die Zeit, Energie und Mühe, die wir aufwenden, um es zu verdienen. Wir arbeiten hart, um »unser Glas zu füllen«, im Vertrauen darauf, dass es nicht verwässert wird.

Doch wenn jemand kommt und dieses Vertrauen untergräbt, ändert sich alles. Die Früchte unserer Bemühungen werden verwässert.

Es mag sich so anfühlen, als sei dies einfach die Natur dessen, »wie Wirtschaft funktioniert«, aber das liegt vor allem daran, dass uns nie beigebracht wurde, wie sie *wirklich* funktioniert. In Wirklichkeit gibt es einen mächtigen Mechanismus, der dieses verwässernde neue Geld in Umlauf bringt: Er ist als *Gelddruckmaschine* bekannt und beeinflusst jeden Winkel unserer Wirtschaft.

ZUSAMMENFASSUNG VON KAPITEL 3

Die meisten Menschen glauben, Inflation bedeute lediglich steigende Preise, doch das ist nur ein Teil der Wahrheit. Dieses Kapitel geht tiefer und zeigt auf, wie die Inflation durch die schleichende Ausweitung der Geldmenge angetrieben wird. Wir weisen darauf hin, dass neu geschaffenes Geld nicht gleichmäßig durch die Wirtschaft fließt. Es gelangt, lange bevor es die Gehaltsschecks erreicht, auf Vermögensmärkte wie Immobilien und Aktien, ein Thema, das wir in den kommenden Kapiteln noch eingehender untersuchen werden. Infolgedessen hinken die Löhne hinterher, während Immobilienpreise, Lebenshaltungskosten und Ungleichheit in die Höhe schnellen. Am Beispiel von Monopoly zeigen wir, wie dieser verborgene Mechanismus die Wirtschaft verzerrt und den alltäglichen Wohlstand untergräbt.

Kernaussage: Inflation ist nicht nur ein wirtschaftlicher Nebeneffekt, sondern ein Merkmal des Systems. Und wenn Ihr Einkommen und Ihr Vermögen nicht schneller wachsen als die Geldmenge, verlieren Sie wahrscheinlich an Boden, ohne es überhaupt zu merken.

4.

JEDER IST VON DER GELDDRUCK-MASCHINERIE BETROFFEN

»Zeig mir den Anreiz, und ich zeige dir das Ergebnis.«

CHARLIE MUNGER

Wenn Sie »Gelddruckmaschine« hören, stellen Sie sich vielleicht alte Wochenschauen vor, in denen Papiergeldscheine aus riesigen Druckmaschinen strömen. Die moderne Geldschöpfung beinhaltet jedoch selten überhaupt einen Druckvorgang. Sie ist weitaus subtiler und komplexer. Der Großteil des Geldes in unserer Wirtschaft wird digital geschaffen, durch einen undurchsichtigen Mechanismus, der die Beziehung zwischen *Zentralbanken* und dem gesamten Bankensystem umfasst.

Kapitel 5 befasst sich eingehender mit den Gründen für das Gelddrucken. Vorerst wollen wir uns ansehen, wie dieser wenig bekannte Prozess tatsächlich funktioniert und wie er unbemerkt unsere Fähigkeit untergräbt, zu sparen, zu investieren und echtes Vermögen aufzubauen.

Natürlich ist es nicht so einfach, wie wenn ein Banker auf einem Monopoly-Spielbrett mit Geldscheinen um sich wirft. Aber die Realität ist gar nicht so weit davon entfernt, wie Sie vielleicht denken.

Um zu verstehen, wie neues Geld *tatsächlich* ins Spiel kommt, müssen wir uns die *Federal Reserve* – die Zentralbank der Vereinigten Staaten – und ihre Beziehung sowohl zum US-Finanzministerium als auch zum Geschäftsbankensektor ansehen.

Obwohl die Vorgänge komplex und oft schwer zu interpretieren sind, hat diese Dynamik einen direkten Einfluss auf unsere gesamte Geldmenge. Tauchen wir also ein und erkunden wir sie.

Die Federal Reserve* (oder »die Fed«, wie sie genannt wird) besteht aus 12 Regionalbanken mit Sitz in New York, Boston, Philadelphia, Cleveland, Richmond, Atlanta, Chicago, St. Louis, Minneapolis, Kansas City, Dallas und San Francisco.

Ihr Ziel war es (zumindest auf dem Papier), »der Nation ein sichereres, flexibleres und stabileres Währungs- und Finanzsystem zu bieten.«[28] Unter der Aufsicht eines *nicht gewählten* Fed-Vorsitzenden und eines *nicht gewählten* Gouverneursrats, der vom Präsidenten nominiert und vom Senat bestätigt wird, ist die Fed weder ganz privat noch ganz öffentlich.

Die Zentralbank steht an der Spitze des amerikanischen Bankensystems, dicht gefolgt von den Banken, die Sie als einige der prominentesten Finanzinstitute der Vereinigten Staaten kennen, wie beispielsweise JPMorgan Chase, Citibank, Bank of America und Morgan Stanley.

Diese Banken führen ihre eigenen Konten bei der Federal Reserve, ähnlich wie das Girokonto, das Sie bei Ihrer Hausbank führen.

Die Fed und diese Geschäftsbanken stehen in einer einzigartigen, symbiotischen Beziehung zueinander, die, wie wir sehen werden, fast einer wechselseitigen Partnerschaft gleicht.

* Was hier für die Federal Reserve beschrieben wird, gilt in vergleichbarer Form auch für den Euroraum. Die **Europäischen Zentralbank** (EZB) und die nationalen Zentralbanken schaffen Geld primär digital und leiten es über das Bankensystem in die Wirtschaft, etwa durch Anleihekäufe und langfristige Refinanzierungsgeschäfte, mit ähnlichen Effekten auf Vermögenspreise und Kaufkraft wie in den USA.

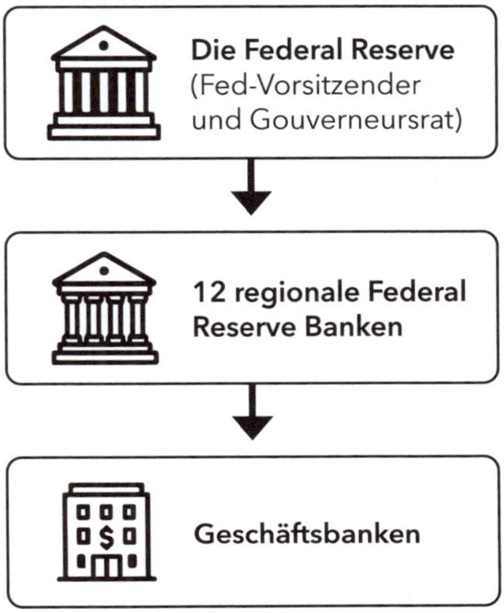

Abbildung 4: US-amerikanisches Bankensystem

Unabhängig davon, welche Partei in Washington regiert, gibt die Bundesregierung gewöhnlich mehr aus, als sie an Steuern einnimmt. Um diese Lücke zu schließen, nimmt das Finanzministerium Kredite auf, indem es *verzinsliche Anleihen* verkauft, bei denen es sich im Wesentlichen um Schuldscheine handelt.

Hier eine kurze Einführung in Staatsanleihen: Wenn jemand eine Anleihe kauft, leiht er der Regierung Geld. Im Gegenzug verspricht die Regierung, es später mit Zinsen zurückzuzahlen.

Nehmen wir an, Sie kaufen eine 10-jährige Staatsanleihe für 1.000 Dollar mit einem Zinssatz von 4%. Jedes Jahr zahlt Ihnen der Staat 40 Dollar an Zinsen (4% von 1.000 Dollar sind 40 Dollar), und nach Ablauf der 10 Jahre (wenn die Anleihe fällig wird) erhalten Sie Ihre ursprünglichen 1.000 Dollar zurück, zuzüglich der 400 Dollar, die Sie durch diese Zinszahlungen angesammelt haben.

Da sie durch das »uneingeschränkte Vertrauen und die Kreditwürdigkeit der US-Regierung« abgesichert sind, gehören Staatsanleihen – oder einfach »Treasuries« – seit einem Jahrhundert zu den vertrauenswürdigsten Vermögenswerten der Welt.

Wer kauft diese Anleihen? Alle möglichen Akteure, darunter Institutionen, Pensionsfonds, ausländische Regierungen und Privatanleger.

Allerdings – und das ist für unsere Diskussion am wichtigsten – sind die großen Geschäftsbanken dazu *verpflichtet*, damit die Regierung stets Käufer für ihre Schulden findet. Und da sie an den Auktionen für Staatsanleihen teilnehmen müssen, werden die großen Banken als *Primärhändler* bezeichnet.

Normalerweise nutzen diese Banken und andere Käufer ihre vorhandenen Mittel oder Reserven, um Staatsanleihen zu kaufen. Das Geld, das sie dafür ausgeben, fließt dann auf das Konto des Finanzministeriums bei der Federal Reserve, wodurch die Regierung ihre Ausgaben finanzieren kann. In diesem Fall wird Geld vom privaten Sektor an die Regierung transferiert, es wird jedoch kein neues Geld geschaffen.

Fehlen jedoch ausreichend private Käufer für die Staatsschulden, sorgt die Zentralbank durch zusätzliche Geldschöpfung für Nachfrage nach den Anleihen.

→»

Das ist *monetäre Inflation* in Aktion: Anstatt auf bestehende Reserven oder ein Sparkonto zurückzugreifen, kann sich die Regierung darauf verlassen, dass die Zentralbank Anpassungen vornimmt, um die Lücke zu schließen.

Heute leiht sich Washington Billionen, nur um die Zinsen von gestern zu decken. Das ist so, als würde man seine Visa-Rechnung mit einer brandneuen Mastercard bezahlen. Nur eine Regierung mit einer eigenen Gelddruckmaschine kann dieses Spiel scheinbar unbegrenzt am Laufen halten.

Wie wir sehen werden, pumpen diese Maßnahmen letztlich neues Geld durch das System und laufen auf eine *Geldschöpfung* hinaus, die in unserer eigenen Gesellschaft ebenso zugunsten der »Reichen« verzerrt ist, wie die neuen Geldausgaben des Monopoly-Bankiers zugunsten der bestehenden Grundstückseigentümer in diesem hypothetischen Spiel.

Mit der Zeit verteuert diese Geldschöpfung das Leben für uns alle. **Im Grunde tauschen wir unsere (sehr reale!) Zeit gegen etwas ein, das andere aus dem Nichts erschaffen können.**

Und damit ist es noch nicht getan. Aus Gründen, die wir in den kommenden Kapiteln untersuchen werden, stützen diese extrem sicheren US-Anleihen nicht nur die US-Wirtschaft: *Sie untermauern das gesamte globale Finanzsystem.*

→»

Nachdem wir jetzt wissen, dass die Fed, die Geschäftsbanken und das US-Finanzministerium die Akteure sind; ist es nun an der Zeit, einen Blick auf das Spiel selbst zu werfen.

Die Geldschöpfung ist eine Gemeinschaftsleistung: Die Fed stellt frisches Geld bereit, die Banken vermehren es durch Kreditvergabe zu neuen Einlagen, und die Zinspolitik steuert das Tempo des gesamten Prozesses. Auf den folgenden Seiten wird jeder Schritt näher erläutert.

Wie die Fed neue Dollar aus dem Nichts schafft

Die Fed hat zwei offizielle Mandate – Preisstabilität und maximale Beschäftigung –, erfüllt aber stillschweigend auch ein inoffizielles drittes: die Aufrechterhaltung der Liquidität am Markt für Staatsanleihen. Denn wenn dieses mehrere hundert Billionen Dollar schwere Rückgrat des Finanzsystems brüchig wird, würden auch alle anderen Prioritäten (und die Gesamtwirtschaft) ins Wanken geraten.

Wenn private Investoren nicht genügend Staatsanleihen kaufen, kann die Fed eingreifen. Sie greift nicht in einen Tresor oder ruft eine andere Zentralbank an, um einen Kredit zu erhalten. Stattdessen öffnet ein Fed-Beamter einen Computer und *tippt eine höhere Zahl in das Reservekonto einer Geschäftsbank ein.*

Diese Tastenanschläge schaffen sofort brandneue digitale Dollar.

Im Gegenzug nimmt die Fed einen Teil der Staatsanleihen der Bank in ihre Bücher auf und kauft damit im Grunde Anleihen zurück, für die die Banken rechtmäßig bezahlt hatten, allerdings ebenfalls mit Geld, das die Fed aus dem Nichts geschaffen hat. Die Banken gehen mit frischem Bargeld davon, das sie verleihen oder investieren können, die Anleihepreise bleiben stabil, und das gesamte System läuft weiter wie geschmiert. Es müssen keine neuen Steuergelder aufgebracht werden, nur ein paar Tastenanschläge bei der Fed.

Ja, Sie haben richtig gelesen.

Die Federal Reserve ist buchstäblich in der Lage, die Bilanzen der Banken direkt zu verändern und so effektiv neues Geld aus dem Nichts zu erzeugen.

Dieses Manöver, bekannt als quantitative Lockerung oder kurz »QE«, erreichte während der Pandemiebekämpfung ein beispielloses Ausmaß. Es war direkt für diesen massiven Anstieg unserer Geldmenge verantwortlich.

Wann immer die Finanzmärkte ins Wanken geraten, das Wirtschaftswachstum nachlässt oder Krisen aufkommen, wird dieser Mechanismus aktiviert. Es sei noch einmal betont: Fast 40 % aller heute existierenden US-Dollar wurden nach der Covid-19-Pandemie geschaffen.

Diese neu geschaffenen Dollar waren nicht das Ergebnis von harter Arbeit, Innovation oder Produktivität, sie entstanden einfach auf Knopfdruck und wurden dann in das System geleitet.

»Bitte sehr«, sagt die Fed im Grunde genommen zu den Geschäftsbanken in ihrem Netzwerk. »Wir haben eure Bilanz um neue Dollar aufgestockt und dieses Geld genutzt, um euch die alten Anleihen abzunehmen. Greift zu!«

Es ist wirklich so einfach. Christopher Leonard, Autor von »*The Lords of Easy Money*«, beschreibt es so:

> Ein Händler bei der New Yorker Federal Reserve ruft einen der sogenannten Primary Dealer an, etwa JPMorgan Chase, und bietet an, Staatsanleihen im Wert von mehreren Milliarden Dollar zu kaufen. JPMorgan verkauft diese Anleihen an die Fed. Anschließend gibt der Fed-Händler die Transaktion ins System ein und bittet den Banker, das Reservekonto zu prüfen. In diesem Moment schreibt die Fed den Betrag gut und schafft damit neues Geld, um den Kauf abzuschließen. JPMorgan kann dieses Geld anschließend nutzen, um im weiteren Markt Vermögenswerte zu erwerben. So schafft die Fed Geld: Sie kauft Vermögenswerte von den Primary Dealern und bezahlt sie, indem sie Geld direkt in deren Reservekonten erzeugt.[29]

Das ist ein großartiges Geschäft für die Regierung und die Banken. Die Regierung hat sofort garantierte Käufer für ihre Schulden (was die Nachfrage insgesamt ankurbelt und die Zinsen drückt), und die Banken schwimmen in zusätzlichem Bargeld, mit dem sie noch *mehr* Anleihen kaufen und *mehr* Kredite vergeben können.

Was uns zu folgendem Punkt bringt:

Wie Banken gewöhnliche Kredite nutzen, um eine neue Geldwelle zu schaffen (»Kredite auf Basis der Mindestreserve«)

Es wäre schon schlimm genug, wenn die Geschichte hier enden würde: Große Banken, die der Fed nahestehen, erhalten kostenloses Geld, um Staatsanleihen zu kaufen, während das Geld aller anderen an Wert verliert. Aber damit ist es *noch nicht* vorbei.

Banken nutzen dieses Sonderrecht, um Geld durch alltägliche Kredite noch weiter zu vermehren.

Stellen Sie sich vor, Sie nehmen eine Hypothek in Höhe von 250.000 Dollar auf, um ein Haus zu kaufen. Man könnte annehmen, dass Banken dieses Geld direkt aus ihren Reserven verleihen, so wie ein Freund 20 Dollar weniger hätte, wenn er Ihnen diese 20 Dollar leihen würde. Aber so funktioniert es nicht wirklich. Stattdessen schreiben Banken Ihrem Konto einfach 250.000 Dollar gut (ohne diesen Betrag irgendwo abzubuchen!), während sie nur einen Bruchteil dieses Betrags in ihren Reserven halten.

Dies wird als *Mindestreserve-Kreditvergabe* bezeichnet, ein wichtiges Konzept, auf das wir in späteren Kapiteln noch näher eingehen werden. **Es stellt sich heraus, dass bei jedem Kredit Geld nicht transferiert, sondern *geschaffen* wird.**

⇸»

Und hier kommt der Clou: Die Bank benötigt nur etwa 25.000 Dollar (in der Regel 10 %) an Reserven, um diesen Kredit in Höhe von 250.000 Dollar zu vergeben. Und woher stammen diese Reserven hauptsächlich? *Direkt aus der Gelddruckmaschine der Zentralbank.*

Dieser Kreislauf wiederholt sich immer wieder. Jede Kreditvergabe-Runde vervielfacht die Gesamtgeldmenge, die in der Wirtschaft zirkuliert, und beschleunigt so die Wertverwässerung wie Wasser in unserem Weinglas. Dieses Phänomen ist als *Multiplikatoreffekt* bekannt und verstärkt die Auswirkungen der anfänglichen Geldschöpfung der Fed massiv.

Da sich Reserven in neue Kredite verwandeln und diese Kredite noch mehr Geld (und noch mehr Kredite!) schaffen, nährt sich der Kreislauf immer weiter selbst.

Die meisten von uns, wie jene unglücklichen Monopoly-Spieler, zahlen am Ende *buchstäblich* den Preis.

Und doch ist diese gesamte Kettenreaktion noch immer einer weiteren mächtigen Kraft ausgeliefert. Dieses »dritte Instrument« schafft zwar nicht direkt Geld, beeinflusst aber dennoch tiefgreifend den Geldfluss durch unsere Wirtschaft: die *Zinssätze*. Zinssätze dienen als eine Art Hahn für das gesamte System und wirken sich direkt auf die Geschwindigkeit und die Auswirkungen der Inflation aus.

Wie Zinssätze das Gelddrucken beschleunigen (oder bremsen)

Die Zentralbank legt den »Preis des Geldes« über den Zinssatz fest, indem sie Kredite entweder billiger oder teurer macht.

Wenn beispielsweise die Fed den Zinssatz senkt, zahlen Banken weniger für die Aufnahme von Krediten und vergeben am nächsten Tag mehr Kredite. Neue Kredite bringen zusätzliches Geld in Umlauf und drücken auch die Zinssätze für Hypotheken, Autokredite und Kreditkarten nach unten. Erhöht man den Zielzins, geschieht das Gegenteil: Kredite werden teurer, Banken schränken die Kreditvergabe ein, und der Zufluss von neuem Geld verlangsamt sich, was die Wirtschaft abkühlt, aber auch das Wachstum dämpft.

Fazit: Indem sie diesen Zinsregler nach oben oder unten dreht, pumpt die Fed kein Geld direkt in die Wirtschaft, sondern regt Banken und Kreditnehmer stark dazu an, durch Kreditvergabe Geld zu schaffen (oder zurückzuhalten) – ähnlich wie beim Öffnen oder Schließen eines Wasserhahns.

Diese Fähigkeit, die Geldmenge indirekt über die Zinssätze zu erweitern oder zu verknappen, ist eines der wichtigsten Instrumente der Zentralbanken zur Steuerung der Wirtschaft.

Und nun sind wir endlich an dem Punkt angelangt, an dem wir eine Dynamik aufschlüsseln können, auf die wir in den letzten Kapiteln hingearbeitet haben. Wie die zusätzlichen Geldscheine, die der Monopoly-Bankier den

Spitzenreitern des Spiels aushändigt, **gelangt all dieses neue Geld zuerst zu den »Reichen« der Gesellschaft**. Die Vermögensbesitzer und Wall-Street-Händler beginnen schnell, Aktien- und Immobilien-Werte in die Höhe zu treiben, was sich anschließend auf die Preise des täglichen Lebens überträgt, sodass der Rest von uns Mühe hat, mit den Folgen des aus dem Nichts geschaffenen Geldes Schritt zu halten.

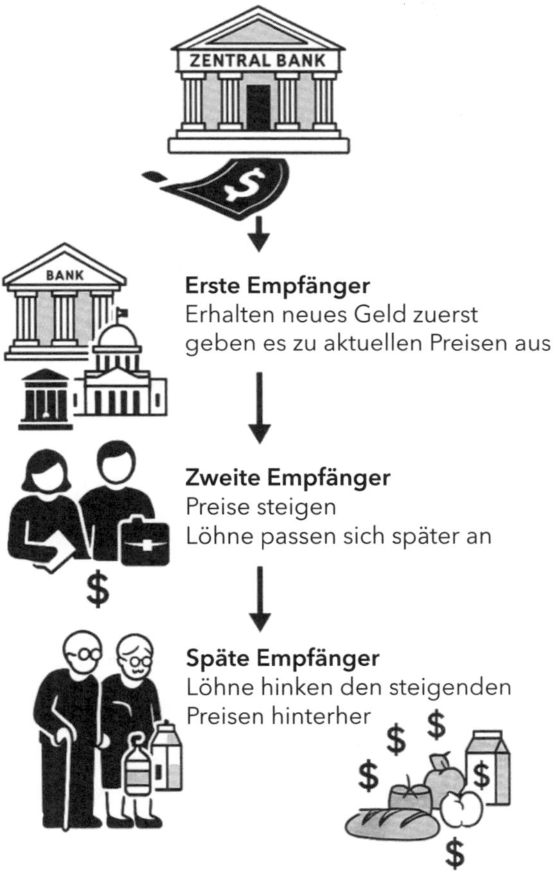

Abbildung 5: Wohin das gedruckte Geld fließt

Hier ist eine weitere Möglichkeit, dies zu veranschaulichen.

Stellen Sie sich unser Finanzsystem als einen terrassierten Berg vor. Die »Gelddruckmaschine« der Federal Reserve thront ganz oben und hat die

Macht, auf Knopfdruck frische Dollar freizusetzen. Diese Dollar fließen direkt zu der Gruppe großer Banken, die direkt unterhalb des Gipfels sitzt. Diese verleihen die neuen Dollar wiederum schnell an ihre besten Kunden (große Konzerne, Wall-Street-Firmen und vermögende Privatpersonen) weiter, sodass *diese* Vermögenswerte wie Aktien, Anleihen und andere Unternehmen aufkaufen können.

Weiter unten auf der nächsten Stufe, wo Familien und kleine Unternehmen leben – wie Ihr liebster kleiner Sandwich-Laden –, hat der Geldstrom deutlich nachgelassen. Die Dollars erreichen diese Leute zwar noch, aber ihre Kaufkraft ist bereits geschwächt, aufgrund der steigenden Preise, die durch die Aktivitäten ganz oben ausgelöst wurden. Sie können nicht mit großen Konzernen konkurrieren, die über tiefere Taschen verfügen und in den Augen der Banker ein geringeres Risiko darstellen, also jene, die das gedruckte Geld als Erste erhielten und es ausgaben, *bevor* die Preise stiegen.

Bis das Geld den Fuß des Berges erreicht, d.h. die Haushalte mit dem niedrigsten Einkommen, sind von diesem Geldschub nur noch Spuren übrig. Alles kostet mehr, während die Löhne weiterhin hinterherhinken.

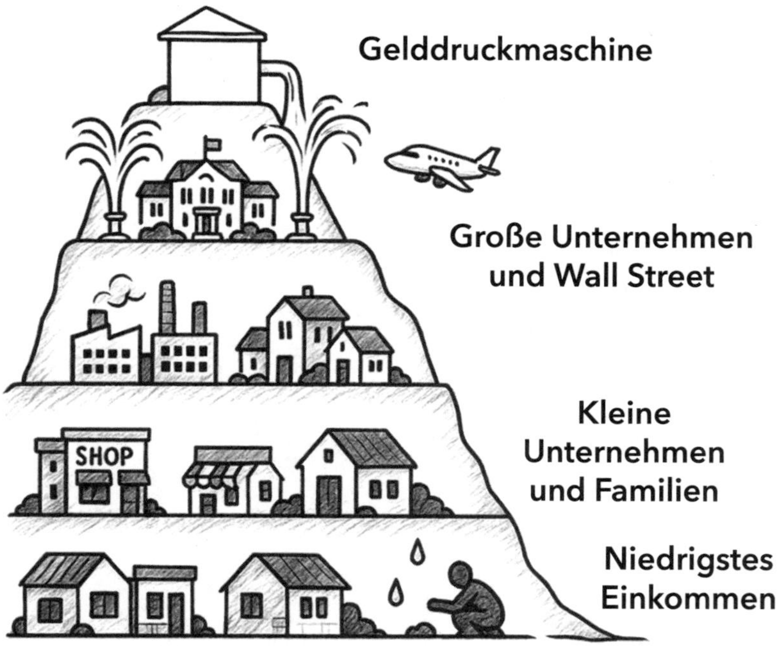

Abbildung 6: Der Gelddruck-Berg

Das passiert in unserem Finanzsystem, wenn neues Geld geschaffen und ungleich verteilt wird: Wenn Sie das Gefühl haben, den Anschluss zu verlieren, dann liegt das daran, dass Sie ihn tatsächlich verlieren.

⇸

Ökonomen nennen dieses Phänomen den *Cantillon-Effekt*: Diejenigen, die der Gelddruckmaschine am nächsten stehen, erhalten als Erste Zugang und nutzen das neue Geld, um wertvolle Vermögenswerte zu kaufen, *bevor* die Preise steigen, während alle anderen die Folgen zu spüren bekommen.

Das ist nicht nur ärgerlich und ungerecht. Es ist ein strukturelles Merkmal des Systems, von dem Carl Icahn sprach, in dem **die Reichen in einer endlosen Rückkopplungsschleife der Vermögenskonzentration immer reicher werden**.

Die Geldschöpfung ist in den letzten Jahrzehnten zur gängigen Praxis geworden.

Wie Leonard es zusammenfasste: »Die einzige Supermacht der Federal Reserve ist ihre Fähigkeit, neue Dollar zu schaffen und sie in das Bankensystem zu pumpen.«[30]

Letztendlich ist dies die *versteckte Steuer* der Geldentwertung. Die Banken bekommen das Geld, aber wir zahlen letztendlich dafür – an der Kasse, in unserer monatlichen Miete und im schwindenden Traum vom Eigenheim.

Über diese »Steuer« wird weder öffentlich noch auf Regierungsebene diskutiert, noch wird darüber abgestimmt, und sie erscheint nicht auf dem Gehaltszettel wie Abzüge für Sozialversicherung oder Arbeitslosenversicherung. Aber wenn eine Steuer Geld ist, das wir dem Staat abgeben müssen, dann trifft diese ungebetene Belastung genau zu: Wir haben keine andere Wahl, als die Kosten zu tragen, die mit der Finanzierung der Staatsausgaben durch monetäre Inflation verbunden sind. Auch wenn sie indirekt sind, sind unsere Beiträge unbestreitbar obligatorisch.

⇸

Die Sache dabei ist, dass neues Geld tatsächliche die Wirtschaftstätigkeit ankurbelt. Häuser werden gebaut, Autos verkauft. Die Produktion neuer Güter braucht jedoch *Zeit*, während das Drucken von Geld praktisch *augenblicklich* geschieht.

Zu jedem beliebigen Zeitpunkt gibt es nur eine begrenzte Menge an Land, Nahrungsmitteln, Wohnraum und Rohstoffen. **Man kann mit einem Tastendruck mehr Geld schaffen, aber das bedeutet nicht, dass sofort mehr Häuser entstehen.** Wie wir gesehen haben: Wenn das Angebot an verfügbarem Geld wächst, das Angebot an realen Gütern jedoch zumindest vorübergehend begrenzt bleibt – wie bei Monopoly-Immobilien –, werden diese Güter teurer.

Erläuterung: Private Equity

Ein Bereich, in dem diese Dynamik besonders deutlich wird, ist Private Equity (PE). PE-Firmen – Investmentgruppen, die ganze Unternehmen auf ähnliche Weise kaufen wie Aktien eines börsennotierten Unternehmens – nutzen häufig Fremdkapital, um ihre Akquisitionen zu finanzieren. Sie erwerben ein Unternehmen möglicherweise mit geliehenen Mitteln und verbuchen diese Schulden dann in der Bilanz des Unternehmens. In manchen Fällen kaufen sie auch die Immobilien des Unternehmens und vermieten sie an das Unternehmen zurück.

Anschließend versuchen PE-Eigentümer oft, die kurzfristige Rentabilität durch Kostensenkungen wie Personalabbau, Bestandsreduzierung und aufgeschobene Instandhaltungsmaßnahmen zu steigern. Wird das Unternehmen später verkauft, können seine Vermögenswerte wie Immobilien, Markenrechte oder Ausrüstung Teil der Ausstiegsstrategie sein, wobei sich die Eigentümer im Laufe des Prozesses Dividenden auszahlen.

Ein prominentes Beispiel ist Toys »R« Us. Im Jahr 2005 nahmen drei große PE-Firmen den Einzelhändler im Rahmen eines 6,6 Milliarden Dollar schweren Leveraged Buyouts von der Börse, wobei etwa 5 Milliarden Dollar durch Schulden finanziert wurden. Das Unternehmen sah sich erheblichen Zinszahlungen, Personalabbau und stagnierender Filialmodernisierungen gegenüber, während seine neuen Eigentümer Verwaltungsgebühren und Dividenden kassierten. 2017 meldete Toys »R« Us Insolvenz an, schloss Hunderte von Filialen und entließ Zehntausende von Mitarbeitern. Obwohl die Marke unter neuer Eigentümerschaft weiterhin existiert, hinterließ die von Private-Equity-Firmen angeführte Umstrukturierung geschlossene Ladenlokale, entlassene Arbeitnehmer und Gemeinden, die mit den Folgen zu kämpfen hatten – Mahnmale für die anhaltenden Auswirkungen schuldenfinanzierter Übernahmen.

Fazit: Der Geldüberfluss führt überall sonst zu Knappheit.

Unsere gesamte Wirtschaft ist völlig aus den Fugen geraten. Wir stecken in einem Monopoly-Spiel fest, das die Regeln längst über Bord geworfen hat. Der Motor unseres modernen Geldsystems wird durch wachsende Schulden und unablässiges Wachstum angetrieben. Doch wie jeder Motor, der zu heiß läuft, droht auch dieses System zu überhitzen.

Früher wurde Verschuldung umsichtig eingesetzt, um Wachstum anzukurbeln; heute ist sie eine Frage des Überlebens. Sowohl als Einzelpersonen als auch als Gesellschaft können wir ohne Kreditaufnahme nicht mehr funktionieren. Wir reizen unsere Kreditkarten aus, schieben die Konsequenzen vor uns her und hoffen auf das Beste. Zum Zeitpunkt der Abfassung dieses Artikels befinden sich die Kreditkartenschulden in den USA auf Rekordniveau und zeigen keine Anzeichen einer Verlangsamung.

Ähnlich verhält es sich an der Spitze der Pyramide und in einem grandiosen (und fast unvorstellbaren) Ausmaß: Gelddrucken ist zu einer *Voraussetzung* für das Funktionieren der Wirtschaft geworden.

Wie bei jedem Stimulans besteht kein Zweifel daran, dass das dem heimischen Kreislauf zugeführte neue Geld die reale Produktivität ankurbelt: Während es sich langsam durch die Wirtschaft bewegt, entstehen Wohnsiedlungen, können Brücken gebaut und Unternehmen gegründet werden.

Leider verhält sich dieses Stimulans ähnlich wie eine suchterzeugende Droge: Um die gleichen Ergebnisse zu erzielen, sind schließlich immer höhere Dosen erforderlich.

Das mittlerweile universelle Wirtschaftssystem, das aus unserer Abhängigkeit vom Gelddrucken hervorgegangen ist, hat jahrzehntelang ein außerordentlich schnelles Wachstum bewirkt. Doch wie jede Sucht hat auch dies seinen Preis.

Darüber hinaus wirkt es genau den Kräften entgegen, die das Leben eigentlich erleichtern sollten. Wie der Technologieunternehmer Jeff Booth betont, machen technologische Fortschritte die Dinge naturgemäß billiger, d.h. wir bekommen mehr für weniger, was den Lebensstandard aller verbessern sollte.

Aber ein auf Schulden basierendes System kann sinkende Preise nicht verkraften. Anstatt dieses deflationäre Geschenk anzunehmen, müssen wir daher die Verschuldung verdoppeln, um die Inflation am Laufen zu halten.

⇸»

Heute wird unser Schicksal weitgehend davon bestimmt, wie nah oder wie weit entfernt wir von der Gelddruckmaschine sind, und nicht von unseren Fähigkeiten, unseren Anstrengungen oder dem Wert, den wir zur Gesellschaft beitragen.

Und die Geschichte zeigt deutlich: Wenn das Spiel ungewinnbar erscheint, ist gesellschaftliche Instabilität meist nicht weit. Ein Zitat, das weithin Henry Ford zugeschrieben wird, lautet: »Es ist gut, dass die Menschen dieses Landes unser Bank- und Währungssystem nicht verstehen. Würden sie es verstehen, gäbe es meiner Meinung nach noch vor morgen früh eine Revolution.«

Wenn Demonstranten gegen Kapitalismus und Oligarchie protestieren, reagieren sie meist nicht auf den Kapitalismus an sich, sondern auf die Symptome eines Systems, das durch ein beschädigtes Geldsystem verzerrt ist. Unsere Wirtschaft ist ein Geflecht aus billigem Fremdkapital, Absprachen hinter verschlossenen Türen und Geld, das per Tastendruck zum Vorteil von Insidern geschaffen wird.

⇸»

Glücklicherweise sind Unwissenheit und Revolution nicht unsere einzigen beiden Optionen. Wenn wir neue Investitionen wieder an echte Ersparnisse und ehrliches Risiko knüpfen, werden sich viele dieser Probleme von selbst lösen. Um wirklich zu verstehen, wie Bitcoin als dezentrales System von »Regeln ohne Herrscher« das Geld repariert und unsere Fähigkeit wiederherstellt, ohne Eingriffe zu sparen und zu gedeihen, müssen wir zunächst zum Anfang zurückgehen.

Wir müssen verstehen, was Geld wirklich ist.

⇸»

ZUSAMMENFASSUNG VON KAPITEL 4

Gelddrucken bezieht sich auf digitales Geld, das von einer Zentralbank wie der Fed geschaffen und in das Bankensystem geleitet wird, um anschließend über Kredite und Anleihekäufe in die Wirtschaft zu fließen. Doch dieser Prozess kommt denjenigen zugute, die der Quelle am nächsten stehen, konkret Banken, Unternehmen und vermögende Investoren, die das neue Geld nutzen können, bevor die Preise steigen.

Der Rest von uns spürt die Folgen: höhere Kosten für Wohnraum, Waren und Dienstleistungen ohne einen entsprechenden Anstieg des Einkommens. Das ist kein Zufall. Es ist ein fester Bestandteil des Systems, der oft als *Cantillon*-Effekt bezeichnet wird. Gelddrucken verlagert unbemerkt den Wohlstand nach oben, während es den Wert unserer Ersparnisse und Löhne untergräbt.

Dieses strukturelle Merkmal der modernen Geldpolitik ist zu einem festen Bestandteil unserer Wirtschaft geworden, verzerrt Anreize und fördert die Abhängigkeit von billigen Krediten. Unterdessen geraten die Instrumente des realen Wachstums wie Sparen, Investitionen und Unternehmertum zunehmend ins Abseits.

Kernaussage: Das moderne Geldsystem verteilt den Wohlstand von den Vielen auf die Wenigen um. Diejenigen, die der Quelle des neuen Geldes am nächsten stehen, profitieren zuerst, und alle anderen müssen die versteckte Steuer der Inflation zahlen.

5.

ALLE BRAUCHEN GELD

»Gold ist Geld. Alles andere ist Kredit.«

J.P. MORGAN

Bei Geld geht es natürlich nicht nur darum, was auf unserem Bankkonto steht. Es hat auch zu einem Großteil die Menschheitsgeschichte bestimmt. Geld zu studieren bedeutet, die Menschheit selbst zu studieren: den Aufstieg und Fall von Imperien, das Auf und Ab von Volkswirtschaften und die Machtkämpfe, die dahinterstehen.

Im Laufe der Zeit hat Geld drei unterschiedliche Funktionen übernommen:

1. Als *Tauschmittel* hilft es uns, Dinge zu kaufen und zu verkaufen, ohne auf Tauschhandel zurückgreifen zu müssen.
2. Als *Recheneinheit* bietet es eine standardisierte Möglichkeit, Preise festzulegen.
3. Als *Wertspeicher* ermöglicht es uns, für die Zukunft zu sparen.

Während Währung, also die physischen und digitalen Formen des Geldes, die wir täglich nutzen, als Tauschmittel gut funktioniert, hat sie als Wertspeicher weitgehend versagt. Mit einem Dollar kann man heute vielleicht problemlos einen Kaffee kaufen, aber wenn man diesen Dollar über Jahre hinweg spart, bleibt seine Kaufkraft nicht erhalten. Vielmehr wird man in Zukunft mehr Dollar benötigen, um denselben Kaffee zu kaufen. Anstatt ihren Wert über die Zeit zu *bewahren*, *verliert* unsere Währung ihn nach und nach, sodass uns real immer weniger davon bleibt.

In diesem Buch konzentrieren wir uns in erster Linie auf die Funktion des Geldes als Wertspeicher, die ich als den wichtigsten Anwendungsfall für Bitcoin betrachte.

Als ich aufwuchs, machten meine aus Polen eingewanderten Eltern, wo Investieren keine Option war, meinem Bruder und mir klar, dass das Sparen von Geld eine Form des Schutzes vor einer ungewissen Zukunft sei. Unter dem Kommunismus wurden die Produktionsmittel von der Regierung kontrolliert, und jeder verdiente gerade genug, um über die Runden zu kommen. Das System war darauf ausgelegt, dass die Menschen von Tag zu Tag lebten und unfähig blieben, Vermögen aufzubauen und somit »voranzukommen«.

In einem solch schwierigen politischen und wirtschaftlichen Umfeld mussten die Menschen clevere und oft gefährliche Auswege finden, um sich zumindest ein gewisses Maß an finanzieller Sicherheit aufzubauen.

Diese frühe Lektion ist mir im Gedächtnis geblieben. Das Studium des Geldes hat mich dazu gebracht, das Sparen als eine Art finanzielle Batterie zu betrachten: Wir lagern die Früchte unserer Arbeit so, dass ihr Wert für die zukünftige Verwendung erhalten bleibt. So wie Batterien Energie speichern, bis wir sie brauchen, sollte auch Geld die *wirtschaftliche Energie* (den Wert), die wir erwirtschaftet haben, *bewahren,* bis wir bereit sind, sie auszugeben.

Sollte.

Wie wir in früheren Kapiteln gesehen haben, hat die Inflation unsere Fähigkeit zunichte gemacht, allein durch harte Arbeit und Sparsamkeit Wohlstand aufzubauen. Um heute überhaupt über Wasser zu bleiben, müssen wir investieren.

Die Inflation entwertet Geld im Laufe der Zeit und zwingt uns, es so schnell wie möglich auszugeben, solange das Geld noch seinen vollen Wert hat. Uns dazu zu zwingen, kurzfristig auf Konsum zu verzichten, wäre nur dann sinnvoll, wenn unser Geld langfristig seinen Wert *behalten* oder sogar *steigern* würde.

Viele von uns schämen sich, nicht ausreichend sparen zu können, aber das sollten wir nicht: Es sind enorme Kräfte am Werk, die das Sparen von Geld nicht nur unmöglich, sondern geradezu *irrational* machen.

Es liegt nicht an uns. Es liegt am Geld.

Was ihre Fähigkeit zur Werterhaltung angeht, haben die atemberaubende Vielfalt an Gegenständen, die im Laufe der Geschichte als Geld verwendet wurden, gemischte Ergebnisse geliefert.

Die Erforschung dieser Artefakte bietet nicht nur tiefgreifende Einblicke in die Prioritäten und Werte von Kulturen auf der ganzen Welt, in Form ihrer einzigartigen geografischen Gegebenheiten, Bedürfnisse, Rituale sowie Formen von Hierarchie und Regierungsführung, sondern lässt uns auch die wesentlichen Eigenschaften des Geldes selbst verstehen.

Was auch immer man sich vorstellen kann, wurden als Geld verwendet: Muscheln, Perlen, Salz und sogar Zähne.[31]

Geld, dessen Angebot relativ leicht erweitert werden kann und das daher im Laufe der Zeit tendenziell an Wert verliert wie Perlen, Muscheln oder Salz, wird als *»leichtes Geld«* bezeichnet. Kommt Ihnen das bekannt vor?

Andererseits wird Geld, das deutlich schwieriger herzustellen ist und dessen Wert im Laufe der Zeit tendenziell erhalten bleibt (oder sogar steigt) wie Silber und Gold, als *»hartes Geld«* bezeichnet.

Im Laufe der Geschichte war Gold (und später der goldgedeckte Dollar) der unangefochtene Champion des »harten Geldes«. Doch schon bald werden Sie den Herausforderer kennenlernen, der bereit ist, den Titel zu erobern.

Gold hat sich vor Tausenden von Jahren weltweit als Sieger bei der Werterhaltung und als Tauschmittel durchgesetzt und wurde schließlich zum Maßstab für Währungssysteme auf der ganzen Welt. Um das zu verstehen, wollen wir kurz die spezifischen Eigenschaften von Hartgeld untersuchen.

Eine wichtige Eigenschaft von »gutem Geld« ist die *Beständigkeit*, die per Definition die Fähigkeit hat, über die Zeit hinweg erhalten zu bleiben.

Aus offensichtlichen Gründen würde es nicht funktionieren, wenn Geld verrotten, rosten oder sich auf andere Weise zersetzen würde. Gold ist so gut wie unzerstörbar.

Gutes Geld ist außerdem *austauschbar* und teilbar. »Austauschbar« bedeutet, dass einzelne Geldeinheiten vollkommen gleichwertig sind, so wie standardisierte Münzen. Jede Fünf-Cent-Münze ist genauso viel wert wie jede andere. Gleichzeitig brauchen wir Geld für sehr unterschiedliche Ausgaben, vom Haus oder Auto bis hin zu Büchern oder Schokoriegeln. Gold lässt sich einschmelzen und zu Barren oder Münzen in verschiedenen Größen formen, die entsprechend gehandelt werden können.

Gutes Geld sollte *transportabel* sein. Das ist ein wichtiger Punkt, der die Entwicklung unseres globalen Finanzsystems maßgeblich beeinflusst hat. Gold ist in kleinen Mengen tatsächlich sehr gut transportierbar: Sie stellen sich wahrscheinlich, so wie ich oft, Menschen im Mittelalter vor, die mit einem Kordelzug verschlossene Beutel mit Goldmünzen tauschen, oder Ebenezer Scrooge, der gierig seinen Haufen zählt. In größeren Mengen ist der Transport von Gold jedoch aufgrund seines hohen Gewichts und der erforderlichen Sicherheitsvorkehrungen extrem kostspielig, was den Fernhandel und große Transaktionen unpraktisch und teuer machte.

Gutes Geld muss zudem *verkäuflich* sein, was im Wesentlichen »umtauschbar« bedeutet. Verkäuflichkeit ist das Maß dafür, wie leicht es sich verkaufen oder umtauschen lässt. Im Laufe der Zeit und auf der ganzen Welt gab es immer Käufer für Gold. Diese hohe Verkäuflichkeit ist in der Tat eine der größten Stärken von Gold.

Schließlich ist gutes Geld knapp. Ich habe diesen Punkt bewusst für den Schluss aufgehoben, weil er wirklich wichtig ist. Er verweist sowohl auf die zentralen Probleme eines beschädigten Geldsystems als auch, wie wir noch sehen werden, auf eine grundlegende Eigenschaft von Bitcoin.

Gold beispielsweise hat seinen Status als zuverlässiger Wertspeicher zum Teil aufgrund seiner natürlichen Knappheit bewahrt. Selbst wenn die Nachfrage steigt, ist es aufgrund der physischen, ökologischen und logistischen Herausforderungen des Bergbaus schwierig und zeitaufwendig, mehr Gold zu gewinnen. Infolgedessen bleibt die jährliche Inflationsrate von Gold (die Rate, mit der sich das gesamte Goldangebot vergrößert) unabhängig von Nachfrageschwankungen mit etwa 1,5–2 % stabil.

Haltbarkeit	**Transportierbarkeit**	**Austauschbarkeit**
Veräußerbarkeit	**Knappheit**	**Teilbarkeit**

Tabelle 3: Die sechs Eigenschaften von gutem (hartem) Geld

Nachdem wir nun die Voraussetzungen für gutes Geld festgelegt haben, lassen Sie uns einen Schritt zurücktreten und untersuchen, welchen Schaden es anrichten kann, wenn Geld diese Anforderungen *nicht* erfüllt.

Lange bevor Gold zur weltweit vorherrschenden Währung aufstieg, nutzten die Menschen andere Geldformen, darunter die bereits erwähnten Muscheln, Perlen und Zähne. Wie Gold waren diese Gegenstände unverderblich, sie konnten sogar über große Entfernungen leicht transportiert werden, oft in Kleidung oder Schmuck eingearbeitet, und waren, obwohl sich keine zwei *genau* glichen, relativ einheitlich in Größe und Gewicht. Die Menschen konnten sich gegenseitig für Gegenstände unterschiedlichen Wertes mit einer größeren oder kleineren Anzahl von Muscheln oder Zähnen bezahlen, die in den meisten Kulturen sehr begehrt waren und sich daher leicht tauschen ließen.

Vor allem aber waren sie in der Regel auch recht *knapp*, bis sie es, wie die folgende warnende Geschichte zeigt, nicht mehr waren.

In *»Der Bitcoin Standard«* weist Saifedean Ammous darauf hin, dass die Menschen in Westafrika jahrhundertelang »Aggry-Perlen« – kleine, dekorative Glasperlen – als nützliche Geldform nutzten.[32]

Das System funktionierte gut, bis im 16. Jahrhundert europäische Entdecker und Händler eintrafen,[33] die schnell eine Chance erkannten: Dank ihrer fortschrittlichen Technologie konnten die Europäer große Mengen solcher Perlen kostengünstig herstellen und sie gegen Waren und Ressourcen in Afrika eintauschen. Zunächst bemerkte niemand den Zustrom von »neuem Geld« in die afrikanische Wirtschaft; die Menschen handelten einfach weiter mit diesen begehrten Perlen.

Mit der Zeit überschwemmten jedoch so viele Perlen den Markt, dass ihr Wert stark einbrach. Lange galten sie als eine Form von »gutem Geld«. Doch als ihr Angebot massiv ausgeweitet wurde, verkammen die Perlen zu leichtem Geld: Sie waren überall verfügbar und dadurch deutlich weniger wertvoll.

Entscheidend war nicht der Niedergang eines funktionierenden Geldsystems an sich, sondern die Tatsache, dass europäische Händler die Geldmenge kontrollierten und ausweiteten. Dadurch gingen in vielen Fällen afrikanische Besitzgüter dauerhaft in europäische Hände über.

Das »Drucken« weiterer Aggry-Perlen führte unmittelbar dazu, dass die reichhaltigen Ressourcen Afrikas seiner eigenen Bevölkerung entzogen wurden.

Überall auf der Welt hat die Fähigkeit (oder Unfähigkeit) der Menschen, ihre Arbeit in einer von Entwertung freien Geldform zu speichern, ihr Leben tiefgreifend beeinflusst und sogar den Lauf der Geschichte geprägt.

Wenn das Angebot einer Geldform erhöht werden kann, sei es durch die Entdeckung einer neuen Quelle oder durch die Möglichkeit, sie mechanisch zu reproduzieren, ist sie ein sehr schlechter *Wertspeicher*. Es wird immer jemanden geben, der einen Anreiz hat, sie abzubauen, herzustellen oder zu *drucken* und dieses Mehr zum Erwerb von Ressourcen zu nutzen, wodurch eine entwertete Geldform zurückbleibt.

Erkennen Sie langsam das Muster?

Da wir nun klar erkennen können, warum der einzige wahre Schutz vor der Gefahr der Geldentwertung das härteste Geld ist, das eine Gesellschaft finden kann, können wir genauer untersuchen, warum bis heute Gold in den meisten Abschnitten der Menschheitsgeschichte als unangefochtener Sieger hervorging.

Im Gegensatz zu Glasperlen oder anderen Gegenständen, die einst als Geld dienten, haben die Menschen, egal wie fortschrittlich unsere Technologie geworden ist, noch keinen Weg gefunden, Gold künstlich herzustellen. Bemerkenswerterweise hätte alles jemals geförderte Gold zu Beginn des 20. Jahrhunderts in ein vergleichsweise bescheidenes zweigeschossiges Stadthaus gepasst.[34]

Wichtig ist dabei auch: Gold wurde nicht deshalb zu Geld, weil es von Machthabern verordnet wurde, sondern weil der Markt seine allgemein geschätzten Eigenschaften erkannte. Diese Vorteile wurden noch verstärkt, als bereits im 6. Jahrhundert vor Christus Münzen eingeführt wurden. Sie machten es überflüssig, für jeden Handel Rohgold neu zu wiegen. Zudem konnten Münzen mit einem staatlichen Siegel versehen werden, das ihre Echtheit bestätigte und zusätzliche Glaubwürdigkeit verlieh.

Münzen gelten heute weitgehend als überflüssige kleine Ärgernisse. Wer hat nicht schon einmal eine Münze auf der Straße liegen sehen und entschieden, dass es sich nicht lohnt, sich danach zu bücken? Gleichzeitig sind sie ein faszinierendes Zeugnis der Entwicklungsgeschichte des Geldes.

Mit der Entwicklung der Münzen ging jedoch eine unwiderstehliche Versuchung für die Machthaber einher.

Wenn Sie Kleingeld haben, fahren Sie einmal mit dem Fingernagel am Rand entlang. Spüren Sie die Rillen?

Wahrscheinlich sind Ihnen diese Rillen schon aufgefallen, ohne dass Sie sich gefragt haben, warum es sie gibt. Diese Rillen wurden ursprünglich (von niemand Geringerem als Sir Isaac Newton[35]) entworfen, um das *»Münzbeschneiden«* zu verhindern. Eine Praxis, kleine Mengen von den Rändern von Goldmünzen abzuschaben oder sie mit billigeren Metallen zu vermischen. In den USA ist dieses Designmerkmal ein Relikt aus den Tagen, als Münzen tatsächlich aus Edelmetallen wie Silber und Kupfer hergestellt wurden.

Das »Münzbeschneiden« war einst eine diskrete Methode für die Mächtigen, Reichtum anzuhäufen. Die Logik ist einfach: Wenn ein König weiß, dass seine Untertanen gegen höhere Steuern zur Finanzierung eines Krieges revoltieren würden, aber die schrittweise Verringerung der Edelmetalle in ihren Münzen (Währungsentwertung oder monetäre Inflation) nicht bemerkten, ist die Entscheidung klar: Er würde sich fast immer für die Entwertung entscheiden.

Nehmen wir zum Beispiel den römischen Kaiser Nero: Er reduzierte das Gewicht des *Denars* – der damaligen Standardmünze –, indem er Edelmetalle durch billigere Legierungen ersetzte. Ob er dabei von finanziellen Zwängen oder Eigeninteresse getrieben war, werden wir vielleicht nie erfahren.

Entscheidend ist, was dieses Beispiel offenbart: Wann immer eine Währung entwertet werden kann, finden die Machthaber fast immer einen Grund, dies zu tun.

So wird der Keim der Inflation gesät, und mit ihm der Vertrauensverlust sowohl bei den Bürgern als auch bei den Handelspartnern. Die Abwertung der Währung hat im Laufe der Geschichte Volkswirtschaften geschwächt und die Autorität der Herrscher untergraben und hat in der Tat eine bedeutende Rolle beim Niedergang mächtiger Reiche und Weltmächte gespielt.

Es kann Jahre (oder sogar Jahrzehnte) dauern, bis sich der Prozess der Geldentwertung in einer Wirtschaft auswirkt. Doch genau wie die massenhaft produzierten Perlen, die die afrikanischen Märkte überschwemmten, verliert eine aufgeblähte Währung unweigerlich an Wert. An dieser Stelle wissen wir nur zu gut – nachdem wir den Prozess und die Auswirkungen des Gelddruckens in den vorangegangenen Kapiteln untersucht haben (und dessen Folgen wahrscheinlich am eigenen Leib erfahren mussten) –, dass die Ersparnisse und die Kaufkraft der Menschen damit einhergehend geschwunden sind.[36]

Wie wir jedoch in Kapitel 14 sehen werden, kann dies auch über Nacht geschehen. Menschen können mit 1.000 Dollar auf dem Konto zu Bett gehen und beim Aufwachen feststellen, dass sie damit nur noch Waren im Wert von 500 Dollar kaufen können. Diese Art des stillen Diebstahls schürt natürlich Frustration und Unmut und heizt zivile Unruhen und politische Instabilität an.

Im Laufe der Geschichte haben die Menschen, wenn sie sich in einem aussichtslosen Wettlauf gegen die Entwertung gefangen sehen, nicht nur Wut empfunden – sie haben Veränderungen gefordert.

Münzbeschneidung und Geldentwertung untergruben das Vertrauen in viele frühe Währungen, die aus dem Edelmetall geprägt wurden. Aber Gold selbst blieb weitgehend widerstandsfähig.

Seine Beständigkeit und Knappheit stellten sicher, dass es seinen Status als verlässlicher Wertspeicher und Eckpfeiler wirtschaftlicher Stabilität behielt, was schließlich zur Etablierung des globalen *Goldstandards* im 19. und frühen 20. Jahrhundert führte. Dies war ein entscheidender Moment in der Währungsgeschichte.

Indem er den Ländern eine universelle Recheneinheit bot und die Notwendigkeit beseitigte, sich in unterschiedlichen Währungen zurechtzufinden, trug der Goldstandard dazu bei, einen Boom im internationalen Handel und bei Investitionen anzukurbeln. Er spielte auch eine entscheidende Rolle beim Aufstieg der Vereinigten Staaten zur Finanzmacht.

Doch trotz seiner Stärken hat Gold eine natürliche Achillesferse: seine physische Beschaffenheit.

Die Eigenschaften von Gold machten es zwar zu einem idealen Wertspeicher, doch sein schierer Umfang stellte mit dem Wachstum der Volkswirtschaften eine große Herausforderung dar. Der Transport und die Lagerung großer Goldmengen über Ozeane hinweg oder durch weite, tückische Landschaften waren sowohl riskant als auch unpraktisch. Dies machte die Abwicklung großer Goldtransaktionen langsam und umständlich, was zu Verzögerungen und Reibungsverlusten führte, die den täglichen Gebrauch nahezu unmöglich machten.

Das Gewicht und die mangelnde Transportfähigkeit von Gold machten es anfällig und führten zu einer Abhängigkeit von zentralisierten Institutionen und Vermittlern, die es verwalten und sichern mussten.

Diese Anfälligkeit sollte letztlich den Lauf der Geschichte verändern.

ZUSAMMENFASSUNG VON KAPITEL 5

Geld hat drei Hauptfunktionen: Es dient als Tauschmittel, als Recheneinheit und als Wertspeicher. Unsere Währungen erfüllen die ersten beiden Funktionen gut, bewahren aber ihren Wert im Laufe der Zeit nicht. Gesellschaften haben im Laufe der Geschichte viele Formen von Geld verwendet. Das »härteste« Geld (eine Geldmenge, die schwer zu produzieren ist, wie Gold) hat sich immer durchgesetzt.
Gold ist seit Jahrhunderten der unangefochtene Sieger, weil es bestimmte wesentliche Eigenschaften besitzt.
Knappheit ist entscheidend: Wann immer diese Knappheit irgendwie beeinträchtigt wurde (durch Geldentwertung oder die Möglichkeit, mehr von diesem Geld in Massen zu produzieren), haben die einfachen Menschen darunter gelitten. Die physische Beschaffenheit von Gold wie seine mangelnde Transportfähigkeit stellte jedoch eine kritische Schwachstelle dar, die letztendlich die Währungssysteme weltweit neu gestalten sollte.

Kernaussage: Solides Geld muss knapp sein. Wenn Geld leicht geschaffen werden kann, verliert es seine Fähigkeit, Wert zu speichern. Gold ist seit langem der unangefochtene Champion des soliden Geldes, aber es hat sehr reale Grenzen, die unmöglich zu überwinden sind.

6.

JEDER MUSS DEM SYSTEM VERTRAUEN

»Das Grundproblem herkömmlicher Währungen ist das Vertrauen, das nötig ist, damit sie funktionieren. Die Zentralbank darf die Währung nicht entwerten, doch die Geschichte der Fiat-Währungen ist voller Vertrauensbrüche. Banken sollen unser Geld verwahren und elektronisch überweisen, doch sie verleihen es in Wellen von Kreditblasen, während kaum ein Bruchteil als Reserve bleibt.«

SATOSHI NAKAMOTO

Wir betrachten Papier selten als Technologie, doch als es eingeführt wurde, um die physischen Herausforderungen von Gold- und anderen Edelmetallmünzen zu lösen, revolutionierte es die Finanzwelt.

Die Wurzeln des Papiergeldes reichen tatsächlich bis ins alte China zurück, wo es sich schon bald als weitaus praktischer erwies als das Mitführen schwerer Münzen. Im Laufe der Jahrhunderte verbreitete sich diese Entwicklung weltweit und ebnete den Weg für eine sich ständig weiterentwickelnde Landschaft aus Banknoten und finanziellen Innovationen.

Was jedoch als Annehmlichkeit begann, entwickelte sich schnell zu etwas weitaus Bedeutenderem. Dieses Kapitel wird aufzeigen, wie die Einführung von Papiergeld den Weg für ein System ebnete, das von Abstraktion lebt und sich stark auf Vertrauen stützt.

Anfangs war Papiergeld unkompliziert: Es war vollständig durch Gold gedeckt. Die Menschen hinterlegten ihre Goldmünzen bei einer Bank und erhielten eine Quittung (eine sogenannte *Schuldverschreibung*) als ein schriftliches Versprechen, in dem stand, wie viel Gold die Bank ihnen schuldete. Es war ein einfaches System, bei dem jede Banknote im Verhältnis 1:1 durch Gold gedeckt war.

Um sein Gold einzufordern, ging man mit seinem Schuldschein zur Bank, auf dem etwa stand: »*Die Bank of St. Louis schuldet Natalie Brunell Gold im Wert von 10 Dollar*«, was die Identität des ursprünglichen Eigentümers bestätigte, und erhielt dann sein Gold physisch aus dem Tresor.

Im Laufe der Zeit erkannten die Banken eine Möglichkeit zur Effizienzsteigerung: übertragbare Quittungen. Anstatt jedes Mal, wenn man jemanden bezahlen musste, sein Gold abzuheben, konnte man dem Empfänger einfach die Papierquittung aushändigen, damit dieser das Gold stattdessen bei der Bank einfordern konnte. Diese Innovation verwandelte persönliche Banknoten in Inhaberpapiere – ähnlich wie Spielmarken oder Geschenkkarten –, was bedeutete, dass jeder, der die Banknote besaß, sie gegen Gold einlösen konnte. Infolgedessen mussten die Menschen keine schweren Münzen mehr mit sich herumschleppen und konnten ihre Geschäfte einfacher abwickeln.

Die Übertragung von Eigentumsrechten wurde mit Papierscheinen effizienter, da diese leichter und sicherer zu transportieren waren als Gold. Sonst hatte sich nichts geändert, die Banken hielten weiterhin das 1:1-Verhältnis zwischen jedem Schein und dem Gold in ihren Tresoren aufrecht.

Hinter den Kulissen vereinfachten diese Papierinstrumente auch die Buchführung: Anstatt bei jeder Transaktion den Tresor zu durchwühlen, konnten Banker einfach Konten gutschreiben und belasten. Wenn ich meinem Nachbarn 100 Dollar zahlen musste, zog der Banker einfach 100 Dollar von meinem »Konto« ab und fügte 100 Dollar dem meines Nachbarn hinzu, ohne jemals seinen Schreibtisch zu verlassen.

Mit der Ausweitung des Handels und der wachsenden Vernetzung unter Kaufleuten begannen Banken nicht mehr nur ihre eigenen Schuldverschreibungen anzuerkennen, sondern auch die anderer Banken, sofern sie deren Zahlungsfähigkeit vertrauten. Dieses Vertrauen zwischen den Banken beschleunigte die Verbreitung von Papiergeld erheblich.

Weil das deutlich einfacher war, begannen die Menschen zunehmend, ihr Gold zur Aufbewahrung und zum Schutz bei den Banken zu hinterlegen und stattdessen einfach mit Schuldscheinen zu handeln, die dieses »echte« Gold repräsentierten.

In den USA gab jede Bank, lange vor der Einführung der standardisierten Dollarscheine, die wir heute verwenden, tatsächlich ihre eigenen, einzigartigen Banknoten heraus. (Eine kurze Internetsuche nach »alten Banknoten« offenbart eine faszinierende Vielfalt an Designs von Banken, von denen Sie wahrscheinlich noch nie gehört haben, was verdeutlicht, wie dezentralisiert und vielfältig dieses System einst war!)

Wir sind mittlerweile so an die Abstraktion des Geldes gewöhnt, also Geld sofort per PayPal oder Onlineüberweisung zu senden, ohne dass Papier den Besitzer wechselt, dass es schwer vorstellbar ist, wie dramatsich der Übergang zu Banknoten tatsächlich war. (Tatsächlich sind diese Transaktionen nur aus unserer Sicht »sofort« – aber dazu später mehr.)

Sich jedoch auf Banknoten als Stellvertreter für Gold zu verlassen, bedeutete, Vertrauen in Zwischenhändler – oft als *Gegenparteien* bezeichnet – zu setzen und zugleich das inhärente Risiko zu akzeptieren, dass diese ihre Versprechen nicht einhalten können. Dies wird als *Gegenparteirisiko* bezeichnet.

Vertrauen ist das Schlüsselwort.

Erinnern Sie sich an die Herrscher, die der Versuchung erlagen, Münzen zu beschneiden? Etwas Ähnliches geschah mit dem Verhältnis von Papiergeld zu dem in Tresoren gelagerten Gold. Papiergeld war so praktisch, dass die Menschen selten kamen, um ihr *tatsächliches* Gold einzufordern, und dies fast nie auf einmal taten.

Im mittelalterlichen Italien entdeckten Bankiers, dass sie nur einen Teil des Goldes jedes Einlegers in ihren Tresoren aufbewahren mussten, während sie mehr verliehen, als sie physisch besaßen. Bei Goldguthaben von beispielsweise 100 Dollar konnte eine Bank Papiergeld im Wert von 1.000 Dollar ausgeben, wobei sie darauf setzte, dass nicht alle Einleger gleichzeitig zurückkehren würden, um ihr Gold einzufordern. Indem sie Zinsen auf diese zusätzlichen Kredite verdienten, leiteten sie einen neuen Ansatz im Bankwesen ein, einen, der sich sowohl als profitabel als auch als transformativ erweisen sollte.

Kommt Ihnen das bekannt vor? Es handelt sich um genau denselben Prozess des *Mindestreserve-Bankwesens*, den wir in Kapitel 4 besprochen haben.[37]

Bald wurde es zur gängigen Bankpraxis, mehr Ansprüche auf das Gold auszugeben, als Gold vorhanden war.

Die Auswirkungen sollten tiefgreifend sein. Thomas Jefferson brachte es auf den Punkt: »Papier ist Armut, es ist nur der Geist des Geldes und nicht das Geld selbst.«

Diese Praxis des Mindestreserve-Bankwesens vergrößerte effektiv die Menge an »Geld«, die in der Wirtschaft zirkulierte. Ein Phänomen, das, wie Sie sich erinnern werden, als *monetäre Inflation* bekannt ist.

Während die Gesamtmenge an Gold in den Tresoren der Banken gleich blieb, schufen die zusätzlich ausgegebenen Papiergeldscheine die Illusion von mehr Wohlstand, was das Wirtschaftswachstum ankurbelte und mehr Kreditaufnahme und Kreditvergabe ermöglichte.

Doch diese Illusion hatte ihren Preis. Indem sie darauf vertrauten, dass nicht jeder Einleger gleichzeitig sein Gold einfordern würde, führten die Banken eine gewisse Instabilität in das System ein. Wenn das Vertrauen ins Wanken geriet – ausgelöst durch alles Mögliche, von einer Schlagzeile in der Zeitung bis hin zu einem Gerücht in der Stadt – löste dies Finanzpaniken aus. Die Menschen beeilten sich, ihre Papiergeldscheine gegen Gold einzulösen, das in Wirklichkeit nicht in ausreichender Menge vorhanden war. Dieses System, mehr Ansprüche auf Gold auszugeben, als die Banken tatsächlich vorrätig hatten, säte den Keim des Misstrauens. Der daraus resultierende Vertrauensverlust schlug regelmäßig Wellen durch das gesamte Finanzsystem und bereitete den Boden für wiederholte wirtschaftliche Schocks, die viele dazu veranlassten, eine Stabilisierung des zunehmend unberechenbaren und unvorhersehbaren Bank- und Währungssystems zu fordern.

Ob wir es nun wahrhaben wollen oder nicht: Unsere Beziehung zu den Banken basiert auf einem strukturell prekären *Vertrauenssystem*. Wir vertrauen darauf, dass die Banken ehrlich arbeiten, doch sie spielen ein ganz anderes Spiel.

Wenn Sie jemals ein Ticket für einen überbuchten Flug gekauft haben, wissen Sie, wie leicht die Dinge schiefgehen können. Wenn alle Passagiere mit Ticket erscheinen, gibt es nicht genug Sitzplätze im Flugzeug, um die Anzahl der »Versprechen« einzuhalten, die die Fluggesellschaft gemacht hat. Wenn Sie zu den Letzten gehören, die eintreffen, können Sie die Leistung, für die Sie bereits bezahlt haben, möglicherweise nicht in Anspruch nehmen.

Diese Situation lässt sich leicht beheben, wenn flexible Passagiere sich freiwillig bereit erklären, einen anderen Flug zu nehmen. Für Banken gibt es jedoch keine solche Ausweichmöglichkeit. Wenn sie mehr Banknoten ausgeben, als sie an Bargeld zur Deckung haben, haben die letzten, die versuchen, ihr Geld einzufordern, Pech. *Es ist, als ob dieses Geld nicht mehr existiert* (es sei denn, es gibt eine Zentralbank, die als Sicherheitsnetz fungiert – aber dazu später mehr!). Das Geld ist weg, und damit auch die Chance, es zurückzubekommen.

Glücklicherweise sind solche Fälle für die meisten von uns in relativ stabilen Gesellschaften wie den USA oder Europa nach wie vor ziemlich selten – mit Ausnahme einiger viel beachteter Bankenzusammenbrüche im Jahr 2023 nach der Covid-19-Pandemie.

Dieses Vertrauen in die Banken wird jedoch nicht überall auf der Welt geteilt, wo sich die Lage ständig ändert und die Menschen daher oft keinen Zugriff auf ihre eigenen Ersparnisse haben. So beginnt die Anlagestrategin Lyn Alden ihr Buch *»Broken Money«* mit der atemberaubenden Geschichte einer verzweifelten jungen Frau im Libanon, die während einer schweren Finanzkrise im Jahr 2022, in der die Banken die Vermögenswerte ihrer Kunden eingefroren hatten, zu einer Spielzeugpistole griff, um von ihrer *eigenen* Bank *ihr* Geld einzufordern, damit sie die medizinische Behandlung ihrer Schwester bezahlen konnte.[38]

⇸»

Wie Kinder, die mit einer Keksdose allein gelassen werden, haben Regierungen und Banken seit langem wenig Widerstand gegen die Verlockungen des Papiergeldes gezeigt. Dies hat im Laufe der Zeit das Bankensystem verzerrt, zum Teil bis zur Unkenntlichkeit.

Es ist leicht zu verstehen, warum Banken, getrieben vom Profitstreben, zunehmend auf das Mindestreservesystem setzten. In den USA behielten die Banken zwar bis ins 20. Jahrhundert hinein zumindest eine *gewisse* Verbindung zum Gold bei (außer während mehrerer Kriegsperioden), doch war es absehbar, dass sie diesen Anteil nach und nach abbauen würden.

Wenn Banken zu Beginn beispielsweise 95 Prozent ihrer Einlagen als Reserve hielten und nur 5 Prozent verliehen, um einen kleinen Zusatzgewinn zu erzielen, warum sollten sie diese Quote nicht schrittweise senken auf 75 Prozent oder 50 Prozent oder schließlich sogar auf unter 3 Prozent. Genau diese absurd hohe Verschuldung kennzeichnete ihre Situation im Vorfeld der großen Finanzkrise von 2008. Und warum nicht die Zinsen aus all diesen Krediten einstreichen.[39] Wäre es aus Sicht eines gewinnorientierten Unternehmens nicht geradezu fahrlässig, *dies nicht zu tun*?

Die Banken waren bereit, die mit der Abkopplung vom Gold verbundenen Risiken einzugehen, weil der potenzielle Gewinn so enorm war.

Die frühen Jahre der sogenannten Ära des freien Bankwesens in den USA, in der Tausende unterschiedlicher Banken eigene Banknoten ausgaben, die oft schon wenige Kilometer weiter wertlos und nicht einlösbar waren, verliefen zweifellos chaotisch. Diese Zeit wurde häufig als eine Art wilder Westen des Bankwesens beschrieben, und an diesem Ruf ist durchaus etwas dran. Doch dieser Ansatz ermöglichte auch Echtzeit-Korrekturen bei schlechtem Management. Banken, die mit dem Geld ihrer Kunden übermäßige Risiken eingingen (indem sie beispielsweise schlechte Kredite an Personen vergaben, die wenig Kreditwürdigkeit bewiesen hatten und letztendlich ihre Schulden nicht zurückzahlen konnten), würden auf natürliche Weise aus dem System ausscheiden. Das wäre für diejenigen, die diesen Banken ihr Geld anvertraut hatten, sicherlich verheerend, aber der Schaden würde sich auf einen relativ kleinen Personenkreis beschränken und andere Banken dazu mahnen, mit größerer Umsicht und Zurückhaltung zu handeln.

Als sich jedoch die Pleiten lokaler Banken zu häufen begannen, breitete sich die Angst vor einer Ansteckung im gesamten Finanzsystem aus. Kleinere Banken, die mit Liquiditätsengpässen und panikartigen Abhebungen konfrontiert waren, bemühten sich verzweifelt, Kredite von größeren Instituten wie JPMorgan (dessen Bankimperium schließlich zum heutigen JPMorgan Chase wurde) aufzunehmen, um sich über Wasser zu halten. Da diese Banken so stark miteinander verflochten waren, fungierte sie doch als Gegenparteien füreinander, konnte ein einziger Zusammenbruch einen Dominoeffekt auslösen. Da sich jede Bank an immer größere Institute wandte, um ihre eigenen Defizite zu decken, breitete sich der Druck im System aus und griff auf die mächtigsten Banken der Welt über.[40]

Selbst die größten Banken wurden schließlich unruhig, da sie sich bewusst waren, dass ungebremste Zusammenbrüche auf den unteren Ebenen sehr wohl ihre eigene Solvenz gefährden könnten.

⇸»

Es ist wie bei dem Klischee eines reichen Teenagers: Da er weiß, dass seine Eltern ihn immer aus der Patsche helfen werden, geht er Risiken ein, von denen er nicht einmal träumen würde, wenn er die Konsequenzen allein tragen müsste. Wenn jemand anderes bereit ist, die Rechnung zu bezahlen, erscheint Leichtsinn als vernünftige Wahl.

Diese Großbanken hatten es schließlich satt, kleinere Banken zu retten. Der Wendepunkt kam mit einem Ereignis, das als »Panik von 1907« bekannt ist: Als ein spekulatives Kupfergeschäft unter der Führung zweier Brüder aus Montana scheiterte, brachte dies die New Yorker Bank, die sie finanziert hatte, zum Einsturz.[41] Die daraus resultierenden Schockwellen breiteten sich im gesamten Bankensystem aus, bis eine in letzter Minute erfolgte Finanzspritze von J.P. Morgan und anderen wohlhabenden Finanziers die Krise stoppte.[42]

Diese Panik zwang die Amerikaner, sich mit den Mängeln eines weitgehend dezentralisierten Bankensystems auseinanderzusetzen. Obwohl die Vereinigten Staaten bereits zuvor Versuche mit Zentralbanken unternommen hatten,[43] hatten sich diese Bemühungen nie dauerhaft etabliert und waren auf erheblichen Widerstand gestoßen. Nun jedoch erkannten viele die Notwendigkeit von mehr Stabilität, Aufsicht und Koordination. Nach den Ereignissen von 1907 drängten sowohl die Bankiers als auch die breite Öffentlichkeit verstärkt auf Reformen und ebneten den Weg für einen stärker zentralisierten Finanzrahmen, der einer Branche, die sich raschem Wachstum und Umbrüchen gegenübersah, Standardisierung bringen sollte.

Eine kleine, einflussreiche Gruppe – bestehend aus Politikern und Bankiers mit engen Verbindungen – nutzte die Gunst der Stunde, um diese Herausforderungen anzugehen und dabei ihre eigene Macht zu festigen.

⇸»

Nur wenige von uns kennen die Geschichte der sechs Männer, die fast ein Viertel des weltweiten Vermögens[44] repräsentierten und sich 1910 unter dem Schutz der Nacht versammelten, um »einen Plan zur Reform des Bankensystems der Nation zu entwerfen«[*]

Jeder brachte seine eigene Persönlichkeit, seine Interessen, blinden Flecken und Eigenheiten mit, gemeinsam aber entwarfen sie das Federal Reserve System (siehe Kapitel 4), eine Institution, die die moderne Geschichte wohl mehr geprägt hat als jede andere auf der Welt.

Der *Federal Reserve Act*, der 1913 vom Kongress verabschiedet wurde, schuf in den USA ein Zentralbanksystem, das die Weltwirtschaft nachhaltig beeinflussen sollte – ein Einfluss, der bis heute anhält und von den Entscheidungen einer kleinen Gruppe von Menschen geprägt ist, die so menschlich und fehlbar sind wie jeder von uns.

Man darf nicht vergessen: Auch wenn die Schöpfer dieses Systems vielleicht auf ein echtes Bedürfnis reagierten, handelten sie nicht als Philanthropen, wussten sie doch nur zu gut, wie dieser Plan ihr eigenes riesiges Vermögen schützen und vermehren würde.

⇸

Die Fed wurde nicht nur gegründet, um das Bankensystem zu vereinheitlichen und Federal-Reserve-Banknoten (Dollar-Scheine) als nationale Währung auszugeben, sondern auch, um Risiken abzufangen, das Vertrauen zu stärken und die Bankenstürme zu verhindern, die stets wie die Gefahr eines Lauffeuers drohten.

Deshalb unterstützten viele Banker und Unternehmen die Gründung der Federal Reserve als *Kreditgeber letzter Instanz* und als dauerhafte Absicherung. Wenn sich Zweifel wie eine Ansteckung durch das System ausbreiteten, mussten große Banken nicht länger mit ihren eigenen Reserven einspringen. Stattdessen konnte die Fed Geld bereitstellen und so eine finanzielle Katastrophe verhindern.

---

* Zu Beginn war die Federal Reserve allerdings darin begrenzt, wie stark sie die Geldmenge ausweiten durfte, denn jeder umlaufende Dollar musste durch einen Gegenwert von vierzig Cent in Gold in den Tresoren gedeckt sein. Auf diese Weise war die Macht der Fed deutlich eingeschränkt. Wollte sie mehr Geld in Umlauf bringen, musste sie entweder zusätzliches Gold beschaffen oder mehr Kredite an Unternehmen vergeben, die greifbare Güter produzierten.

Doch die Fähigkeit der Fed, einzugreifen und kleinere Schocks abzufedern – Schocks, die in früheren Zeiten zu Bankenschließungen geführt hätten –, hat dazu beigetragen, dass das System unnatürlich widerstandsfähig geworden ist.

Banken sind inzwischen »zu groß, um zu scheitern«. Das bedeutet, dass sie für das Funktionieren der Wirtschaft so zentral geworden sind, dass der Staat außergewöhnliche Maßnahmen ergreifen muss, um sie vor den Folgen ihres eigenen Risikoverhaltens zu schützen. Mit anderen Worten: Gerade weil sie so mächtig sind, machen sie das System paradoxerweise deutlich anfälliger.

Anstatt den Schaden auf einen Teil des Systems zu beschränken – wie eine Wunde, die verbunden und geheilt werden könnte –, hat die Zentralisierung in der Fed dazu geführt, dass die meisten Krisen systemisch geworden sind, so wie Erkrankungen des menschlichen Kreislauf- oder Nervensystems den gesamten Körper betreffen.

Mit anderen Worten: Misserfolge führen nicht mehr zu einer Kurskorrektur; sie werden von der gesamten Wirtschaft aufgefangen.

Durch Gelddrucken und die Rettung insolventer Institute verlagern staatliche Eingriffe die Last von den Banken auf die Öffentlichkeit und verteilen durch Inflation den Reichtum massiv von den Armen zu den Reichen um.

Wir haben es immer wieder gesehen, von der großen Finanzkrise, die die Ersparnisse meiner Familie vernichtet hat, bis hin zur Reaktion auf die Covid-19-Pandemie, die die Weltwirtschaft auf den Kopf gestellt hat.

Diese Hauptakteure – die Institutionen und ihre Führungskräfte – kommen ungeschoren davon, sichern sich manchmal sogar riesige Boni, während der Rest von uns darum kämpft, über die Runden zu kommen.

Unser System ist süchtig geworden: Gelddrucken ist die Droge, und die Zentralbank ist der Dealer. Was vielleicht als potenziell heilende Maßnahme begann, hat sich zu etwas zutiefst Zerstörerischem entwickelt; und wie bei den meisten Süchtigen werden die Lasten breit gestreut. In diesem Fall zahlt die Gesellschaft insgesamt den höchsten Preis: die Mittel- und Arbeiterklasse, die zusehen muss, wie ihr Geld an Wert verliert, während rücksichtsloses Kreditvergeben ungehindert weitergeht.

Und dennoch sollten diese Institutionen als die »Dealer« der Süchtigen bald die Schlüssel zur finanziellen Zukunft der Welt erhalten.

ZUSAMMENFASSUNG VON KAPITEL 6

Das Hauptproblem von Gold ist seine mangelnde Transportfähigkeit, was aus Gründen der Bequemlichkeit den Übergang zu Papiergeld fast unvermeidlich machte. Doch die Banken erkannten, dass die Menschen selten gleichzeitig kamen, um ihr Gold einzufordern, und beschlossen, mehr Papierquittungen auszugeben, als sie Gold in ihren Tresoren hatten, was ihre Gewinne drastisch steigerte, aber auch eine ernsthafte Anfälligkeit in das System einführte. Solche Praktiken führten zu wiederkehrenden Finanzpaniken, und die daraus resultierende Instabilität führte 1913 zur Gründung der Federal Reserve als Zentralbank. Die Schaffung der Fed unterbrach natürliche Marktkorrekturen und etablierte die Ausweitung der Geldmenge als verlockende Lösung für wirtschaftliche Probleme.

Kernaussage: Papiergeld führte ein System ein, das auf Vertrauen und Inflation basiert.

7.

ALLE WOLLEN DOLLAR

»Der Dollar ist nicht nur eine Währung – er ist eine Sprache, die die ganze Welt spricht.«

JACK WELCH

Der US-Dollar – weltweit anerkannt und geschätzt – ist heute der unangefochtene König der Währungen.

Ob wir sie nun »Bucks«, »Big Ones« oder »Benjamins« nennen, Dollar sind nicht nur Amerikas Währung, sondern die der ganzen Welt. Die meisten Amerikaner können nur wenige andere Währungen nennen, aber fast überall erkennen die Menschen den Dollar als globalen Standard an.

Man könnte leicht annehmen, dass diese Dominanz einfach auf Amerikas Macht und Einfluss zurückzuführen ist. Die USA sind seit langem der größte Akteur in der Weltwirtschaft, also ist es nur natürlich, dass die Welt ihre Währung haben will.

Das stimmt, aber es ist nur ein Teil der Geschichte.

Vor weniger als einem Jahrhundert verankerte eine andere kleine Gruppe einflussreicher Führungskräfte den Dollar im Zentrum der Weltwirtschaft. Damit definierten sie den internationalen Handel, die Finanzwelt und die Macht selbst neu.

Zu erkennen, wie dies geschah, und welche Rolle die Federal Reserve bei dieser Transformation spielte, ist entscheidend, um zu verstehen, warum der Dollar zur *globalen Reservewährung* wurde und es bis heute ist.

Die Geschichte beginnt mit der einzigartigen Position der USA nach dem Zweiten Weltkrieg. Um diesen Moment jedoch wirklich zu begreifen, müssen wir zunächst die Schlüsselereignisse in den Jahrzehnten davor betrachten.

Wie in Kapitel 6 erläutert, wurde die Federal Reserve 1913, kurz vor dem Ersten Weltkrieg, gegründet, um als »Bank der Banken« zu fungieren und das Finanzsystem zu stabilisieren. Zu dieser Zeit unterlag der US-Dollar dem Goldstandard und war gesetzlich in eine feste Menge Gold zu einem Kurs von 20,67 Dollar pro Unze konvertierbar.

Das bedeutete, dass die Fed nicht einfach so viel Geld drucken konnte, wie sie wollte. Für jeden Dollar, den sie ausgab, benötigte die Fed 40 Cent an Goldreserven, und der Rest musste durch andere sichere Vermögenswerte gedeckt sein, wie beispielsweise gewerbliche Kredite an solide Unternehmen. Um die Geldmenge zu erhöhen, musste die Fed mehr Gold oder mehr dieser gewerblichen Vermögenswerte erwerben. Auch wenn es sich nicht um eine perfekte 1:1-Golddeckung handelte, hielt dieses System die Gelddruckbefugnisse der Fed in Schach.

Doch globale Ereignisse stellten diese Goldbeschränkungen bald auf die Probe, was die politischen Entscheidungsträger dazu veranlasste, sie zu lockern, und den Zentralbanken weltweit eine weitaus einflussreichere Rolle verschaffte.

Kurz nach der Gründung der Fed brach in Europa der Erste Weltkrieg aus. Krieg ist verheerend für die Menschheit, aber oft lukrativ für die Wirtschaft. Während Europa im Chaos versank, befanden sich die USA, neutral und durch einen Ozean getrennt, in einer einzigartig günstigen Lage. Der Krieg beflügelte die Nachfrage nach amerikanischen Gütern, kurbelte die Massenproduktion an und bescherte der US-Wirtschaft einen Glücksfall.

Die europäischen Nationen setzten die Goldkonvertibilität im Inland aus, um mehr eigene Währung drucken zu können und so den Krieg zu finanzieren. Gleichzeitig vergaben amerikanische Banken umfangreiche Kredite an europäische Regierungen. Als Gegenleistung floss Gold in die Tresore der USA, was sowohl die Reserven der Federal Reserve als auch den wirtschaftlichen Einfluss der Vereinigten Staaten deutlich vergrößerte. Während die Währungen der kriegführenden Nationen ins Wanken gerieten, gewann der US-Dollar an Bedeutung und stärkte sein internationales Ansehen.[45]

Als die USA 1917 in den Ersten Weltkrieg eintraten, benötigte die Bundesregierung schnell riesige Geldsummen. Die Goldreserven der Fed waren in den ersten Kriegsjahren dank boomender Exporte und europäischer Kreditaufnahme gewachsen, doch die Regeln des Goldstandards schränkten weiterhin ein, wie viel Geld ausgegeben werden durfte. Zur Erinnerung: Laut Gesetz musste jeder Dollar zu mindestens 40 % durch Gold gedeckt sein, die restlichen 60 % durch »anrechenbare Wertpapiere«, also kurzfristige gewerbliche Kredite an Unternehmen.

Um Mittel zu beschaffen, verkaufte das Finanzministerium Kriegsanleihen an die Öffentlichkeit und appellierte dabei an deren Patriotismus, während auch Banken und andere Institutionen zu wichtigen Käufern wurden. Das Problem war, dass die Banken, wenn sie einen Großteil ihrer Barmittel für den Kauf von Anleihen verwendeten, weniger Geld für normale Kreditvergabe oder zur Deckung von Abhebungen zur Verfügung hatten.

Wenn sie mehr Bargeld benötigten, konnten sie sich an die Federal Reserve wenden und Kredite aufnehmen, doch nach den strengen Regeln von 1913 durfte die Fed als Sicherheit für die Ausgabe neuer Währung nur Gold oder gewerbliche Kredite akzeptieren, keine Staatsanleihen.

Im Juni 1917 änderte der Kongress dies. *Der nicht auf Gold basierende Teil der Deckung des Dollars konnte nun US-Staatsanleihen umfassen.* Die Fed konnte Anleihen von Banken als Sicherheiten für Kredite akzeptieren, diese auf die Mindestreserveanforderungen für »zulässige Wertpapiere« anrechnen und mehr Geld ausgeben.[46] Das erleichterte die Finanzierung des Krieges, lockerte aber auch die Disziplin des Goldstandards gegenüber dem Dollar.[47]

Solche Veränderungen markierten einen dauerhaften Wandel in der Rolle der Federal Reserve. Die Zusammenarbeit zwischen der Regierung und der Fed während dieser Zeit gestaltete das Verhältnis zwischen Geld, Schulden und Gold neu und festigte den wachsenden Einfluss der Zentralbank auf die US-Wirtschaftspolitik.

Von einer begrenzten Hüterin der Währungsreserven wurde die Fed praktisch zu einer zentralen Akteurin bei der Steuerung des US-Finanzsystems.

Der Präzedenzfall war klar. Bei dringendem Bedarf konnten geldpolitische Beschränkungen aufgegeben werden. Die Geldmenge wuchs, und es war kein Zufall, dass der Verbraucherpreisindex 1917 auf fast 18 % stieg und bis 1921 über 15 % blieb. Das bedeutet, dass der Dollar in dieser Zeit mehr als 40 % seiner Kaufkraft verlor.[48]

Am Ende des Ersten Weltkriegs hatten sich die Vereinigten Staaten zur weltweit größten Gläubigernation entwickelt. Gold floss weiterhin aus europäischen Schuldentilgungen ein, und die USA vergaben neue Kredite, um beim Wiederaufbau der zerstörten Volkswirtschaften zu helfen. Um die Erholung zu unterstützen, senkte die Federal Reserve zudem die Zinssätze. Dies machte die Kreditaufnahme billiger und förderte den Abfluss von amerikanischem Investitionskapital ins Ausland, teilweise um den Druck auf schwache europäische Währungen zu mindern.

Doch billiger Kredit im Ausland bedeutete auch billigen Kredit im Inland. Günstiges Geld, gelockerte Finanzregeln und der Optimismus der Nachkriegszeit befeuerten die sogenannten Goldenen Zwanziger, eine Phase intensiver Spekulation und wachsender Verschuldung. Viele Menschen nutzten den leicht verfügbaren Kredit, um an der Börse zu investieren oder einen aufwendigen Lebensstil zu finanzieren, was die Illusion eines endlosen Wohlstands entstehen ließ.

Unter der Oberfläche jedoch überstieg die Verschuldung die tatsächlich vorhandene Geldmenge bei Weitem und bildete so eine massive Kreditblase. Als diese 1929 platzte, brach das globale Finanzsystem zusammen und löste die Weltwirtschaftskrise aus. Es war ein Jahrzehnt, das von Bankenzusammenbrüchen, Massenarbeitslosigkeit und weit verbreiteter Armut geprägt war.

In den 1930er Jahren befand sich ein Großteil der Welt in einer tiefen wirtschaftlichen Krise. Europa, das noch immer unter den Schulden des Ersten Weltkriegs litt, kämpfte um den Wiederaufbau. Die Regierungen versuchten, den Anschein der Aufrechterhaltung des Goldstandards zu wahren, druckten jedoch heimlich Geld, um zu überleben: Großbritannien verdoppelte seine Geldmenge, Frankreich verdreifachte sie, und Deutschland vervierfachte seine, um die erdrückenden Reparationszahlungen gemäß dem Versailler Vertrag zu leisten.[49]

In Deutschland führte dieses rücksichtslose Gelddrucken zu einer *Hyperinflation* und vernichtete Ersparnisse, destabilisierte die Regierung und stürzte Millionen Menschen in die Armut. Das wirtschaftliche Chaos schürte politischen Extremismus. Adolf Hitler nutzte die Verzweiflung und Demütigung der Bevölkerung aus, um Unterstützung für seine autoritären Ambitionen zu gewinnen. Wirtschaftliche Instabilität, der Zusammenbruch der Institutionen und der aufkommende Nationalismus schufen ein gefährliches Pulverfass.

Währenddessen blieb in den USA die grundlegende Infrastruktur physisch unversehrt, und das Land hielt weiterhin rund 40 Prozent der weltweiten Goldreserven, ein sehr großer Anteil.[50] Doch die Große Depression hatte die Arbeitslosigkeit bis 1933 auf über 20 Prozent steigen lassen. Innerhalb von nur drei Jahren gingen Tausende von Banken in Konkurs, was das Vertrauen in das Finanzsystem erschütterte und groß angelegte Abhebungen auslöste. Diese Turbulenzen überzeugten die Verantwortlichen schließlich davon, dass drastischere Maßnahmen notwendig waren, um die Stabilität wiederherzustellen.[51]

Auf dem Höhepunkt dieser Krise setzte die USA die inländische Goldkonvertibilität aus und verpflichtete die Bürger per Durchführungsverordnung, ihr Gold an die Regierung abzugeben. Der private Goldbesitz wurde weitgehend verboten, was eine dramatische Ausweitung der Bundeskontrolle über das Geld bedeutete.[52]

Im Jahr 1934 erhöhte die Regierung den offiziellen Goldpreis von 20,67 $ auf 35 $ pro Unze und wertete damit den Dollar effektiv ab. Dies bedeutete, dass dieselbe Menge Gold in den US-Tresoren nun in Dollar ausgedrückt fast 70 % mehr wert war. Die Erhöhung steigerte den Buchwert der nationalen Reserven, was es der Fed wiederum ermöglichte, mehr Geld in Umlauf zu bringen. Durch die Lockerung dieser Beschränkung wollte die Regierung den starken Preisverfall bekämpfen, der auf den Crash von 1929 gefolgt war.

Die Abwertung trug zusammen mit neuen, vom Kongress verabschiedeten Bankengesetzen dazu bei, das Vertrauen der Öffentlichkeit teilweise wiederherzustellen und die Welle der Bankenstürme zu verlangsamen. Gold floss in die Vereinigten Staaten, da ausländische Besitzer den höheren Preis nutzten und die relative Sicherheit der amerikanischen Wirtschaft suchten. Doch dieser Schritt schuf auch einen weiteren Präzedenzfall: Wenn der wirtschaftliche Druck zunahm, konnten die strengen Beschränkungen des Goldstandards außer Kraft gesetzt werden.

Es sollte Jahrzehnte dauern, bis sich die vollen Konsequenzen dieser Entscheidung zeigten.

Am Vorabend des Zweiten Weltkriegs verfügten die USA über die wertvollsten Goldreserven der Geschichte und eine weltweit unübertroffene industrielle Basis, was ihnen eine einzigartige Position zur Finanzierung und Ausrüstung der Alliierten verschaffte.

Als 1939 der Krieg ausbrach, liefen die amerikanischen Fabriken auf Hochtouren und produzierten Güter und Vorräte in atemberaubendem Ausmaß. Millionen von Menschen fanden Arbeit, und die Arbeitslosigkeit sank auf einen historischen Tiefstand.

Die USA waren nun das militärische und wirtschaftliche Arsenal der Welt.

Der Zweite Weltkrieg dauerte sechs Jahre, forderte tragischerweise zwischen 45 und 50 Millionen Menschenleben und verwüstete weite Teile Europas und Ostasiens.[53] Als er sich dem Ende zuneigte, war klar, dass der weltweite Wiederaufbau immense Geldsummen erfordern würde.

Mit dem nahenden Ende des Krieges trafen sich im Juli 1944 Delegierte aus 44 Nationen im malerischen Mount Washington Hotel in Bretton Woods, New Hampshire, um eine neue internationale Währungsordnung zu entwerfen.[54]

Im Mittelpunkt dieses neuen Systems sollte eine *neue* globale Reservewährung stehen (die von den Zentralbanken zu Sicherheits- und Abrechnungszwecken gehalten wird).*

Das Ergebnis dieser Konferenz, bekannt als das Bretton-Woods-Abkommen, krönte den US-Dollar offiziell zur globalen Reservewährung und rückte Amerika endgültig in den Mittelpunkt der globalen Finanzwelt.

Seit »Bretton Woods«, wie es später genannt wurde, hielten die Zentralbanken vorwiegend US-Dollar in Form von Staatsanleihen. Zu dieser Zeit waren diese Dollar noch zu einem festen Kurs von 35 US-Dollar je Unze in Gold eintauschbar, doch wie wir noch sehen werden, sollte diese Konvertibilität letztlich nicht von Dauer sein. Tatsächlich ersetzte der Dollar das Gold als weltweit bevorzugte Wertspeicher für offizielle Reserven und grenzüberschreitende Zahlungen und bildete das Fundament der globalen Finanzstabilität.

Bretton Woods war der Wiederaufbauplan für eine globale Gesellschaft,

* Historiker verfolgen im Allgemeinen die Abfolge der dominierenden globalen Reservewährungen vom spanischen Silberdollar (1500er–1600er Jahre) über den niederländischen Gulden (1600er–Ende des 18. Jahrhunderts) und das britische Pfund Sterling (Anfang des 19. Jahrhunderts–Anfang des 20. Jahrhunderts) bis hin zum US-Dollar (Mitte des 20. Jahrhunderts – heute).

die durch Jahrzehnte wirtschaftlicher Unruhe und Krieg schwer gezeichnet war. Das alte System hatte sich über Jahrhunderte entwickelt, doch wie sich zeigte, reichten drei Wochen aus, um ein neues zu entwerfen. Gold spielte in dieser neuen Weltordnung weiterhin eine Rolle, allerdings eine deutlich geringere. Seine Tage als primäre Reservewährung waren gezählt.

ZUSAMMENFASSUNG VON KAPITEL 7

In der ersten Hälfte des 20. Jahrhunderts stieg die USA von einer vielversprechenden Wirtschaftsmacht zum Architekten einer neuen globalen Finanzordnung auf. Die enormen Kosten zweier Weltkriege veranlassten die politischen Entscheidungsträger, die Golddeckung des Dollars zu lockern.
Auf der Bretton-Woods-Konferenz 1944 wurde der Dollar offiziell zur Weltreservewährung gekrönt, wobei zunächst eine festgelegte Menge an Gold als Deckung erforderlich war. Diese Regelung stellte den Dollar effektiv in den Mittelpunkt des globalen Handels und der globalen Finanzen.

Kernaussage: Durch die Verbindung der Glaubwürdigkeit des Goldes mit der industriellen und wirtschaftlichen Dominanz Amerikas festigte Bretton Woods den Dollar als Eckpfeiler der globalen Nachkriegswirtschaft.

8.

JEDER SPÜRT DIE AUSWIRKUNGEN

**»Die kuriose Aufgabe der
Wirtschaftswissenschaften besteht darin,
den Menschen zu zeigen, wie wenig sie
tatsächlich über das wissen, was sie zu
gestalten glauben.«**

FRIEDRICH HAYEK

Es ist leicht nachvollziehbar, warum der US-Dollar in den 1940er Jahren zur globalen Reservewährung gekrönt wurde. Wie eine Ballkönigin, die sich in allgemeiner Bewunderung sonnt, hatte der Dollar alles auf seiner Seite: ein Land, das in riesigen natürlichen Ressourcen schwamm und von den Verwüstungen des Krieges verschont geblieben war. Der Dollar schien stabil, gut verwaltet und abgeschirmt von den autoritären Tendenzen, die andere Nationen plagten.

Das Bretton-Woods-Abkommen stellte sicher, dass andere Länder US-Dollar hauptsächlich in Form von Schatzanweisungen hielten (kurzfristige, von der Regierung ausgegebene Schuldscheine, die eine Rückzahlung mit Zinsen nach einer festgelegten Laufzeit versprachen). Diese Schatzanweisungen galten als »so gut wie Gold«.[55]

Man kann sich Bretton Woods als einen globalen Handschlag auf feste Wechselkurse vorstellen. Jede wichtige Währung knüpfte ihren Wert an den Dollar, und der Dollar versprach die Einlösung in Gold zu 35 Dollar pro Unze. Diese Vereinbarung machte den Dollar zum Dreh- und Angelpunkt des globalen Handels und der globalen Finanzen und schuf ein System, in dem ein Großteil der weltweiten Goldreserven in US-Tresore floss.

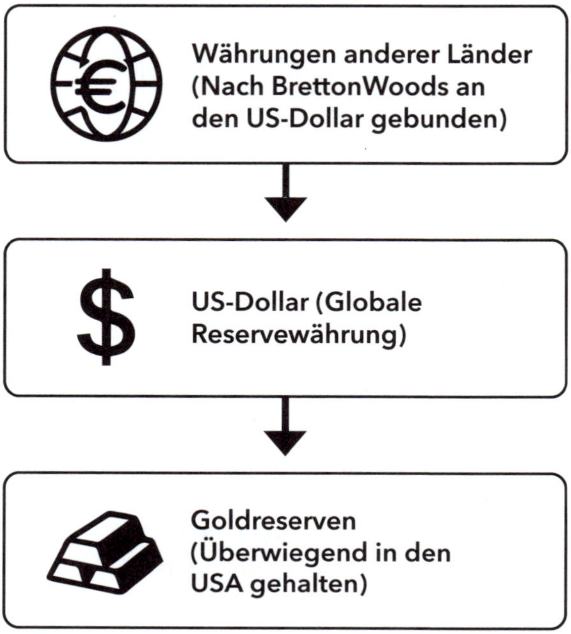

Abbildung 7: Globale Reservewährung

Aber es gab einen Haken: Alle mussten darauf *vertrauen* (da ist dieses Wort wieder!), dass die US-Regierung nicht zu viel Geld drucken würde, das über die Menge an Gold in ihren Tresoren hinausging.

Spoiler-Alarm: Das tat sie.

Mit dem Zweiten Weltkrieg im Rückspiegel strahlte Amerika eine Atmosphäre der Erwartung, Expansion und Zuversicht aus. Die Vereinigten Staaten befanden sich in einer Position immenser Macht und Privilegien. Befreit von den Zwängen der Kriegsrationierung und begierig darauf, eine bessere Zukunft zu gestalten, explodierte die Verbrauchernachfrage: Von Autos und Häusern bis hin zu Haushaltsgeräten und Möbeln – die Amerikaner gingen auf Einkaufstour.[56]

Nach aller Logik hätte die Fed nach Kriegsende vom Gas gehen können, tat sie aber nicht. Die politischen Entscheidungsträger, die einen tiefen Nachkriegsabschwung befürchteten, der nie eintrat, hielten die Zinsen durch Eingriffe in den Markt für Staatsanleihen weiterhin niedrig, selbst als die Wirtschaft boomte und Amerika seine neue Rolle als Emittent der Weltreservewährung übernahm.

In dieser Zeit richtete die USA ihren Fokus auch auf die Schaffung und den Ausbau wichtiger Sozialprogramme. Dazu gehörten der G.I. Bill in den 1940er Jahren, der heimkehrenden Soldaten Wohn- und Bildungsleistungen gewährte; die Änderungen des Social Security Act von 1950, die die Einkommensunterstützung für Rentner ausweiteten; und später, im Jahr 1965, Medicare und Medicaid, die jeweils Senioren und Personen mit geringem Einkommen Krankenversicherungsschutz gewährten.

Viele dieser Initiativen hatten tiefgreifende und positive Auswirkungen auf die amerikanische Gesellschaft, indem sie Millionen Menschen in die Mittelschicht hoben, die Altersarmut verringerten und den Zugang zu Bildung und Gesundheitsversorgung erweiterten. Ihre Ziele spiegelten eine umfassendere Vision von nationalem Wohlstand und Sicherheit wider.

Allerdings deckten Lohnsteuern und reguläre Steuereinnahmen nur einen Teil der Kosten. Um die Differenz auszugleichen, verfolgten die USA zunehmend eine expansive Geldpolitik, ohne dass die Goldreserven entsprechend aufgestockt wurden. Diese Programme brachten zwar bedeutende

Vorteile mit sich, verursachten aber auch versteckte Kosten, lockerten nach und nach die geldpolitische Disziplin des Landes und legten den Grundstein für künftige finanzielle Ungleichgewichte.

Gleichzeitig finanzierte Amerika kostspielige und tödliche Militäreinsätze im Ausland, darunter den Koreakrieg in den 1950er Jahren und den Vietnamkrieg in den 1960er Jahren, was die Staatsfinanzen zusätzlich belastete.

Als Emittent der neuen Weltreservewährung trat die USA in eine Phase ein, die manchmal als »Defizit ohne Tränen« bezeichnet wird: Amerika konnte sich hohe Handels- und Haushaltsdefizite leisten, ohne die inflationären Folgen im eigenen Land unmittelbar zu spüren.

Doch nicht ohne Grund heißt es: »Nichts ist umsonst«.

Es lohnt sich, kurz auf den Unterschied zwischen »Schulden« und »Defiziten« hinzuweisen, da diese Begriffe manchmal synonym verwendet werden.

Ein Defizit ist der Fehlbetrag im Haushalt eines einzelnen Jahres, also das, was die Regierung mehr ausgibt, als sie einnimmt, während die Schulden die kumulierte Summe all dieser jährlichen Defizite sind.

In der Praxis ist es so, als hätte die USA eine Kreditkarte ohne Ausgabenlimit, und wenn die Rechnung fällig wird, begleicht sie diese einfach mit einer anderen Kreditkarte.

Können Sie sich vorstellen, dass man damit durchkommt?

Wenn Sie und ich nicht *arbeiten* würden (ein wichtiges Wort, auf das wir noch zurückkommen), um unsere Kredite jeden Monat abzubezahlen, sondern stattdessen die Rechnungen immer wieder auf zusätzliche Kreditkarten übertragen könnten, ließen sich die Dinge auch eine Weile hinauszögern. Aber schon bald würden wir in Schulden versinken und die Inkassobüros würden kommen, um von uns alles einzutreiben, was sie können. Vielleicht würden unsere Autos gepfändet, oder vielleicht würden wir aus unseren Häusern vertrieben. So oder so müsste die Rechnung tatsächlich mit echtem Geld bezahlt werden und nicht nur mit Zukunftsversprechen.

Staatsschulden hingegen werden nie wirklich zurückgezahlt. Sie häufen sich im Laufe der Zeit einfach an, da neue Schulden aufgenommen werden, um alte Schulden zu tilgen. Wenn man von explodierenden Staatsschulden hört, ist genau das gemeint.

Aus diesem Grund sorgten sich Länder, die große Reserven an US-Dollar angehäuft hatten, dass die USA möglicherweise nicht genug Gold hätten, um alle im Umlauf befindlichen Dollar zu decken. Das Vertrauen in die Fähigkeit des Dollars, seinen Goldwert zu halten, begann zu schwinden.

Das Bretton-Woods-System, das auf dem Vertrauen in den Dollar und seiner Golddeckung beruhte, geriet ins Wanken, da ausländische Staaten der Stabilität des Dollars zunehmend skeptisch gegenüberstanden.

In den 1960er Jahren folgten dieser Unruhe Taten, als einige Länder begannen, ihr Gold zu repatriieren, d.h. sie tauschten ihre Dollar gegen das in US-Tresoren gelagerte Gold ein. Dies stellte das System vor ein ernstes Problem: Während der Dollar eigentlich »so gut wie Gold« sein sollte, befand sich weit weniger Gold in den US-Reserven als weltweit Dollar im Umlauf waren.

Die Situation ähnelte dem in Kapitel 6 erwähnten überbuchten Flug, allerdings in viel größerem Maßstab. Anstatt darauf zu hoffen, dass einige Passagiere nicht erscheinen würden, um ihre Plätze einzufordern, basierte das gesamte Währungssystem nun auf der Hoffnung, dass die große Mehrheit der Anspruchsteller nicht gleichzeitig kommen würde, um ihr Gold einzufordern, nur um dann festzustellen, dass ihre Tickets – in diesem Fall ihre Dollar – lediglich leere Versprechungen waren.

Um es noch deutlicher zu sagen: Eine Reihe von Nationen war der Ansicht, dass man den USA nicht mehr zutrauen könne, den Goldstandard aufrechtzuerhalten, und befürchtete, dass ihre Dollar weiter an Wert verlieren würden.

⇸»

Der Abfluss aus den US-Goldreserven, der in dieser Zeit stattfand, setzte das System erheblich unter Druck, gerade als die Schulden und Verpflichtungen der USA zunahmen.

Die USA hatten ihr Privileg als Betreiber der weltweiten Gelddruckmaschine missbraucht, und andere Nationen waren empört darüber, dass die durch die amerikanische Politik verursachte Geldentwertung die Sicherheit ihres Goldes in den US-Tresoren gefährdete. Diese Länder hatten ihr Gold im Austausch gegen Dollar abgegeben und dabei auf das Versprechen des Dollars hinsichtlich Stabilität und Konvertibilität vertraut. Da die USA das System jedoch mit zu viel gedrucktem Geld überschwemmt hatten, begann das Vertrauen in den Dollar zu bröckeln, und die Länder wollten ihr Gold zurück.

Da immer mehr Nationen ihre Dollar gegen Gold eintauschten, schrumpften die US-Reserven auf ein gefährlich niedriges Niveau. Das fragile Gleichgewicht, auf dem das Bretton-Woods-System beruhte – wonach jeder Dollar durch eine bestimmte Menge Gold gedeckt sein sollte –, wurde zunehmend unhaltbar.

In den 1960er Jahren begann der weltweite Goldvorrat, der sich nach dem Zweiten Weltkrieg in US-Tresoren konzentriert hatte, wieder abzufließen. Da der Dollar aber auf diesem Goldvorrat fußte, drohte dies, das gesamte globale Währungssystem zum Einsturz zu bringen.

⇸»

Die Situation spitzte sich 1971 zu. In einer Fernsehansprache am 15. August dieses bedeutsamen Jahres überraschte Präsident Richard Nixon die Welt mit einer Ankündigung, die als »Nixon-Schock« bekannt wurde: *Der Dollar sei nicht mehr in Gold einlösbar.*

Es war, als würde ein Bankangestellter, während sich eine Schlange von Kunden bis vor die Tür drängelte, plötzlich den Rollladen herunterziehen und ohne Erklärung abrupt verkünden: »Wir haben geschlossen.« Mit einem Schlag war das Bretton-Woods-System am Ende.

Diese »Aussetzung« der Einlösbarkeit des Dollars in Gold wurde nie rückgängig gemacht. In diesem Moment wurde das wahre Fiat-System geboren – ein Dollar, der durch nichts als Schuldscheine gedeckt war.

⇸

Sie fragen sich vielleicht: Wie konnte die USA nach dem Verzicht auf die Goldkonvertibilität und der damit verursachten weltweiten wirtschaftlichen Instabilität weiterhin die globale Reservewährung bleiben?

Ein Großteil der Antwort liegt in strategischer Diplomatie und der Schaffung eines Systems, das viele als *Petrodollar* bezeichnen. Nach dem Schock der Entscheidung von 1971, die Bindung des Dollars an Gold aufzuheben, brauchten die USA einen Weg, um die weltweite Nachfrage nach ihrer Währung sicherzustellen. In den 1970er Jahren schlossen sie ein Abkommen mit den Öl-produzierenden Nationen, insbesondere Saudi-Arabien, um *Öl* – den weltweit wichtigsten Rohstoff – *ausschließlich in US-Dollar zu handeln.*

Die Einführung des Petrodollar-Systems in den 1970er Jahren (eine Regelung, die 2024 nach 50 Jahren offiziell auslief), die von Henry Kissinger und anderen wichtigen Regierungsvertretern inszeniert wurde, war entscheidend für die Sicherung und Ausweitung der Hegemonie des US-Dollars.

Diese Vereinbarung sah vor, dass Länder, die Öl kauften, große Dollarreserven halten mussten.

Die Ölproduzenten investierten ihre Einnahmen in US-Staatsanleihen, wodurch ein Kreislauf entstand, der den Wert des Dollars stützte und die globale Wirtschaftsmacht Amerikas ausweitete.

Indem sie eine konstante weltweite Nachfrage nach dem Dollar sicherstellten, konnten die USA erneut wachsende Defizite finanzieren.

Zumindest für eine gewisse Zeit.

⇸

In den folgenden Seiten zeigen wir Schritt für Schritt, wie sich dieser Vorteil einer Reservewährung zu einem zweischneidigen Schwert entwickelt hat. Einerseits verschaffte er den USA enorme globale Macht und ermöglichte die Finanzierung staatlicher Sozialprogramme, auf die Millionen Menschen angewiesen sind. Andererseits hat derselbe Vorteil, möglicherweise unbeabsichtigt, zum Niedergang der amerikanischen Arbeitnehmerschaft beigetragen, und wurde stillschweigend auf Kosten künftiger Generationen erkauft.

Die Belastungen, die viele Amerikaner heute spüren, etwa die schwindende Mittelschicht sowie die explodierenden Kosten für Wohnen und Gesundheitsversorgung, hängen tatsächlich *direkt mit der Stellung des US-Dollars als globaler Reservewährung zusammen.*

Schauen wir uns das einmal genauer an.

Vor nicht allzu langer Zeit waren die USA eine industrielle Großmacht: Von Konsumgütern bis hin zu innovativer Technologie produzierten die Amerikaner mehr, als sie konsumierten. Die USA stellten Dinge her! Der amerikanische Unternehmer- und Gemeinschaftsgeist, ganz zu schweigen von der Infrastruktur wie Schulen und Autobahnen, die all dies stützte, verschafften den USA weltweit den Ruf als Land der unbegrenzten Möglichkeiten und Leuchtfeuer der Hoffnung, das Familien wie meine anzog.

Diese Hoffnung wurde symbolisch durch eine Reihe wahrhaft »amerikanischer« Produkte verkörpert. Ich erinnere mich, wie meine Mutter mir Geschichten aus ihrer Jugend in Polen erzählte, als jeder Dinge haben wollte, die in den USA hergestellt wurden. Zu den begehrtesten Artikeln, so erzählte sie mir, gehörten die legendären amerikanischen Blue Jeans. Wie Levi Strauss & Co. es formulierte, standen diese Jeans für Menschen überall, insbesondere in Osteuropa, »für Freiheit und Unabhängigkeit«.[57]

Zur Bestürzung vieler Menschen im In- und Ausland ist dieses glanzvolle Bild in den letzten Jahren verblasst. *Selbst* Levi's-Jeans werden fast ausschließlich außerhalb der USA hergestellt. Wenn man sich heutzutage die Etiketten an der Kleidung oder die Aufkleber auf vielen Haushaltsprodukten ansieht, wird man feststellen (falls nicht schon geschehen!), dass diese oft in Asien hergestellt wurden.

Wenn ein Produkt »Made in the USA« ist, wird diese Tatsache oft lautstark auf der Verpackung hervorgehoben. Das bedeutet, dass der Hersteller die Hindernisse, die heute mit der Produktion in den USA verbunden sind, in gewisser Weise überwunden hat, oder stillschweigend anerkennt, dass seine Zielgruppe bereit ist, für im Inland hergestellte Produkte etwas mehr zu bezahlen.

Was steckt dahinter?

Zwar spielt die Handelspolitik sicherlich eine Rolle, doch gibt es ein Phänomen namens Triffin-Dilemma, das den inhärenten Konflikt zwischen nationalen Wirtschaftsinteressen und globalen Verpflichtungen offenbart, wenn die Währung eines Landes als Weltreservewährung dient.

Da der Dollar diese Rolle spielt, müssen ausländische Zentralbanken beträchtliche Summen davon halten, um Handelsgeschäfte abzuwickeln und ihre eigenen Finanzen zu stabilisieren. Der sicherste Weg, an diese Dollar zu kommen, ist der Verkauf von Waren – Elektronik, Öl, Kleidung – auf dem US-Markt und die Annahme von Zahlungen in Dollar. So strömen Waren nach Amerika, während Dollar abfließen, was eine eingebaute, globale Nachfrage nach der US-Währung aufrechterhält.

Diese ständigen Handelsdefizite sind der Preis dafür, dass der Dollar die Weltreservewährung bleibt.

Dieses System gewährleistet zwar, dass die Weltwirtschaft Zugang zu Dollar hat, hat aber, wie wir bereits festgestellt haben, seinen Preis: Die amerikanische Industrie sieht sich einer zunehmenden Konkurrenz durch billigere ausländische Waren und Dienstleistungen ausgesetzt. Da die Produktion ins Ausland verlagert wird, um von niedrigeren Kosten zu profitieren, verschwinden Arbeitsplätze im Inland und die Löhne stagnieren. Die Arbeiterklasse trägt die Hauptlast dieser Veränderungen. Im Laufe der Zeit, da immer weniger gut bezahlte Arbeitsplätze in den Vereinigten Staaten verbleiben, vertieft dieser Abbau der industriellen Basis die wirtschaftliche Ungleichheit und schwächt die Mittelschicht.

Ein Handelsdefizit über einige Jahre hinweg ist nicht unbedingt problematisch, doch wenn es Jahrzehnte andauert, wird es strukturell und lässt sich nur schwer umkehren. Das Handelsdefizit mag wie ein vorteilhafter Tausch von US-Schuldscheinen gegen Produkte erscheinen, doch in Wirklichkeit geben wir stattdessen wertvolle Vermögenswerte wie Unternehmensanteile und Grundstücke ab. Anstatt langfristigen Wohlstand aufzubauen, finanzieren wir kurzfristigen Konsum. Im Laufe der Zeit besitzen ausländische Investoren schließlich einen größeren Anteil an US-Unternehmen und Staatsschulden, sodass uns weniger Vermögenswerte für die Zukunft bleiben.

Im letzten Viertel des 20. Jahrhunderts importierten die USA weit mehr, als sie produzierten und exportierten. Hinter der äußerlichen Dominanz des Dollars verbarg sich eine Wirtschaft, die zunehmend ausgehöhlt war. Indem die Vereinigten Staaten mehr verbrauchten als sie produzierten, verabschiedeten sie sich schrittweise von jener wirtschaftlichen Grundlage, die sie einst zur globalen Supermacht gemacht hatte.

Kurz gesagt: **Die Sonderstellung des US-Dollars als Reservewährung verdeckt häufig, dass Nutzen und Lasten dieses Systems innerhalb der USA sehr ungleich verteilt sind.**

Als Fabriken schlossen und die Produktion ins Ausland abwanderte, brach Amerika nicht zusammen, es erfand sich neu, und zwar rund um das Geld statt um die Fertigung. Die Gewinne verlagerten sich vom Bau von Autos oder Waschmaschinen hin zum Aufbau von Portfolios: Hypotheken bündeln, Aktien im Millisekundenrhythmus handeln und Schulden in immer dünnere »Investments« aufteilen. Diese Transformation – *Finanzialisierung* genannt – ermöglichte es der Wall Street, den Großbanken und den Immobilienmagnaten, Vermögen zu scheffeln, während die Arbeitsplätze am Fließband verschwanden.

Gleichzeitig floss Geld in den aufstrebenden Technologiesektor und befeuerte eine neue Art von Reichtum, der sich um Software, Plattformen und Spekulationen an der digitalen Grenze drehte. Einfach ausgedrückt: Das Machtzentrum der Wirtschaft verlagerte sich von den Werkstätten auf die Handelsparkette, sodass nun diejenigen, die Geld verwalten, die Gewinne einstreichen, die früher den Menschen zuflossen, die dafür echte Waren herstellten.

Historisch gesehen diente das Finanzwesen in erster Linie dazu, Kapital zur Unterstützung produktiver wirtschaftlicher Aktivitäten bereitzustellen, d.h. Banken verliehen Unternehmen Geld, um Fabriken zu bauen, Ausrüstung zu kaufen und Arbeitskräfte einzustellen. *In einer finanzialisierten Wirtschaft wird das Finanzwesen jedoch zum Selbstzweck.*

Gewinne werden eher durch Spekulation, den Handel mit Finanzprodukten und die Nutzung von Fremdkapital erzielt als durch die Produktion oder den Verkauf tatsächlicher Güter und Dienstleistungen.

Wenn Ihnen das Konzept von Konsumgütern intuitiv einleuchtet, Ihnen das Konzept von hypothekenbesicherten Wertpapieren (einer der Hauptauslöser der Finanzkrise von 2008) jedoch fremd und absichtlich verwirrend erscheint, sind Sie nicht allein und haben allen Grund, die Stirn zu runzeln.

⇸

Obwohl die Wall Street sie als »Produkte« bezeichnet, haben diese Finanzinstrumente nur die geringste Ähnlichkeit mit dem Wort, wie wir es alle verstehen. Da auf dem internationalen Markt weniger Waren zu verkaufen sind, hat die USA ihren Status als Weltreservewährung auf oft sehr riskante Weise ausgenutzt.

Während in der Ära des »Free Banking« Ausfälle aufgrund übermäßiger Risikobereitschaft zur Schließung von Banken führen konnten, haben diese »too big to fail«-Banken keinen Anreiz, Vorsichtsmaßnahmen zu treffen. Banken und Finanzinstitute wissen, dass die Fed ihnen immer den Rücken freihält: Im Jahr 2008 rettete die Regierung sie mit rund 498 Milliarden Dollar, was 3,5 % des BIP entspricht.[58]

Die hart arbeitenden Amerikaner sind immer da, um die Kosten zu tragen.

⇸

Anders ausgedrückt: Diese neue Wirtschaft schließt genau jene Arbeitnehmer aus, deren Fleiß es den USA überhaupt erst ermöglicht hat, zur Reservewährung zu werden, und bürdet allen Amerikanern die Last auf, die Differenz auszugleichen. Kann eine Zentralbank die Währung entwerten, ist sie auch in der Lage, finanzielle Mittel gezielt für die politischen Ziele der Regierung einzusetzen, weitgehend außerhalb der öffentlichen Wahrnehmung. Zentralbanker und Politiker entwickeln dann immer neue Instrumente, um die Wirtschaft in die Richtung zu lenken, die sie für richtig halten. Ihre Möglichkeiten werden letztlich nur durch die Überzeugungen, das Vorstellungsvermögen und das Weltbild der jeweils Verantwortlichen begrenzt. Sobald die Geldmenge von den Mächtigen gesteuert werden kann, konzentriert sich diese Macht zwangsläufig und sammelt sich in immer weniger Händen.

Das ist keine Kritik an einzelnen Personen, Gruppen oder Parteien. Es handelt sich vielmehr um ein strukturelles Problem, das die Weisheit der amerikanischen Grundidee unterstreicht: ein System bewusst so zu gestalten, dass eine unkontrollierte Machtkonzentration verhindert wird.

Ohne konsequente Gewaltenteilung und eine dezentrale Machtstruktur werden die Schutzmechanismen gegen Autoritarismus ausgehöhlt, was genau jene Machtkonzentration ermöglicht, die die Gründerväter Amerikas mit ihrem System verhindern wollten.

Es ist wichtig zu erkennen, dass die weltweite Abkehr vom Hartgeld wahrscheinlich weder rein zufällig noch allein das Ergebnis einer Gruppe von intriganten, allwissenden Drahtziehern war. Wie wir in Kapitel 6 gesehen haben, war dies vermutlich eine nahezu unvermeidliche Folge der physischen Grenzen von Gold als weltweiter Währung. Es ließ sich nur schwer transportieren, eignete sich schlecht für großvolumige Transaktionen und war anfällig für Konzentration an wenigen Stellen. Diese Schwächen machten Zentralisierung in einer zunehmend verflochtenen Weltwirtschaft nicht nur praktisch, sondern letztlich notwendig.

Tatsache ist, dass alle Voraussetzungen gegeben waren, damit ein System von Regeln einem System von Herrschern weichen konnte. Und in einer Welt, in der der Geldfluss gestrafft oder gelockert werden kann, ist es die Hand am Hahn, die letztendlich alles andere kontrolliert.

Um es klar zu sagen: Dies ist kein Argument gegen den US-Dollar als globale Reservewährung. Die Rolle des Dollars *hat* für Stabilität gesorgt und den Handel in beispiellosem Ausmaß erleichtert. Doch die unbeabsichtigten Folgen dieses Systems wie endlose Schuldenbildung, extreme Vermögenskonzentration und finanzielle Instabilität machen deutlich, dass wir einen besonneneren und widerstandsfähigeren Ansatz für die Zukunft brauchen.

Während der Dollar weiterhin als Welthandelswährung dienen könnte, könnten wir uns stattdessen eine *neutrale* Reservewährung vorstellen, eine, die als dauerhafter Wertspeicher gehalten werden kann und nicht der Manipulation durch die Politik, Prioritäten oder Launen einer einzelnen Regierung oder Zentralbehörde unterliegt.

In den folgenden Kapiteln werden wir untersuchen, wie Bitcoin mit seinem festen Angebot, seinem dezentralen Aufbau und seiner Transparenz die Eigenschaften eines überzeugenden *globalen Reservevermögenswerts* aufweist, der dazu beitragen kann, nationale Währungen zu stützen und uns zu einem Hartgeldstandard zurückzuführen.

⇸

Erinnern wir uns. Wenn eine Währung lediglich von einer Regierung ausgegeben wird, ohne dabei durch irgendetwas anderes gedeckt zu sein, wird sie als *Fiat-Währung* bezeichnet. Anstatt an einen realen Rohstoff mit allgemein anerkanntem Wert gebunden zu sein, wird die Währung lediglich durch Regierungsversprechen (wie »das uneingeschränkte Vertrauen und die Kreditwürdigkeit der US-Regierung«) und die dahinterstehende militärische Stärke gestützt.

In einem System auf Goldbasis bildet die Natur (Gold) selbst den stabilen Bezugspunkt, während Papiergeld lediglich eine abstrakte Darstellung des eigentlichen Wertes ist. Ohne eine begrenzte natürliche Ressource, die seinen Wert verankert, ist Geld im *Fiat-Standard* vollständig von den unvollkommenen Menschen abhängig, die seinen Fluss von der Zentralbank aus kontrollieren.

⇸

Der allmähliche Niedergang des Goldstandards war ein jahrzehntelanger Prozess der Entkopplung, der 1971 in der vollständigen Loslösung des Dollars vom Gold gipfelte.

Seitdem hat die Weltwirtschaft wahrhaft unbekanntes Terrain betreten.

⇸

ZUSAMMENFASSUNG VON KAPITEL 8

Erhöhte Staatsausgaben nach dem Zweiten Weltkrieg führten dazu, dass mehr Dollar im Umlauf waren, als durch Gold gedeckt waren. Ausländische Regierungen begannen erneut, ihre Dollar gegen Gold einzutauschen, wodurch die US-Goldreserven schwanden. 1971 beendete Präsident Nixon abrupt die Konvertibilität des Dollars in Gold und veränderte damit die globale Wirtschaftslandschaft grundlegend. Anstatt das Geld auf die natürliche Knappheit von Gold zu stützen, wurde der Dollar vom Ermessen der Zentralbanker und Politiker abhängig. Dies war der Beginn der Fiat-Ära – Geld, das nur durch staatliche Versprechen gedeckt ist.

Kernaussage: Als der Dollar von Gold abgekoppelt wurde, verlor die Welt ihren letzten Anker der monetären Knappheit. Dieser Wandel prägte die gesamte nationale und globale Wirtschaftslandschaft neu.

9.

ALLE HABEN DEN PREIS GEZAHLT

»Nur wenige Dinge sind so dauerhaft wie vorübergehende Maßnahmen.«

ALEX GLADSTEIN

Die langfristigen Auswirkungen der Entscheidung der USA, 1971 den Goldstandard aufzugeben, hätten dramatischer und folgenschwerer nicht sein können.

Nach fast allen Maßstäben hatte sich eine große Weggabelung ergeben, was die untenstehende Grafik, die die sich vergrößernde Kluft zwischen Arbeitnehmerentgelt und Produktivität zeigt, anschaulich verdeutlicht. Es gab die Welt vor dem »Nixon-Schock« und eine ganz andere danach.

Digramm 3 zeigt zwei Linien: die Produktivität, also wie viel ein Arbeitnehmer in einer Stunde leistet und den Durchschnittslohn. Die Linien verliefen bis Anfang der 1970er Jahre dicht beieinander. Doch als der Dollar vom Gold entkoppelt wurde, stieg die Produktivität weiter an, während die Löhne kaum zunahmen, was bedeutet, dass die zusätzliche Produktion die Unternehmensgewinne und die Renditen der Anleger steigerte, nicht aber die Gehaltsschecks der Arbeitnehmer.

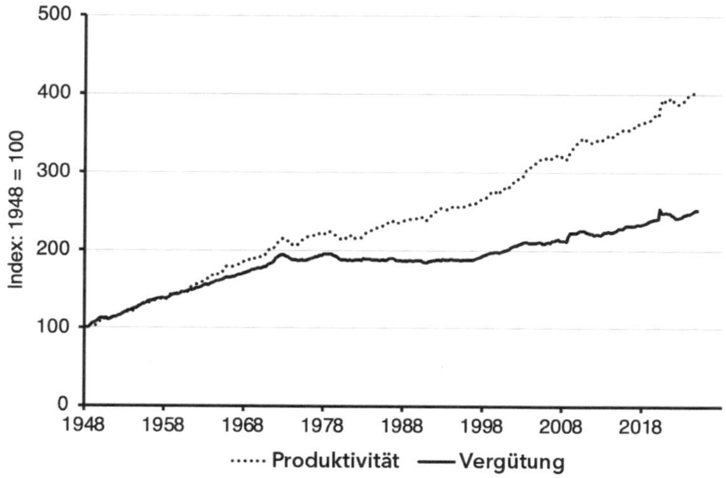

Diagramm 3: Wachstum der Produktivität und der Stundenvergütung (1948–2024)

Quelle: Economic Policy Institute, U.S. Bureau of Labor Statistics.

Aber warum?

Denken Sie daran: Wann immer neues Geld in die Wirtschaft gepumpt wird, fließt es zuerst zu denen, die der Quelle am nächsten stehen: Großkonzerne, die Reichen und die gut Vernetzten. Diese »großen Fische« leiten es in der Regel in Unternehmungen oder Finanzinstrumente, die im Laufe der Zeit mehr Gewinn generieren können. Unternehmen konzentrieren sich im Großen und Ganzen darauf, die Rendite ihres Kapitals zu maximieren, nicht darauf, die Löhne der Menschen zu erhöhen, die für sie arbeiten.

Lohnerhöhungen werden in der Regel als laufende Kosten betrachtet und nicht als Investition, die im Laufe der Zeit an Wert gewinnt. Für diejenigen, die der Geldmenge am nächsten stehen, ist die Kanalisierung von Geld in Vermögenswerte greifbar und direkt profitabel. Würde Geld hingegen seinen Wert behalten, wären Investitionen in Arbeitnehmer und das Wachstum ihres Unternehmens weitaus attraktiver.

Wie bereits erwähnt, besitzen die meisten Lohnempfänger jedoch keine Vermögenswerte wie Aktien oder Immobilien, zumindest nicht annähernd in demselben Umfang wie ihre wohlhabenden Mitbürger. Sie sind auf ihre Gehaltsschecks angewiesen, um ihre Ausgaben zu decken und über die Runden zu kommen, doch diese Löhne steigen bei weitem nicht so schnell wie die Preise für Aktien und Immobilien. Infolgedessen vergrößert sich die Kluft zwischen den Reichen und allen anderen weiter.

Ab den 1980er Jahren wurde die Vergütung von Führungskräften in vielen großen Unternehmen zunehmend an die Aktienperformance gekoppelt. Diese Verlagerung bedeutete, dass Führungskräfte bei steigenden Aktienkursen weitaus mehr verdienen konnten, meist durch Aktienoptionen oder Aktienzuteilungen. Während die ursprüngliche Idee darin bestand, die Interessen des Managements mit denen der Aktionäre in Einklang zu bringen, schuf dies auch starke Anreize, kurzfristige Kurssteigerungen gegenüber langfristigen Investitionen wie Mitarbeiterlöhnen, besserer Ausstattung oder verbesserten Arbeitsbedingungen zu priorisieren.

Das Ergebnis? Seit den 1970er Jahren ist die durchschnittliche Vergütung von CEOs um mehr als 1.000 % in die Höhe geschnellt – von etwa dem 20-Fachen des Gehalts eines typischen Arbeitnehmers auf heute fast das 300-Fache.[59]

Eine gängige Taktik, die Unternehmen oft anwenden, ist der *Aktienrückkauf*. Ein Rückkauf ist genau das, wonach es klingt: Ein Unternehmen nutzt seine überschüssigen Barmittel, um eigene Aktien zu kaufen, wodurch die auf dem Markt verfügbare Anzahl reduziert wird. Bei einer geringeren Anzahl im Umlauf befindlicher Aktien gewinnt jede verbleibende Aktie an Wert, was dazu beiträgt, den Aktienkurs anzuheben. Aktienrückkäufe sind an sich nicht problematisch, doch seit den 1980er Jahren, nachdem die Vorschriften gelockert wurden und billiges Geld zunehmend das System überschwemmte, gaben Unternehmen enorme Summen für Rückkäufe aus, oft unter Verwendung von zinsgünstigen Krediten zu deren Finanzierung.

So gaben die Unternehmen des S&P 500 im Jahr 2022 mehr als 900 Milliarden Dollar für Aktienrückkäufe aus – ein Allzeithoch.[60] Wie die meisten anderen Anreize zur Maximierung der Kapitalrendite kommen Aktienrückkäufe den Aktionären und Führungskräften zugute, deren Vergütung weitgehend an die Aktienperformance gekoppelt ist, und gehen zu Lasten von Investitionen in Mitarbeiter oder Produktion.

Das Ergebnis ist ein sich verschärfendes Ungleichgewicht in unserer Wirtschaft, in der sich die Gewinne der Eigentümer weiter vervielfachen, während der normale Arbeitnehmer auf der Stelle tritt.

Die Arbeiterklasse wird von allen Seiten unter Druck gesetzt.

Nehmen wir die ikonische Dose Campbell's Tomatensuppe, deren Preis über 75 Jahre lang relativ konstant blieb, bevor er – Sie ahnen es schon! – seit den frühen bis mittleren 1970er Jahren einen fast unaufhaltsamen Aufwärtstrend nahm.

Und schon ein flüchtiger Blick auf die nächste Grafik, die die kumulierte Inflation im Laufe eines Jahrhunderts zeigt, erzählt eine ähnlich eindringliche Geschichte, die Ihnen mittlerweile vielleicht schon ein wenig bekannt vorkommt: *Damals geschah etwas Dramatisches*, und dessen Auswirkungen haben nie nachgelassen.

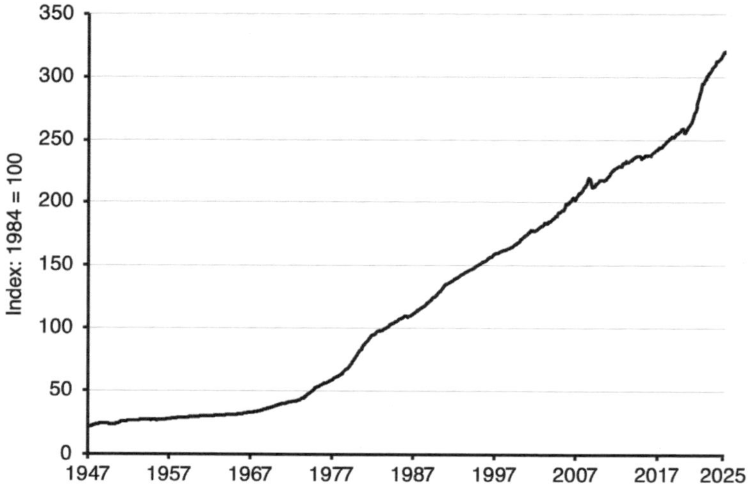

Diagramm 4: Kumulierte Inflation des Preisindex für alle städtischen Verbraucher in den USA (1950–2025)

Quelle: Federal Reserve Bank of Minneapolis, U.S. Bureau of Labor Statistics.

In fast jeder Kennzahl und auf fast jedem Diagramm, das die Entwicklung der US-Wirtschaft im Zeitverlauf darstellt, *ist um das entscheidende Jahr 1971 herum eine auffällige Verschiebung zu erkennen.*

Die endgültige Abkopplung des Dollars vom Gold war wie das Aufbrechen eines Damms; das Wasser strömte schnell und ungestüm hervor und entfesselte Kräfte, die von dem System, das sie freigesetzt hatte, unmöglich eingedämmt oder umgekehrt werden konnten.

In dem Moment, als Gold aus der Gleichung verschwand und Geld vom Gewicht des Goldes in ein Versprechen der Regierung umgewandelt wurde, war sein Wert allein politischen Entscheidungen überlassen, die ihn steigen oder fallen ließen. Wir waren in das Zeitalter des *Fiat-Geldes* eingetreten.

Fiat-Geld wird nicht nach einem bestimmten Zeitplan oder unter Berücksichtigung einschränkender Faktoren wie der Einlösbarkeit in Gold ausgegeben. Stattdessen wird es durch die Ausweitung oder Kontraktion der Kreditvergabe gesteuert, eine Entscheidung, die, wie Sie nun wissen, von den Behörden getroffen wird, die den Geldhahn in der Hand haben.

Als die USA in der globalen Fertigung immer weiter zurückfielen, gab ihre Wirtschaft nicht einfach auf und brach zusammen; sie vollzog, wie wir in Kapitel 8 besprochen haben, eine Kehrtwende von *der Produktion* hin *zur Finanzialisierung*.

In einer an Hartwährung gebundenen Wirtschaft könnte diese Kreditmenge nicht nach Belieben ausgeweitet oder aus dem Nichts gedruckt werden. Doch wenn Banken sich nicht an diese Regel halten müssen, steht es ihnen frei, alle möglichen aggressiven Wetten einzugehen. Es ist sogar noch einfacher, wenn sie wissen, dass es einen *Kreditgeber der letzten Instanz* gibt – die Fed als Zentralbank –, der einspringt und sie rettet, sollte sich herausstellen, dass sie sich verrechnet haben.

Bei näherer Betrachtung ist es unzutreffend, dies als Fehleinschätzung zu bezeichnen. Wenn Banken riskante Wetten eingehen, schätzen sie die Chancen nicht falsch ein. Sie reagieren rational auf *ein System, das Risikobereitschaft belohnt und die Verluste vergesellschaftet*. Diese Dynamik ist als *moralisches Risiko* bekannt: Wenn eine Partei vor den Folgen eines Scheiterns geschützt ist, hat sie allen Anreiz, größere Risiken einzugehen.

Aus Sicht der Banken wäre es also unverantwortlich, *nicht* zu spekulieren, insbesondere wenn sie wissen, dass die Zentralbank bereitsteht, um ihre Verluste zu decken, falls etwas schiefgeht.

Sobald Geld von etwas abgekoppelt ist, das objektiv gemessen werden kann, erweist sich die Versuchung, die Gelddruckmaschine zu nutzen, um die drängendsten Probleme einer Regierung zu lösen, als unwiderstehlich.

Auch hier handelt es sich nicht um eine Anklage gegen eine bestimmte Person, Entscheidung oder politische Partei; es ist eine Frage rein wirtschaftlicher Anreize. Für Politiker aller Couleur ist der öffentliche Druck, sofort sichtbare Fortschritte zu erzielen, nahezu fest verankert, selbst wenn die unvermeidlichen Folgen damit nur in die Zukunft verschoben werden.

Kein Wunder also, dass die Versprechen von Politikern (unabhängig von ihrer Partei) mit der Zeit an Wert zu verlieren scheinen, ähnlich wie das Geld, das sie repräsentieren. Sobald einzelne Banken unter der Federal Reserve konsolidiert wurden und die Gelddruckmaschine das Ruder übernahm, wurde das gesamte System von der Geldmengenausweitung abhängig, so wie ein Süchtiger von seiner Dosis abhängig ist, um überhaupt funktionieren zu können.

Diese Metapher ist besonders treffend, wenn man das Gesetz der abnehmenden Erträge im Zusammenhang mit Drogen betrachtet: Je tiefer eine Person in die Sucht abrutscht, desto mehr von derselben Substanz benötigt sie, um überhaupt noch eine Wirkung zu erzielen.

Das Fiat-System hat Banken, Unternehmen und vermögenden Investoren große Vorteile gebracht. Banken verleihen Geld, und da die Inflation die Preise steigen lässt, steigt auch der Wert von Sachwerten wie Immobilien. Wenn diese Vermögenswerte verkauft werden, erzielen die Eigentümer einen Gewinn, zahlen ihre Kredite zurück und kaufen neue Vermögenswerte, während die Bank dem nächsten Käufer mehr Geld leiht und jedes Mal Zinsen einnimmt. Dieser Kreislauf setzt sich fort und bereichert sowohl die Verkäufer als auch die Banken. Immer wieder von vorne.

Wie wir gesehen haben, ist in einem auf Krediten basierenden und von Inflation getriebenen System der Besitz von Vermögenswerten der Schlüssel, um die Nase vorn zu behalten. Es wird mehr Geld geschaffen, die Preise steigen, und Vermögenswerte wie Immobilien, Aktien und Grundstücke gewinnen an Wert. Bargeld verliert mit der Zeit an Kaufkraft, was es zu einem kontraproduktiven Sparinstrument macht.

Die Inflation bestraft Sparer. In einer Welt, die auf hartem Geld basiert, wäre Sparen der Grundpfeiler langfristiger Planung und Stabilität. Es würde die Zukunft stärken, anstatt sie zu untergraben.

Und wie wir bereits gesehen haben, gewinnen Vermögenswerte wie Häuser nicht im fundamentalen Sinne an *Wert*. Stattdessen verliert jeder Dollar mit der Ausweitung der Geldmenge an Kaufkraft, was bedeutet, dass man mehr Dollar benötigt, um dieselben Dinge zu kaufen, genau wie in unserem Monopoly-Beispiel.

Vermögende Privatpersonen und Unternehmen, also diejenigen, die bereits Vermögenswerte besitzen, können frisch gedruckte, billigere Dollar ausgeben, um noch mehr dieser Vermögenswerte zu kaufen, *bevor* die Preise steigen. Bis dieses neue Geld seinen Weg durch die Wirtschaft gefunden hat, sind die Preise für Alltagsgüter für den Rest von uns gestiegen.

Ein Großteil der heutigen Geldinflation stellt überhaupt kein echtes Wachstum dar; es handelt sich vielmehr um Schulden, die sich als Fortschritt tarnen. Die massive Ausweitung der Geldmenge ist keine Zauberei, sie wird einfach durch Kreditaufnahme ins Leben gerufen und schafft eine Wirtschaft, die den Anschein erweckt, als blühe sie, während sie in Wirklichkeit nur Schuldscheine anhäuft.

Stellen Sie sich ein Unternehmen vor, das weder seine Produktion steigert noch seinen Kundenstamm erweitert, sondern sich ständig Geld leiht, um die Illusion von »Wachstum« zu erzeugen. Oberflächlich betrachtet sieht alles großartig aus: Die Einnahmen scheinen zu steigen, der Betrieb wird ausgeweitet, und die Schlagzeilen zeichnen ein Bild des Erfolgs. Doch darunter verbirgt sich nichts als wachsende Schulden, die eines Tages fällig werden.

Genau das geschieht derzeit weltweit. Bis 2023 war die Weltwirtschaft auf etwa 105 Billionen Dollar angewachsen,[61] doch die weltweite Verschuldung schoß auf einen Rekordwert von 313 Billionen Dollar in die Höhe.[62] Das bedeutet, dass wir für jeden Dollar Wachstum fast 2,50 Dollar Schulden aufgenommen haben. Wäre das US-Finanzministerium ein privates Unternehmen, würde keine Bank den Kredit genehmigen! Dennoch setzen wir weiterhin auf dieselbe Strategie und benötigen immer höhere Schulden, um immer geringere Erträge zu erzielen.[63]

Ab 2024 geben die USA zum ersten Mal in ihrer Geschichte einen größeren Teil ihres Budgets für die Zinszahlungen auf ihre Schulden aus als für Verteidigung.[64] Ihr schuldenfinanziertes Wachstum ist eindeutig nicht nachhaltig. Während sich die Schulden häufen, werden die Kosten für deren *Bedienung* – also die Zinszahlungen – zu einer schweren Belastung für das künftige Wachstum. Genau wie ein überschuldetes Unternehmen kann auch eine Volkswirtschaft nur so lange Kredite aus der Zukunft aufnehmen, bis die Last unerträglich wird.

Wenn man also sieht, dass die Geldmenge Jahr für Jahr wächst, ist das kein Zeichen von Gesundheit. Es ist eine Warnleuchte.

Manche Ökonomen mögen argumentieren, dass Staatsschulden nicht mit privaten Schulden vergleichbar sind und nie wirklich zurückgezahlt, sondern nur refinanziert werden müssen. Doch dabei werden die Grenzen des Vertrauens, der Ressourcen und der Realität übersehen. Man kann Schulden nicht ewig bis an die Grenzen der Galaxie ausweiten.

Früher oder später und auf die eine oder andere Weise wird die Rechnung fällig, sei es durch Inflation, Besteuerung, Zahlungsausfall oder sozialen Zusammenbruch. Unsere Wirtschaft hält sich verzweifelt mit immer weiter steigenden Schulden über Wasser, und diese Schulden müssen irgendwann zurückgezahlt werden.

Die Kehrseite dieser Medaille (das Wortspiel ist gewollt) ist ein *deflationäres* System, in dem die Preise ständig fallen und die Kaufkraft des Geldes mit der Zeit zunimmt. In diesem Szenario sind es die Sparer, nicht die Kreditnehmer, die besser dastehen, da sie mit ihrem Geld in Zukunft *mehr* Waren und Dienstleistungen kaufen können.

Es fällt uns schwer, uns eine solche Welt vorzustellen, aber wie Jeff Booth, Autor von »*The Price of Tomorrow*«, betont, glauben wir nur deshalb, dass Inflation natürlich und notwendig ist, weil wir in einem System leben, das auf diese Inflation angewiesen ist, um zu überleben.[65]

Sinkende Preise fühlen sich intuitiv wie eine gute Sache an. Es ist natürlich wunderbar, wenn Dinge, die einst unerschwinglich teuer waren, erschwinglich werden, wie der PC oder GPS-Systeme, die beide ursprünglich Tausende von Dollar kosteten.[66] Aber Deflation[67] wird von Regierungen und Ökonomen weithin als katastrophal für eine Wirtschaft angesehen, weil sie – in unserem aktuellen Modell – darauf hindeutet, dass die Nachfrage nach Gütern (aus einer Vielzahl von Gründen) gesunken ist und die Preise gesenkt werden müssen, um dies auszugleichen.

Booth argumentiert jedoch, dass es einen noch tieferen Grund gibt, warum Deflation in unserem aktuellen Wirtschaftsmodell gefürchtet wird: Das aktuelle Modell basiert auf *Krediten*, und Deflation und Kredite ergeben eine giftige Mischung.

Wie wir oben gesehen haben, profitieren Banken in einem kreditbasierten System im Laufe der Zeit von Krediten. Je länger wir brauchen, um einen Kredit zurückzuzahlen, desto mehr Zinsen kann der Kreditgeber verdienen. Wenn die Preise jedoch fallen, gerät der Kreditgeber in Schwierigkeiten, wären doch die Vermögenswerte am Ende der Laufzeit des Kredits weniger wert als zum Zeitpunkt der ursprünglichen Kreditaufnahme.

Gleichzeitig gewinnt jeder Dollar, den man schuldet, an Wert, wodurch die Rückzahlung der Schulden teurer wird. Dies kann die Kreditnehmer zusätzlich belasten, da das Geld, das zur Tilgung der Kredite verwendet wird, eine höhere Kaufkraft hat als zum Zeitpunkt der Kreditaufnahme. Da die Rückzahlung schwieriger wird, können Zahlungsausfälle zunehmen und Banken könnten ihre Kreditvergabe zurückfahren. Wenn dies in ausreichendem Maße geschieht, versiegen die Kredite und die gesamte Wirtschaft kann zum Stillstand kommen.

In einem schuldengeplagten System wie dem unseren wird diese Verlangsamung der Kreditvergabe als Problem angesehen. In einer Wirtschaft, die weniger von Schulden abhängig ist, könnten sinkende Preise jedoch tatsächlich ein Vorteil und kein Nachteil sein. Waren würden erschwinglicher und die Löhne würden weiter reichen. Ersparnisse würden mit der Zeit an Wert gewinnen.

In einem solchen Umfeld kämen die Vorteile des Wirtschaftswachstums den Arbeitnehmern und Sparern direkter zugute, anstatt durch Zinszahlungen an die Kreditgeber abgeschöpft zu werden.

Vielleicht wird nun deutlich, dass eine Zentralbank den Auftrag hat, die inflationäre Wirtschaft zu stützen, zu deren Entstehung sie beigetragen hat. Damit hat sie direkt die Häufigkeit und Schwere genau jener Finanzblasen und Krisen beschleunigt, die sie eigentlich verhindern soll.

Als die Weltwirtschaft 2008 von der Großen Finanzkrise (GFC) erschüttert wurde, standen die Staats- und Regierungschefs vor einer schwierigen Entscheidung: Sollte man die überlasteten Banken zusammenbrechen lassen und die Weltwirtschaft zum Einsturz bringen, oder genug Geld drucken, um sie zu retten, weil sie – wieder einmal – einfach *zu groß* waren, *um zu scheitern*.

In den vergangenen Jahrzehnten, während viele von uns damit beschäftigt waren, unser Leben zu leben, verlor das Finanzsystem den Bezug zur Realität und geriet außer Kontrolle. Banken hatten Kredite an Menschen vergeben, die diese unmöglich zurückzahlen konnten, in der Annahme, dass der Kredit selbst bis zum Fälligkeitstermin als Teil eines vagen Finanz»produkts« verkauft und zum Problem eines anderen werden würde.

In gewisser Weise hatten sie recht. Anstatt die Folgen ihrer Verantwortungslosigkeit zu tragen, gingen die meisten Banken und Banker unbeschadet aus der Krise hervor, mit einer neuen Finanzspritze aus frisch gedrucktem Geld, um sie für ihre Verantwortungslosigkeit zu belohnen.

Stattdessen verloren Millionen gewöhnlicher Menschen, wie meine Eltern, ihre Häuser. Die Arbeitslosigkeit schoss in die Höhe. Auf der Suche nach Schuldigen zogen sich die Bürger in ihre ideologischen Ecken zurück, und die politische Polarisierung breitete sich aus. Damit wurde der Grundstein für über ein Jahrzehnt an Inflation gelegt, deren Folgen letztlich die nächste Generation tragen musste, nicht nur in den USA, sondern rund um den Globus.

Wir alle leben im Schatten der Entscheidungen rund um die globale Finanzkrise und der allgegenwärtigen Inflation, die sie hervorgerufen haben. Unter solchen Bedingungen ist es unmöglich geworden, zu sparen und voranzukommen: Tatsächlich *schreckt* die Inflation, wie wir bereits besprochen haben, vom Sparen *ab*, da Geld, das für die Zukunft auf die Bank gelegt wird, weniger wert sein wird als heute.

Vom Teenager, der Rasen mäht, um sich sein erstes Auto zu kaufen, bis hin zum jungen Paar, das auf die Anzahlung für ein Eigenheim hinarbeitet, die Auswirkungen eines instabilen Geldsystems mögen unsichtbar sein, aber sie sind deutlich zu spüren. Jedes Jahr verliert unser Geld an Wert, und die Chance, mit den heutigen Einkünften zukünftige Träume zu sichern, rückt immer weiter in die Ferne.

Das 20. und frühe 21. Jahrhundert erzählen die Geschichte eines Finanzsystems, das sich von seinem Anker in der realen Welt gelöst hat, ein System, das uns dorthin geführt hat, wo wir heute stehen. Für den Normalbürger fühlt sich die Situation wie eine Falle an: Für die Zukunft vorsorgen können wir nur, wenn wir unsere Kaufkraft sichern und vermehren. Doch genau die Mittel dafür sind in ein System eingebettet, das Privilegien belohnt, nicht Leistung.

Könnte es wirklich einen Ausweg aus diesem Schlamassel geben?

An einem unbekannten Ort arbeitete der unter dem Pseudonym »Satoshi Nakamoto« bekannte Kryptograf im Stillen bereits an einem Gegenmittel.

⤔

ZUSAMMENFASSUNG VON KAPITEL 9

Die Abkehr vom Goldstandard zwang das Wirtschaftssystem dazu, auf ein auf Schulden basierendes Wachstum umzuschwenken. Trotz gestiegener Produktivität stagnierten die Löhne der Arbeitnehmer. Unterdessen nutzten Unternehmen die Verschuldung aus, um ihre Gewinne um jeden Preis zu maximieren, insbesondere auf Kosten der Arbeitnehmerentgelte. Die Ungleichheit vertiefte sich. Heute ist es erschütternd zu erkennen, dass 3 Dollar Schulden nötig sind, um 1 Dollar Wirtschaftswachstum zu erzeugen! Dies ist ein unhaltbarer Kreislauf, in dem monetäre Inflation als Fortschritt getarnt wird, während Vermögen stillschweigend von den arbeitenden Menschen auf die Vermögensbesitzer übertragen wird. Inflation, eine »versteckte Steuer« für normale Arbeitnehmer, ist notwendig, um das System am Laufen zu halten. Sparer werden bestraft, während Kreditnehmer und Vermögensverwalter belohnt werden.

Kernaussage: Fiat-Systeme sind auf permanente Inflation angewiesen, um zu funktionieren. Reales Wachstum tritt dabei in den Hintergrund, während die Schulden immer weiter anwachsen, die uns als Fortschritt verkauft werden, und Geld seine Rolle als verlässlicher Wertspeicher nicht mehr erfüllt.

10.

ALLE FRAGEN: »WAS IST BITCOIN?«

»Eine Beschreibung für dieses Ding für ein breites Publikum zu verfassen, ist verdammt schwer. Es gibt nichts, womit man es vergleichen könnte.«

SATOSHI NAKAMOTO

Die Entstehung von Bitcoin ist von einer fast mythologischen Aura umgeben und wird oft als »unbefleckte Empfängnis« beschrieben. Als das mittlerweile legendäre Whitepaper* »Bitcoin: Ein Peer-to-Peer Electronic Cash System«[68] am 31. Oktober 2008 unter dem Namen Satoshi Nakamoto in einer Mailingliste für Kryptografie-Enthusiasten veröffentlicht wurde, waren alle Hinweise auf die persönliche Identität absichtlich verschleiert. Satoshi wollte ganz klar sicherstellen, dass das Open-Source-Bitcoin-Netzwerk niemals einen Anführer, eine Befehlskette, eine Machtstruktur oder eine Hierarchie haben würde.

Das lässt sich von keiner anderen Kryptowährung behaupten. Bitcoin – und nur Bitcoin – ist die ursprüngliche *Blockchain*.

In diesem neunseitigen Papier stellte Satoshi eine Möglichkeit vor, mit der jeder überall digitales »Bargeld« direkt an eine andere Person senden kann, ohne Bank, Unternehmen oder sonstige Zwischeninstanz. Grundlage dafür ist ein öffentliches Hauptbuch, das durch Mathematik und Rechen-

* Ein Whitepaper ist ein detaillierter technischer Entwurf, der Entwicklern und Interessengruppen den Zweck, das Design und die Umsetzung eines Projekts klar erläutert.

leistung abgesichert ist und kein Vertrauen in eine zentrale Autorität erfordert.

Der Begriff *»Kryptowährung«* leitet sich von *Kryptografie* ab, der Disziplin, digitale Nachrichten zu schützen, indem man sie in einen verschlüsselten Code umwandelt, den nur jemand mit dem richtigen Schlüssel lesen kann. Dabei wird Mathematik als »Schloss« für Daten verwendet. Bei digitalem Geld ist jede Einheit somit auf dieselbe Weise gesichert, nach der nur der Schlüsselinhaber Geld versenden kann. Da jeder Coin durch dieses Schloss geschützt ist, kann das Netzwerk Transaktionen sicher aufzeichnen, neue Coins schaffen und Werte übertragen und das alles ohne zentrale Autorität.

Der Begriff »Blockchain« wird in diesem Zusammenhang häufig verwendet, weshalb wir das Konzept etwas näher beleuchten wollen, um seine tiefgreifende Bedeutung besser zu verstehen und Bitcoin von allen anderen Blockchain-Protokollen zu unterscheiden.

Eine Blockchain ist, wie der Name schon sagt, eine Reihe digitaler »Blöcke«, die verschlüsselte Daten wie Finanztransaktionen enthalten und miteinander »verkettet« sind, um ein digitales Hauptbuch zu bilden.

Wenn Sie das gerade etwas überfordert, haben Sie Geduld, wir werden gleich genau erklären, was das alles bedeutet.

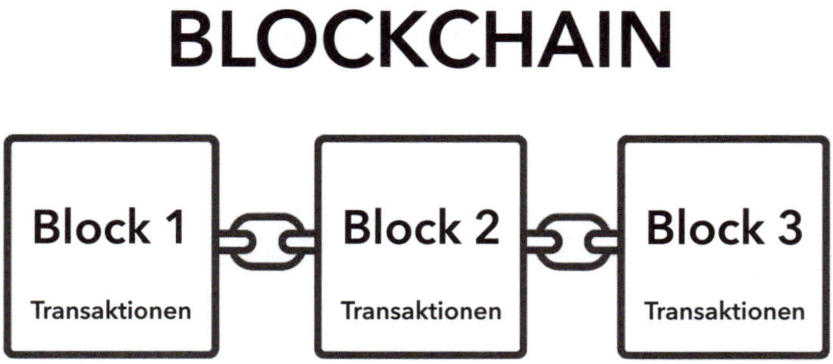

Abbildung 8: Blockchain-Transaktionen

Alles begann mit dem ersten Block von Bitcoin, dem sogenannten Genesis-Block. In ihn ist eine außergewöhnliche Botschaft eingraviert, eine Schlagzeile aus der britischen Zeitung *The Times*: »The Times, 6. Januar 2009: Finanzminister steht kurz vor einer zweiten Bankenrettung.«

Es scheint ziemlich klar zu sein, dass Satoshi die Schwächen des globalen Finanzsystems im Sinn hatte, als er Bitcoin erfand. Seine Entstehung war nicht nur ein Zufall angesichts der Bankenkrise und der Art und Weise, wie das traditionelle Finanzsystem das Vertrauen untergraben und der Mittelschicht Vermögen entzogen hatte; es war eine *Reaktion* darauf.

Und dann, als wolle er Bitcoins Schicksal als Instrument für das Gemeinwohl besiegeln, gab Satoshi das Open-Source-Protokoll frei und verschwand. Anders als die meisten Erfindern, die ihre Schöpfungen aus Profitgründen hüten oder den Gründern unzähliger anderer digitaler Token, schuf Satoshi das Meisterwerk und zog sich anschließend vollständig zurück.

Satoshi hat diese ursprünglichen Bitcoin nie angerührt und der Welt ein System geschenkt, das darauf ausgelegt ist, allein aufgrund seiner eigenen Vorzüge zu gedeihen (oder zu scheitern).

Wenn es Ihnen wie den meisten von uns geht, die den Weg zu Bitcoin finden, sind Sie wahrscheinlich überrascht, wie viel Sie über Geld zu wissen glaubten, ohne wirklich darüber nachgedacht zu haben.

Wenn die Leute erfahren, dass ich Bitcoin-Dozentin bin, lautet ihre erste Frage meist: Was zum Teufel ist ein Bitcoin? Woher kommt er eigentlich? Kann ich einen besitzen?

Im Unterschied zu Münzen und Geldscheinen besitzt ein Bitcoin keine physische Form. Man kann ihn nicht in die Hand nehmen. Ähnlich wie ein Buch, das man auf dem Smartphone liest, oder ein Lied, das über Spotify abgespielt wird, ist er entmaterialisiert. Das bedeutet jedoch nicht, dass er nicht real wäre. Er existiert nur nicht im physischen Raum, sondern digital in einem dezentralen Hauptbuch, das festen und unveränderlichen Regeln folgt.

Bitcoin ist kein physischer Gegenstand, aber (aus Gründen, die wir auf den folgenden Seiten erläutern werden) gilt er als das »härteste« Geld, das je geschaffen wurde. Da sein Angebot dauerhaft festgelegt ist und nicht erhöht werden kann, ist er inflationsresistent. Von Natur aus unveränderlich knapp dient Bitcoin als beispielloser Wertspeicher. Das bedeutet, dass er eine ausgeprägte Fähigkeit besitzt, Vermögen über die Zeit hinweg zu bewahren.

Die nächsten Kapitel werden Bitcoins Immunität gegenüber Inflation veranschaulichen und erklären, warum er Werte effektiver speichert als jeder andere Vermögenswert in der Geschichte. Wir werden uns auch mit Bitcoins Rolle als monetärem Netzwerk befassen, das oft als *»Internet des Geldes«* bezeichnet wird. So wie niemand das Internet kontrolliert, kontrolliert auch niemand Bitcoin! Er verlagert die Macht, Geld zu schaffen und zu kontrollieren, von fehlbaren Menschen auf eine Reihe vordefinierter und unveränderlicher Regeln, die den Gesetzen der Physik und Mathematik unterliegen.

Doch zunächst eine Klarstellung: Ihnen ist vielleicht aufgefallen, dass das Wort Bitcoin meist großgeschrieben wird. Mit großem B bezeichnet Bitcoin das Netzwerk beziehungsweise das Zahlungssystem, vergleichbar mit einer Autobahn, die Menschen weltweit miteinander verbindet. Mit kleinem b steht bitcoin hingegen für die einzelnen digitalen Einheiten, also gewissermaßen die Fahrzeuge auf dieser Autobahn, die Wert von einer Person zur anderen transportieren.

Abbildung 9: Bitcoin-Netzwerk

Das Bitcoin-Netzwerk wie das Internet zu betrachten, hat mir geholfen, es mir besser vorzustellen. Das Internet ist im Grunde eine Reihe von Regeln oder ein Protokoll, das es Computern ermöglicht, miteinander zu kommunizieren. Es ist eine Art universelle Sprache.

Das Internet ist dezentralisiert: Kein Unternehmen und keine Regierung kontrolliert es. Es hat keinen Hauptsitz, keine zentrale Behörde und kein Leitungsgremium. Um Anwendungen wie E-Mail oder Websites zu entwickeln, müssen Einzelpersonen und Unternehmen ein gemeinsames Protokoll namens TCP/IP verwenden, das standardisiert, wie Informationen über das Netzwerk gesendet und empfangen werden.

Dieses Protokoll funktioniert über internationale Grenzen hinweg und ermöglicht es Computern in jedem Land, nahtlos miteinander zu interagieren.

Das Bitcoin-Netzwerk funktioniert auf ähnliche Weise. Es ist ebenfalls ein dezentrales Protokoll – wiederum ein Regelwerk ohne Herrscher –, das von allen Computern im Netzwerk gesprochen wird, auf denen die Bitcoin-Software läuft. Doch während das Internet *Informationspakete* überträgt (jede E-Mail, jedes Foto und jedes Video wird in winzige Datenpakete zerlegt, die separat übertragen und bei der Ankunft wieder zusammengesetzt werden), überträgt das Bitcoin-Protokoll *Wertpakete* in Form von Bitcoin – universelle digitale Token, die sicher von einer digitalen Geldbörse zur anderen über das Netzwerk bewegt werden können.

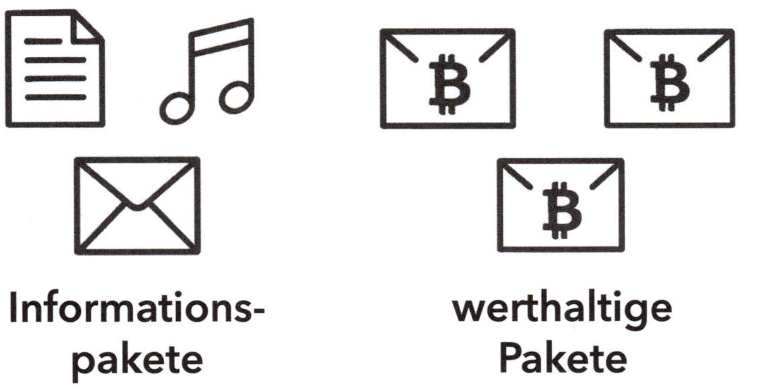

Abbildung 10: Informationspakete versus werthaltige Pakete (Bitcoin)

Im Kern ist Bitcoin eine öffentliche digitale Infrastruktur, ähnlich wie das Internet oder ein nationales Autobahnnetz.

Es ermöglicht Einzelpersonen, Unternehmen und sogar Regierungen, das, was sie tun müssen, effizienter und sicherer zu erledigen. Es ist ein Durchbruch in Technologie und Wirtschaft, der vergangene Innovationen zu einer radikal neuen Form vereint: einer dezentralen, digitalen Grundlage für die Speicherung von echtem Wert.

Für diejenigen, die mit seinem Aufbau nicht vertraut sind, mag Bitcoin anderen digitalen Vermögenswerten ähneln, doch er nimmt zu Recht eine eigene Kategorie ein. Während manche ihn als »digitales Gold« bezeichnen, um seine Rolle als Wertspeicher zu verdeutlichen, geht Bitcoin weit über diesen Vergleich hinaus. Er steht für ein neues Kapitel in der Geschichte des Geldes, als eine Form von digitalem Kapital, die zwar dazu dient, Werte besser zu speichern als alles, was wir bisher gesehen haben, aber auch widerstandsfähig, zuverlässig und – was für unsere These entscheidend ist – *für jeden zugänglich ist.*

Wie bereits erläutert, lässt sich Geld als eine Art Hauptbuch verstehen, also als ein System, das festhält, wem was gehört und in welcher Höhe. So wie Buchhalter einst dicke Bücher nutzten, um Einnahmen und Ausgaben Zeile für Zeile zu erfassen, verwendet auch Bitcoin ein digitales Hauptbuch, um jeden Austausch von Bitcoin zu dokumentieren. Dieses Hauptbuch, in diesem Fall die »Blockchain«, zeichnet jede Transaktion dauerhaft auf und erstellt so eine sichere und transparente Historie aller Aktivitäten im Netzwerk. Und es ist für jeden einsehbar, der einen Blick darauf werfen möchte.

Bei Bitcoin ist jedoch kein Buchhalter erforderlich. Transaktionen in der Blockchain werden automatisch von einem sicheren Netzwerk aus Computern weltweit, auf denen die Bitcoin-Software läuft, verifiziert und aufgezeichnet. Dieses globale Hauptbuch – ähnlich einer gemeinsamen Tabelle – wird aktualisiert, sobald ein neuer Block mit gültigen Transaktionen hinzugefügt wird. Jedes Mal, wenn Bitcoin gesendet werden, steht eine Aufzeichnung der Transaktion dauerhaft jedem zur Verfügung, der sie einsehen möchte.

Ein »dezentrales globales Hauptbuch« mag etwas trocken klingen, doch seine Auswirkungen sind nahezu unbegrenzt. Hier kommt das Verständnis für die verschiedenen Fallstricke aller früheren Geldformen ins Spiel, und deshalb brauchten wir neun Kapitel, um die atemberaubende Natur und das weltverändernde Potenzial von Bitcoin aufzuzeigen.

Obwohl es bereits gesagt wurde, lohnt eine Wiederholung: Genauso wie niemand für das Internet verantwortlich ist, *gibt es auch niemanden, der für Bitcoin verantwortlich ist.* Wenn Sie nur ein paar spezifische Erkenntnisse aus diesem Buch mitnehmen, sollte dies zweifellos ganz oben auf der Liste stehen. Keine Einzelperson, keine Gruppe von Personen, kein Unternehmen, kein Vorstand, keine Regierung und keine Zentralbank hat Autorität über Bitcoin.

Selbst Satoshi, der Erfinder von Bitcoin, hat keine Kontrolle über das Netzwerk. Der einzige Effekt, den Satoshis Wiederauftauchen hätte (abgesehen davon, dass es weltweit Neugier wecken würde), wäre auf den *Preis* von Bitcoin, und es gibt keinerlei Anzeichen dafür, dass Satoshi wieder auftauchen wird.

Die Bedeutung dessen kann gar nicht hoch genug eingeschätzt werden. Bitcoin ist – wie der Titel dieses Buches bereits sagt – *für jeden da*, unabhängig von Nationalität, Hautfarbe, Geschlecht oder sozioökonomischem Status. Er ermöglicht uns allen, auf das öffentliche Hauptbuch zuzugreifen, es zu überprüfen und Werte an jeden auf der Welt zu senden und von jedem zu empfangen, wobei wir nichts weiter als einen Computer und eine Internetverbindung benötigen.

Das Bitcoin-Netzwerk ist ein genehmigungsfreies System, in dem wir Nutzer alle gleichberechtigt sind, was bedeutet, dass niemand über oder unter anderen steht. Und anstatt darauf zu vertrauen, dass eine Einzelperson, eine Organisation oder eine Regierung dieses System ordnungsgemäß verwaltet – mit all den damit verbundenen Risiken, wie wir in der ersten Hälfte dieses Buches gesehen haben –, ist *der konsensbasierte Mechanismus* von Bitcoin so konzipiert, dass die Notwendigkeit von Vertrauen gänzlich umgangen wird. Auch wenn es vielleicht kontraintuitiv klingt, schafft dies kein Misstrauen, es macht Vertrauen praktisch irrelevant.

Ironischerweise stärkt dies sogar das Vertrauen in das System selbst.

Aber Sie fragen sich vielleicht, *wie* das möglich ist. Wie können sich alle auf den Zustand eines digitalen, dezentralen Hauptbuchs einigen, wenn niemand die Verantwortung trägt?

Werfen wir einen Blick unter die Haube und beginnen wie ein Mechaniker, der einen Automotor untersucht, endlich damit, die Schrauben und Muttern von Bitcoin unter die Lupe zu nehmen.

Jahrelang hatten Kryptographen – Informatiker, die sich auf sichere Kommunikation spezialisiert haben – versucht, ein echtes digitales Bargeldsystem zu entwickeln, das im Internet beheimatet ist. Während immer mehr Transaktionen online abgewickelt wurden, blieben zwei scheinbar einfache Aufgaben unerreichbar: digitales Geld direkt von einer Person zur anderen zu senden, ohne dass eine Bank, ein Zahlungsabwickler oder eine andere zentrale Behörde den Prozess überwacht, und zu verhindern, dass dasselbe Geld kopiert und zweimal ausgegeben wird.

Um dieses Problem der doppelten Ausgabe zu verstehen, stellen Sie sich Folgendes vor: Wenn Sie ein Foto von Ihrem Handy teilen, wird das Bild nicht wirklich übertragen – es wird dupliziert. Sowohl Sie als auch der Empfänger haben nun eine Kopie, ähnlich wie bei der Kopier-Einfüge-Funktion in einem Dokument. Bei digitalem Bargeld ist diese Art der Duplizierung ein riesiges Problem. Wie könnte man sicherstellen, dass digitales Geld, sobald es gesendet wurde, nicht einfach kopiert und erneut ausgegeben werden kann?

In der realen Welt ist dieser Austausch so offensichtlich und unkompliziert, dass wir ihn kaum bemerken. Nehmen wir an, Sie gehen mit einer Gruppe guter Freunde essen. Eine Person bietet freundlicherweise an, die Rechnung mit ihrer Kreditkarte zu bezahlen, der Rest von euch kann ihr das Geld einfach in bar zurückzahlen. Ganz einfach, das passiert ständig! Wenn Sie Ihren 20-Dollar-Schein überreichen, verlässt dieses Bargeld physisch Ihre Brieftasche und wandert in die Brieftasche der Freundin. Der Schein kann natürlich nicht an zwei Orten gleichzeitig sein, also sind beide Seiten zufrieden.

Bis zur Erfindung von Bitcoin war dies das digitale Dilemma: Wenn Sie Ihrem Freund das Abendessen bezahlen würden, das Bargeld aber nie wirklich Ihr Portemonnaie verlassen hätte, würde das gesamte System sofort zusammenbrechen. Wer würde nicht gerne 20 Dollar ausgeben und diese 20 Dollar gleichzeitig behalten? Sie können sich die Folgen ausmalen.

Kryptografen standen zudem vor einem ähnlichen Problem: Wie lässt sich eine globale Einigung über Transaktionen erzielen, ohne dass eine zentrale Behörde diese überprüft und genehmigt? Wie könnten alle im Netzwerk darauf vertrauen, dass die aufgezeichneten Transaktionen legitim sind, wenn niemand die Verantwortung trägt?

Dann kam Bitcoin, eine bahnbrechende Lösung für beide Probleme zugleich. Durch eine Kombination aus fortschrittlicher Kryptografie, dezentralem Konsens und wirtschaftlichen Anreizen ermöglichte Bitcoin die sichere Übertragung digitaler Werte über die ganze Welt, ohne sich auf eine zentrale Behörde verlassen zu müssen.

Im nächsten Kapitel werden wir untersuchen, wie Bitcoin einen dezentralen Konsens – also vollständige Einigkeit ohne eine leitende Instanz – durch einen Prozess namens *Mining* erreicht, der einen Mechanismus namens *Proof-of-Work* nutzt. Dieser einzigartige (und, offen gesagt, faszinierende) Prozess sichert das Netzwerk und schafft neue Bitcoin nach einem vorprogrammierten Zeitplan, wodurch eine begrenzte, vorhersehbare und transparente Geldmenge gewährleistet wird.

Vorerst ist jedoch vor allem eines wichtig zu verstehen: Mit Bitcoin benötigen Sie weder PayPal oder Onlinebanking, keine Bank, Wechselstube am Flughafen oder irgendeinen anderen Zwischenhändler, um auf Ihr Geld zuzugreifen oder es zu versenden. Man kann Geldwerte einfach *direkt* an den Empfänger senden und hinterlässt dabei einen Eintrag im gesamten Netzwerk.

Es gibt hier noch einen weiteren entscheidenden Punkt zu beachten. Im Gegensatz zu diesen anderen Diensten, die jede Ihrer finanziellen Transaktionen verfolgen, überwachen und Daten sammeln, zeichnet das Bitcoin-Netzwerk lediglich auf, dass Coins zwischen Wallets bewegt wurden. Es gibt keine weiteren Informationen, die dazu verwendet werden können, Sie zu identifizieren, Ihnen Werbung zu senden oder Sie anderweitig für die Ziele anderer zu nutzen.

Bitcoin diskriminiert nicht. Es ist ihm egal, ob Sie ein paar Dollar oder eine Milliarde Dollar senden. Bitcoin ist blind dafür, wer Sie sind, wie viel Sie wert sind und wie Sie das Geld ausgeben werden.

Genau wie Bargeld.

Das Problem des digitalen Bargeldes zu lösen, war sicherlich ein riesiger Schritt nach vorne, aber es löst nicht vollständig die Probleme mit Geld, die wir bis hierher dargelegt haben. Könnte digitales Bargeld nicht noch einfacher geschaffen werden als gedrucktes Geld, mit potenziell katastrophalen Folgen?

An dieser Stelle wandelt sich Bitcoin von einem nützlichen neuen Werkzeug zu einem bahnbrechenden technischen Durchbruch, der eine ganz eigene Anlageklasse bildet.

Im Gegensatz zu allen Währungen, die es zuvor gab, ist die Menge an Bitcoin dauerhaft begrenzt – ohne Schlupflöcher, ohne Ausnahmen.

Ich wiederhole das noch einmal, denn diese Tatsache sollte zu den wichtigsten Erkenntnissen gehören, die Sie aus diesem Buch mitnehmen: *Es wird immer und für alle Zeiten nur 21 Millionen Bitcoin geben.*

Im Gegensatz zu Dollar, Gold, Immobilien und Kunst ist das Angebot an Bitcoin programmgesteuert und unwiderruflich festgelegt. Egal was passiert, 21 Millionen sind alles, was wir jemals haben werden: Das Bitcoin-Netzwerk wird die Produktion einstellen, sobald der letzte Bitcoin geschürft wurde.

Und *da es eine feste Obergrenze gibt, ist das Bitcoin-Angebot immun gegen Inflation*. Bürger, Banker und Regierungsbeamte können sich in Sitzungssälen treffen, sich die Köpfe heiß diskutieren und auf dem Kopf stehen: Sie können das Bitcoin-Angebot weder kontrollieren noch manipulieren oder dessen festgelegte Geldpolitik ändern. Diese Politik wird durch jeden einzelnen Computer gestützt, auf dem das Bitcoin-Protokoll läuft (wir nennen sie Knoten – dazu gleich mehr), und gemeinsam sichern sie durch Konsens und dank der unumstößlichen Prinzipien der Physik und des Eigeninteresses das Netzwerk und machen es absolut manipulationssicher.

Die Tatsache, dass das Angebot dauerhaft begrenzt ist, könnte Sie zu der Annahme verleiten, dass Bitcoin so knapp ist, dass es unzugänglich ist. Dass es nur für die Reichen ist oder dass man eine ganze Münze kaufen müsste, um daran teilzuhaben. Aber keine Sorge, genau diese Vorstellung zu widerlegen, ist der Sinn und Zweck dieses Buches! Es besteht absolut keine Notwendigkeit, einen ganzen Bitcoin zu kaufen. Ähnlich wie Cent-Münzen zu einem Dollar ist jeder Bitcoin in 100 Millionen Einheiten unterteilbar, die als *Satoshis* (kurz »Sats«) bekannt sind. Sie können sofort damit beginnen, Sats anzusammeln!

Und sobald Sie sie gekauft haben, können Sie sicher sein, dass die Integrität dieser Sats durch eines der sichersten Systeme der Welt geschützt ist. Miner nutzen, wie wir im nächsten Kapitel sehen werden, reale Rechenleistung und Energie, um eine »Mauer aus verschlüsselter Energie« zu errichten, wie Michael Saylor es nennt, die das Hacken des Bitcoin-Netzwerks nahezu unmöglich, unerschwinglich teuer und daher so gut wie unvorstellbar macht.

Hier kommt der *Proof-of-Work* (PoW) ins Spiel. Proof-of-Work ist der Prozess, der es einer Vielzahl von Computern – verteilt über die ganze Welt, anonym operierend und ohne jeglichen Grund, einander zu vertrauen – ermöglicht, Transaktionen zu verifizieren und damit die Blöcke zu validieren, die dauerhaft zur Blockchain hinzugefügt werden.

Proof-of-Work ist genau das, wonach es klingt. Man muss echten Rechenaufwand betreiben, der reale Energie erfordert, um Bitcoin zu verdienen.

All dies geschieht ohne die Möglichkeit einer Einmischung durch eine Regierung, eine Bank oder eine Einzelperson, die versucht, das System zu ihrem eigenen Vorteil zu manipulieren. Im Gegensatz zu allen anderen der über 175 Währungen der Welt – von denen die meisten an eine Gelddruckmaschine gebunden sind, die die Schere zwischen Arm und Reich ständig vergrößert – funktioniert Bitcoin jenseits der Kontrolle von gewinnorientierten Banken und Unternehmensinteressen.

Gespeichert auf einer *dezentralen Blockchain* mit verschlüsselten Regeln, die universell für jeden gelten, der sie besitzt, überall auf der Welt, ist Bitcoin *wahrhaftig das Geld des Volkes*.

Jedes Mal, wenn ein neuer Transaktionsblock zum Hauptbuch hinzugefügt wird, wird er auf unknackbare mathematische Weise mit dem vorherigen Block verbunden. Bei Bitcoin findet der komplexe Prozess zur Überprüfung der Richtigkeit dieser Informationen etwa alle zehn Minuten statt, und hier kommen die Knoten ins Spiel. Sobald die Transaktion verifiziert und verbucht wurde, steht sie, wie wir oben gelernt haben, als dauerhafte Aufzeichnung für jeden zur Verfügung, der sie einsehen möchte.

Ich finde immer, dass Visualisierungen wirklich helfen, diese komplexen Ideen verständlich zu machen. Eine der besten Blockchain-Analogien, die mir je begegnet ist, wurde im Podcast »*The Tim Ferriss Show*« von Naval Ravikant vorgestellt, der auf einer Idee aufbaute, die Nick Szabo zuvor in derselben Folge geteilt hatte.[69]

> Stellen Sie sich eine Fliege im Bernstein vor. Ist sie nur von einer dünnen Schicht umgeben, könnte sie erst gestern oder vor einem Jahr eingeschlossen worden sein. Befindet sie sich jedoch in einem großen Bernsteinblock, ist klar, dass sie dort seit sehr langer Zeit steckt und sich Schicht um Schicht angesammelt hat.
>
> Genauso funktioniert eine Blockchain. Sie besteht aus einer Abfolge von Blöcken. Jeder Block entsteht durch eine Vielzahl von Berechnungen, die Rechner auf der ganzen Welt mithilfe starker Kryptografie durchführen und die sich nur mit enormem Aufwand rückgängig machen ließen. Jeder neue Block gleicht einer weiteren dünnen Bernsteinschicht. Die gesamte Kette zeigt, wie tief diese Schichten reichen und wie lange etwas bereits festgehalten ist. Genau deshalb ist das Signal vertrauenswürdig. Was tief in der Blockchain verankert ist, lässt sich mathematisch, kryptografisch und letztlich auch wirtschaftlich praktisch nicht mehr rückgängig machen.

Wenn man es so betrachtet, wirkt die Blockchain weniger wie eine Kette, sondern eher wie eine Reihe von Schichten. Aber ich nehme an, »*Blocklayers*« geht nicht gerade leicht über die Lippen?

Jeder Computer im Bitcoin-Netzwerk ist konkret daran beteiligt, das System reibungslos am Laufen zu halten, Block für Block. Ich betreibe einen Knoten. Sie können einen Knoten betreiben. Dazu brauchen Sie keinen MBA, keinen Freund im Bankwesen und nicht einmal ein Bankkonto oder eine Bonität. Nur einen Computer.

Noch einmal: *das Geld des Volkes*.

Vorhin haben wir darüber gesprochen, wie unser Bankensystem vollständig auf dem Vertrauen der Verbraucher beruht. Wenn dieses Vertrauen bröckelt, kann selbst die größte Bank schnell zusammenbrechen. Beim ersten Anzeichen von Schwierigkeiten eilen die Einleger herbei, um ihr Geld abzuheben. Doch wie wir gelernt haben, ist dank des Mindestreservesystems ein Großteil dieses Geldes gar nicht wirklich vorhanden. Die Bank hat es bereits auf der Suche nach Gewinnen verliehen, und der Zusammenbruch ist unvermeidlich.

Es sei denn, die Regierung greift ein, um die Bank zu retten.

Die Beziehung zwischen überschuldeten Banken und den Regierungen, die versprechen, ihnen aus der Patsche zu helfen, ähnelt erschreckend einer co-abhängigen Ehe zwischen einem süchtigen und seinem Ehepartner: Ein Süchtiger verursacht ein Chaos nach dem anderen, und der Partner räumt immer wieder auf. Und genau darauf bezog sich Satoshi offenbar, als jene mittlerweile berühmte Botschaft – »Finanzminister steht kurz vor einer zweiten Bankenrettung« – in den Genesis-Block von Bitcoin eingraviert wurde.

Satoshi schuf ein protokollgesteuertes Computernetzwerk, das dieses Bedürfnis nach Vertrauen vollständig beseitigt. Anstatt die Daumen zu drücken und zu hoffen, dass unser Geld verfügbar ist, wenn wir es brauchen, können wir uns auf ein Computernetzwerk verlassen, das durch kryptografische Nachweise das Hauptbuch in Echtzeit aktualisiert. *Was da steht, ist da, Punkt.*

Bitcoin-Anhänger haben eine beliebte Kurzformel für diese Umkehrung: »Vertraue nicht, überprüfe.«

Um die Probleme zu lösen, die unvermeidlich entstehen, wenn Macht in einer kleinen Gruppe von Personen oder Institutionen konzentriert wird, unterhält Bitcoin ein dezentrales Hauptbuch, das kontinuierlich durch ein riesiges Netzwerk von Computern auf der ganzen Welt gesichert wird. Es wird buchstäblich mit jeder Stunde stärker.

Aber glauben Sie mir nicht einfach: Der Beweis liegt auf der Hand! Oder in diesem Fall in der Arbeit, die in der Blockchain gespeichert ist.

ZUSAMMENFASSUNG VON KAPITEL 10

Es ist zutiefst symbolisch, dass Bitcoin im Jahr 2008 auftauchte – genau zu dem Zeitpunkt, als Regierungen weltweit eilig versuchten, rücksichtslos agierende Banken zu retten, und das Vertrauen der Öffentlichkeit in die Zentralbanken auf einem historischen Tiefstand war. Bitcoin wurde als das genaue Gegenteil dieses Systems konzipiert: Es gibt keinen CEO, keinen Vorstand und keine Zentralbank, die hinter den Kulissen die Fäden zieht. Stattdessen basiert es auf einem Open-Source-Code und festen Regeln – am bekanntesten ist die Obergrenze von 21 Millionen Coins. Da jede Transaktion durch Mathematik statt durch menschliche Entscheidungen gesichert ist, ist Bitcoin transparent, universell zugänglich und immun gegen den Inflationsdruck, der mit dem endlosen Drucken von Fiat-Geld einhergeht.

Kernaussage: Bitcoin ist die erste Geldform mit einem festen, unveränderlichen Angebot, was eine politische Entwertung oder Manipulation unmöglich macht.

11.

JEDER KANN DEN CODE VON BITCOIN ÜBERPRÜFEN

»Die vom System geleistete Arbeit wandelt Strom in wahrheitsgetreue Aufzeichnungen um.«

HAL FINNEY

Mittlerweile ist hoffentlich klar, dass Bitcoin nicht einfach aus dem Nichts aufgetaucht ist, um nerdige Programmierer zu unterhalten oder clevere neue Wege für Geldspekulationen zu schaffen.

Bitcoin löste vielmehr ein wirtschaftliches und informatiktechnisches Problem, das Kryptografen seit den 1970er Jahren vor eine unlösbare Aufgabe gestellt hatte: Wie lässt sich digitales Geld schaffen, das nicht entwertet oder doppelt ausgegeben werden kann und das es Menschen ermöglicht, Werte direkt auszutauschen, ohne auf gegenseitiges Vertrauen oder einen Vermittler angewiesen zu sein?

Während Informatiker zuvor versucht hatten, solides digitales Geld mit dezentraler Kontrolle und einem regelbasierten mathematischen System zu schaffen, war Bitcoin das erste, das die technischen Herausforderungen, an denen seine Vorgänger gescheitert waren, erfolgreich bewältigte.

Alle großen Durchbrüche beginnen mit einer Frage: »Wie können sich Fremde auf der ganzen Welt auf eine einzige, vertrauenswürdige digitale Aufzeichnung einigen, ohne sich auf eine zentrale Behörde verlassen zu müssen?« Andere hatten bereits vor ihm diese Frage gestellt, aber Satoshi gab ihr eine entscheidende Antwort. Diese löste nicht nur das Problem, sondern deckte auch die tiefgreifenden Mängel unseres Finanzsystems auf und bot gleichzeitig einen Weg, diese zu beheben.

Satoshis Errungenschaft war nicht nur theoretisch: Sie war praktisch, elegant und zutiefst egalitär. Im Kern steht ein System von Eigentumsrechten und Verifizierung, das sich ausschließlich auf einen dezentralen Konsens stützt, der durch Mathematik und Kryptografie gesichert ist.

Ihr Bitcoin ist nicht nur eine Zahl auf einem Bildschirm. Er steht für etwas Revolutionäres. Ein überprüfbares, endliches Stück *digitales Eigentum*, das durch das leistungsstärkste Computernetzwerk der Welt abgesichert ist.

Wenn Sie einen Bitcoin besitzen – oder auch nur einen Bruchteil davon –, halten Sie einen Anteil an den einzigen 21 Millionen Bitcoin, die jemals existieren werden.

Das gesamte Netzwerk verifiziert und bestätigt gemeinsam Ihr Eigentumsrecht, bis Sie beschließen, Ihren Bitcoin an jemand anderen zu übertragen. (Wir werden die Abläufe beim Kauf und Verkauf von Bitcoin in Kapitel 15 behandeln.)

Stellen Sie sich Ihren Bitcoin vorerst als Inhalt eines »digitalen Postfachs« vor, einem sicheren Ort im Netzwerk, zu dem nur Sie den Schlüssel besitzen.

An dieser Stelle ist es völlig legitim, sich zu fragen: »Wenn Bitcoin Billionen wert ist, warum kann dann ein cleverer Hacker das Hauptbuch nicht einfach zu seinem eigenen Vorteil umschreiben?« Die Antwort läuft auf etwas hinaus, das man nicht fälschen oder umgehen kann: ein dezentrales Open-Source-Hauptbuch, das durch reale Energie gesichert ist.

Etwa alle zehn Minuten treten weltweit Tausende spezialisierter Rechner in einen Hochleistungswettlauf ein, der als Proof-of-Work-Mining bekannt ist. Man kann sich jede dieser Maschinen wie einen Sprinter vorstellen, der nicht mit Muskeln, sondern mit Strom läuft. Sie verbrauchen elektrische Leistung so, wie ein Läufer Kalorien verbrennt, und versuchen, die richtige Zahl zu finden, mit der die nächste »Seite« des Bitcoin-Hauptbuchs abgeschlossen wird. Der Miner, dem dies zuerst gelingt, veröffentlicht seine Lösung im Netzwerk und erhält dafür neu geschaffene Bitcoin sowie die Transaktionsgebühren des jeweiligen Blocks.

Entscheidend ist, dass jeder falsche Versuch genauso viel Strom kostet wie ein richtiger, sodass das Rennen extrem teuer ist. Wenn jemand vergangene Transaktionen manipulieren wollte, müsste er nicht nur ein Rennen, sondern jedes einzelne Rennen bis zurück zu dem Block, den er ändern möchte, wiederholen und das schneller als alle ehrlichen Miner zusammen. Allein die Stromrechnung würde die potenzielle Belohnung in den Schatten stellen und Manipulation wirtschaftlich und praktisch untragbar machen.

Neben den Minern gibt es noch eine zweite Verteidigungsschicht: eine globale Konstellation unabhängiger Computer, die als *Knoten* bezeichnet werden. Diese Maschinen versuchen nicht, irgendein Rennen zu gewinnen; ihre einzige Aufgabe ist es, als kompromisslose Schiedsrichter zu fungieren. Jeder Knoten bewahrt eine vollständige Kopie der Blockchain auf und überprüft jeden vorgeschlagenen Block anhand der Bitcoin-Regeln, d.h. er verifiziert digitale Signaturen, bestätigt, dass keine Coins doppelt ausgegeben werden, und stellt sicher, dass die Mathematik des Blocks korrekt ist.

Wird auch nur eine Regel verletzt, weigern sich die Knoten schlichtweg, den Block zu akzeptieren, ganz gleich, wie viel Strom für seine Erstellung aufgewendet wurde. Solange ausreichend viele unabhängige Knoten die Regeln durchsetzen, bleiben die Regeln unumstößlich.

Gemeinsam bilden Miner und Knoten den Sicherheitskreis von Bitcoin. Miner investieren echte Energie in die Sicherung jeder neuen Schicht der Historie, während Knoten Wache stehen, um sicherzustellen, dass jede Schicht korrekt aufgebaut wurde.

Dieses selbstregulierende System kommt ohne zentrale Autorität aus. Durch das Zusammenspiel dieser beiden ineinandergreifenden Mechanismen entzieht Bitcoin dem Finanzsystem traditionelle Machtstrukturen und ersetzt sie durch dezentrale Überprüfung und durch physikalische Realität, nämlich den nicht fälschbaren Energieaufwand, der das System ehrlich hält. Ihre Bitcoin sind deshalb sicher, weil ein Regelbruch nicht nur außergewöhnliche Rechenleistung erfordern würde, sondern auch einen derart gewaltigen Stromverbrauch, dass die Teilnehmer im Netzwerk einen Angriff lange erkennen und wirtschaftlich untragbar machen würden, bevor er Erfolg haben könnte.

Mit anderen Worten: Bitcoin stellt das traditionelle Finanzsystem auf den Kopf.

In Kapitel 10 haben wir untersucht, wie Bitcoin das seit langem bestehende Problem der »doppelten Ausgabe« gelöst hat, das Versuche mit digitalem Bargeld immer wieder behindert hatte.

Denken Sie daran: Im Gegensatz zu physischem Bargeld, das bei der Ausgabe sichtbar den Besitzer wechselt, stellte digitales Bargeld Kryptografen vor eine einzigartige Herausforderung: Wie konnten sie sicherstellen, dass ein digitaler Token nicht einfach dupliziert wurde, so wie ein Foto kopiert und an mehrere Freunde verschickt wird, wodurch dasselbe Geld mehr als einmal ausgegeben werden könnte?

Vor Satoshis Innovation gab es keine Möglichkeit, Doppelausgaben zu verhindern, ohne sich auf einen vertrauenswürdigen Vermittler wie eine Bank zu verlassen, der alle Transaktionen nachverfolgte und sicherstellte, dass niemand dasselbe Geld zweimal ausgab.

Satoshis Durchbruch bestand darin, ein dezentrales Hauptbuch zu schaffen, das von allen Teilnehmern des Netzwerks gemeinsam geführt wird. Jeder Knoten hält eine aktuelle, synchronisierte Kopie dieses Hauptbuchs und aktualisiert sie fortlaufend. Parallel dazu treten die am Mining beteiligten Rechner, sogenannte ASICs oder Miner, in einer anreizbasierten Lotterie gegeneinander an, um komplexe kryptografische Aufgaben zu lösen. Wie bei einer klassischen Lotterie können Miner ihre Gewinnchancen nicht einfach erhöhen, indem sie sich selbst zusätzliche Lose ausstellen. Ihr »Loskauf« besteht vielmehr darin, reale Energie einzusetzen, um die Chance zu erhalten, neue Transaktionsblöcke zur Blockchain hinzuzufügen und dafür die Mining-Belohnung zu erhalten.

Im Bitcoin-System überwacht niemand diesen Prozess – keine Person und kein Unternehmen betreibt die Lotterie. Stattdessen sind die kryptografischen Rätsel bewusst so konzipiert, dass sie reale Energie als Teilnahmegebühr erfordern. Diese Energie fungiert als nachweisbare Teilnahmekosten und stellt sicher, dass Miner sich nicht in den Wettbewerb einschleichen oder die Ergebnisse manipulieren können (denn man kann Energie genauso wenig drucken, wie man Regen erzeugen kann!).

Dies ist der *Proof-of-Work*, der das Netzwerk sicher hält und Betrug verhindert. Es ist dieser geniale Mechanismus, der auf den Gesetzen der Physik basiert und durch eine Reihe unveränderlicher Regeln durchgesetzt wird, der es dem Wettbewerb und damit dem gesamten Netzwerk ermöglicht, sich selbst zu verwalten.

Wenn ein Miner das kryptografische Rätsel löst und sich das Recht verdient, einen neuen Block vorzuschlagen, sendet er den Block und seine Lösung einschließlich der Transaktionen, die auf ihre Eintragung dort warten, an das gesamte Bitcoin-Netzwerk. Jeder Knoten überprüft den Block dann unabhängig und stellt sicher, dass alle Transaktionen den Konsensregeln von Bitcoin entsprechen, beispielsweise, dass der Absender über ausreichende Mittel zur Deckung seiner Ausgaben verfügt und keine Doppelausgaben stattgefunden haben. Es werden solange keine Änderungen am Hauptbuch vorgenommen, bis das Netzwerk eine Einigung über den Zustand der Blockchain erzielt hat. Dieser verteilte Konsens gewährleistet eine makellose Aufzeichnung aller Transaktionen.

ASICs und Knoten sind also wie zwei Hände, die sich in einem eisernen Griff umschließen und eines der sichersten und widerstandsfähigsten Netzwerke schaffen und stärken, das je erdacht wurde.

Und das alles, ohne dass jemand das Sagen hat.

Schauen wir uns nun genauer an, wie diese »Lotterie« tatsächlich funktioniert.

Zu jedem beliebigen Zeitpunkt (wie auch zum Zeitpunkt der Erstellung dieses Artikels) wetteifern etwa eine Million[70] ASICs – jene hochspezialisierten Computer, die ausschließlich für das Bitcoin-Mining entwickelt wurden – darum, kryptografische Rätsel zu lösen und wertvolle Bitcoin zu verdienen.

Wenn Sie jemals gebeten wurden, »eine Zahl zwischen eins und zehn zu erraten«, haben Sie eine ungefähre Vorstellung von der Herausforderung. Aber beim Bitcoin-Mining handelt es sich nicht um eine Zahl zwischen eins und zehn, es ist eher eine Zahl zwischen eins und der Gesamtzahl der Atome im bekannten Universum. Es versteht sich von selbst, dass das Finden der richtigen Zahl einen immensen Rechenaufwand (und Glück!) erfordert.

Jeder Versuch, dieses Rätsel zu lösen, erfordert daher einen erheblichen Energieaufwand, was kostspielig ist. Doch die Belohnung ist es wert: Der Computer, der richtig rät, darf den nächsten Stapel von Transaktionen zur Blockchain hinzufügen. Sein Besitzer verdient Gebühren aus diesen Transaktionen, doch eigentlich streben sie eine Bitcoin-Belohnung an, die als *»Block-Subvention«* oder *»Block-Belohnung«* bekannt ist – der Preis, der als wirtschaftlicher Anreiz für Miner dient, das Netzwerk sicher und funktionsfähig zu halten.

Auch der Rest des Netzwerks ist stark daran interessiert, sicherzustellen, dass jeder Block korrekt und unveränderlich ist, denn der Wert von Bitcoin hängt von seinem makellosen Status als gemeinsames, fälschungssicheres Protokoll der Wahrheit ab. Denken Sie daran: »Vertrauen ist gut, Kontrolle ist besser.«

Um zu begreifen, wie dieser erstaunlich einfache, aber elegante Mechanismus funktioniert und eine solch extrem komplexe Rechenaufgabe ohne Richter, Kontrollinstanz oder zentrale Autorität weltweit sofort überprüft werden kann, lohnt sich ein gedanklicher Vergleich mit einem Fahrradschloss.

Wie jeder potenzielle Fahrraddieb weiß, ist es schon schwer genug, eine fünfstellige Kombination zu erraten, besonders unter Druck. Stellen Sie sich nun vor, Sie versuchen, eine Kombination zu knacken, die so astronomisch groß ist, dass sie das menschliche Vorstellungsvermögen übersteigt.

Das ist im Wesentlichen das, was Bitcoin-Miner tun: Sie reichen Billionen von Vermutungen pro Sekunde in einem hochriskanten Wettlauf ein, um den Code vor allen anderen zu knacken.

Sobald es einen Gewinner gibt, ist die Überprüfung erstaunlich einfach. So wie sich ein Fahrradschloss mit der richtigen Zahlenkombination sofort öffnen lässt, ist auch die gefundene Lösung unmittelbar erkennbar und für jeden leicht nachprüfbar, in diesem Fall für jeden einzelnen Knoten im Netzwerk. (Mehr zu diesem Schritt gleich.)

Aber hier wird es interessant. Wenn alle Mining-Computer einfach versuchen würden, identische Fahrradschlösser zu knacken, würde man erwarten, dass die Ergebnisse vorhersehbar sind: Leistungsstärkere Geräte und ein höherer Energieverbrauch würden bedeuten, dass der Code schneller und häufiger geknackt wird.

Es wäre, als würde man mit einer Hydraulikpumpe statt mit einer Schaufel nach Gold graben. In einem solchen Szenario wäre der Vorrat an Bitcoin in kürzester Zeit erschöpft, was diejenigen mit der fortschrittlichsten Technologie und den tiefsten Taschen unverhältnismäßig begünstigen würde. In einem solchen Szenario wäre die gesamte Blockchain in Gefahr, von einer Handvoll mächtiger Akteure dominiert – oder sogar manipuliert – zu werden.

Die Verhinderung dieses Szenarios ist eine der brillantesten Errungenschaften von Satoshi und führt uns zu der eleganten Lösung, die das Herzstück des Bitcoin-Minings bildet: die *Schwierigkeitsanpassung*.

Um zu verstehen, wie die Schwierigkeitsanpassung funktioniert, lassen Sie uns einen Moment zurücktreten.

Als ich das Bitcoin-Mining als das Erraten einer Zahl irgendwo zwischen »eins« und »der Anzahl der Atome im bekannten Universum« beschrieb, stellte ich damit die Grundidee vor. Aber lassen Sie uns diese Analogie verfeinern.

Miner suchen nicht nach einer einzigen, präzisen Zahl, wie beim Knacken einer Fahrradschloss-Kombination. Stattdessen zielen sie auf einen Bereich akzeptabler Zahlen ab, d.h. ein sich ständig verschiebendes Ziel, das vom Netzwerk definiert wird.

Yan Pritzker, Autor von *»Inventing Bitcoin«*, liefert ein hilfreiches Bild, um dies zu verdeutlichen: Bitcoin-Mining ist wie das Werfen von Darts auf eine riesige Dartscheibe. Die Mitte der Zielscheibe stellt diesen Zielbereich dar, und um zu »gewinnen«, muss ein Miner einen gültigen kryptografischen Prozess nutzen, um eine gültige Lösung zu generieren (unter Verwendung der Daten aus dem sich neu bildenden Block *sowie* einer Zufallszahl), die innerhalb dieses Bereichs landet. Der Haken dabei ist, dass dieser Zielbereich nicht feststeht. Er wird größer oder kleiner, je nachdem, wie viel Rechenleistung aktuell im Netzwerk aktiv ist und wie schnell gültige Lösungen gefunden werden.

Ob man es nun mit einem Fahrradschloss mit flexiblem Zahlenbereich oder einer Dartscheibe mit dynamischem Bullseye vergleicht, die wichtigste Erkenntnis ist: Das Bitcoin-Netzwerk ist *darauf ausgelegt, sich anzupassen*.

Diese integrierte Anpassungsfähigkeit funktioniert in Echtzeit. Wenn Computer zu schnell gewinnen, bedeutet dies, dass das Ziel zu groß ist, was es zu einfach macht, mit Vermutungen ins Schwarze zu treffen. Als Reaktion darauf verkleinert sich der Zielpunkt automatisch, was das Treffen erschwert und das Tempo der Gewinne verlangsamt.

Wenn Computer Schwierigkeiten haben, eine gültige Lösung zu finden, bedeutet dies, dass das Ziel zu klein ist. In diesem Fall vergrößert sich die Mitte, wodurch es einfacher wird, sie zu treffen, und die Entdeckung neuer Blöcke beschleunigt wird.

Unabhängig davon, wie viele Miner sich anschließen oder wie viel Rechenleistung sie auf das Problem werfen, stellt das Netzwerk sicher, dass im Durchschnitt alle zehn Minuten neue Blöcke erzeugt werden.

Bitcoin ist wie ein Orchester, das einen Weg gefunden hat, ohne Dirigent den perfekten Takt zu halten.

Wir haben es also mit Millionen von Teilnehmern einer Art globaler Spielshow zu tun, die alle darum wetteifern, einen unglaublich komplexen Code zu knacken. Es gibt keinen Moderator, keinen Gastgeber, nur eine Million Computer, die unerbittlich mit astronomischer Geschwindigkeit raten. Wenn ein Miner schließlich die richtige Lösung findet, muss der Rest des Netzwerks zustimmen, dass sie gültig ist.

Jetzt kommt es auf die Praxis an: *Wie* verifizieren sie den Gewinner? Woher wissen sie, dass das »Fahrradschloss« wirklich aufgesprungen ist?

Die Validierung des Gewinners erfordert ein wenig Informatik, bekannt als *Hashing*. Bei Bitcoin erfüllt Hashing zwei Zwecke: Es ermöglicht den Minern, während des Wettbewerbs ihre Lösungs-Vermutungen zu generieren, und es ermöglicht jedem Knoten im Netzwerk, sofort zu überprüfen, ob die Gewinnervermutung gültig ist.

Einschub zur Erklärung: Hashing

Stellen Sie sich Hashing wie die Zubereitung eines Smoothies vor. Sie beginnen mit einer bestimmten Auswahl an Zutaten, sagen wir einer Banane, Erdbeeren und Joghurt. Sie mixen sie zusammen, und das Ergebnis ist ein einzigartiger Smoothie. Einmal gemixt, können Sie den Vorgang nicht rückgängig machen, um die ursprüngliche Banane oder die Erdbeeren wieder herauszuholen. Alles, was Sie haben, ist der fertige Smoothie.

Bei Bitcoin bestehen die »Zutaten« aus Transaktionsdaten. Der »Smoothie« ist der Hash, ein eindeutiger digitaler Fingerabdruck, der entsteht, wenn diese Daten durch eine kryptografische Rechenformel (den Mixer) geschickt werden. Schon eine winzige Veränderung der Zutaten, also der Daten, führt zu einem vollständig anderen Ergebnis, zu einem völlig neuen Hash (oder Smoothie).

Für Miner ist das Hashen so, als würden sie Millionen von Smoothies pro Sekunde mixen, jeder mit leicht unterschiedlichen Zutaten, in der Hoffnung, ein vom Netzwerk vorgegebenes Geheimrezept zu treffen. Wenn ein Miner schließlich den perfekten Smoothie (den Gewinner-Hash) erhält, teilt er das Rezept mit dem gesamten Netzwerk, und alle anderen können schnell überprüfen, ob es schmeckt bzw. das richtige ist.

Natürlich ist der eigentliche Prozess weitaus präziser als die Zubereitung von Smoothies. Hashing ist reine Mathematik, keine Geschmacksfrage. Die Metapher hilft jedoch zu verstehen, wie empfindlich und unumkehrbar dieser Prozess ist.

Hashing stellt sicher, dass die gefundene Lösung gültig und sicher ist und nicht gefälscht werden kann, weil sich das Ergebnis nachträglich nicht mehr verändern lässt. Ist der Smoothie einmal gemixt, lässt er sich nicht manipulieren.

Das ist die Magie des Hashings: Es ist unglaublich schwer, die richtige Kombination zu erraten, aber unglaublich einfach für alle, sie zu überprüfen, sobald sie gefunden wurde.

Stellen Sie sich vor, nach 9,6 Billionen Dartwürfen landet Ihr Pfeil endlich im Bullseye. Glück gehabt. In einer Spielshow würde der Moderator herantreten, Ihren Dart überprüfen und Ihnen das Preisgeld sofort aushändigen. Im Bitcoin-System jedoch gibt es, wie wir wissen, keinen Moderator, der die Dartscheibe begutachtet und Ihren Treffer bestätigt.

Stattdessen beugen sich alle Rechner im Netzwerk vor, wie ein weltweites Team von Mathematiklehrern, und fordern Sie auf, Ihren Rechenweg offenzulegen. Wenn Sie tatsächlich gewonnen haben, also gewissermaßen den perfekten Smoothie gemixt haben, kann jeder einzelne Rechner dies sofort überprüfen. Damit erwerben Sie das Recht, Transaktionen im nächsten Block der Blockchain zu vermerken.

Jeder Versuch zu betrügen wird sofort offensichtlich und führt zur automatischen Zurückweisung Ihres Anspruchs. Die gesamte Energie, die Sie für das Mining aufgewendet haben, wäre damit umsonst gewesen.

In diesem System von »Regeln ohne Herrscher« gibt es kein Schlupfloch, keinen Umweg und niemanden, bei dem Sie Ihren Fall vorbringen könnten. Entweder Sie befolgen die Regeln, lassen Ihre Arbeit überprüfen und erhalten die Belohnung, oder Sie verbrennen Geld für Strom und gehen leer aus.

Das ist der Kern des *Proof-of-Work*-Verfahrens von Bitcoin. Es handelt sich um ein System, das die Sicherheit des Netzwerks gewährleistet, indem es Betrugsversuche sowohl kostspielig als auch unpraktikabel macht. Genauso wie Sie und ich zu Hause kein Geld drucken können, um unsere Kreditkartenrechnungen zu begleichen, müssen Miner echte Ressourcen, also Strom, Rechenleistung und Hardware investieren, um finanziell belohnt zu werden. Indem Bitcoin sicherstellt, dass jeder Versuch mit greifbaren Kosten verbunden ist, macht es den realen Energieaufwand zur Grundlage seiner Stärke und Sicherheit. Wie wir in Kapitel 12 untersuchen werden, wo wir Kritik am Energieverbrauch von Bitcoin beleuchten, ist diese Anforderung kein Mangel, sondern das Merkmal, das das System vertrauenswürdig und manipulationssicher macht.

Das also ist die Aufgabe der Mining-Computer! Sie lösen komplexe Rätsel und konkurrieren um Blockbelohnungen. Doch wie wir zu Beginn dieses Kapitels angemerkt haben, machen sie nur die *Hälfte* des Bitcoin-Ökosystems aus.

Hier kommen die Knoten ins Spiel. Während Blöcke durch Mining generiert werden, überprüfen und sichern Knoten kontinuierlich jede im Hauptbuch aufgezeichnete Transaktion. Tatsächlich ist es den Knoten zu verdanken, dass Bitcoin zu Recht den Titel »das Geld des Volkes« für sich beanspruchen kann.

Ein Knoten ist einfach ein Computer, auf dem die Open-Source-Bitcoin-Software läuft und der die gesamte Blockchain speichert. Die Installation ist so einfach wie das Herunterladen einer Desktop-App. Wer Microsoft Word einrichten kann, kann auch einen Knoten starten, sodass jeder mit einem einfachen Computer und einer Internetverbindung dem Netzwerk beitreten kann.

Stellen Sie sich einen Knoten wie eine intelligente Überwachungskamera vor. Anstatt nur eine einzige Tür zu überwachen, blickt er in jeden Winkel des Bitcoin-Hauptbuchs. Jeder Knoten überprüft unabhängig jede Transaktion und jeden Block Zeile für Zeile anhand der unveränderlichen Regeln von Bitcoin. Keine Zahlung und keine Blockbelohnung wird Teil der permanenten Aufzeichnung, es sei denn, Tausende dieser digitalen Inspektoren gelangen zu einem einstimmigen Konsens, dass sie den Regeln entsprechen.

Auf diese Weise bilden die Knoten einen weltweiten Chor von Wahrheitswächtern, die die Arbeit der Miner kontinuierlich überprüfen und die Integrität der gesamten Blockchain bewahren.

Die Tatsache, dass jeder das gesamte System von seinem eigenen Rechner aus verifizieren kann, ist der Schlüssel zur Dezentralisierung von Bitcoin. Diese Wahrheit offenbart sich im Design von Bitcoin: Um sicherzustellen, dass absolut jeder, überall einen Knoten betreiben und dazu beitragen kann, das Netzwerk integer zu halten, wurde die Blockgröße bewusst auf ein Niveau festgelegt, das alltägliche Computer bewältigen können.

Wären die Blöcke zu groß, würden die Hardwareanforderungen für den Betrieb eines Knotens, konkret Speicherplatz, Rechenleistung und Bandbreite, unerschwinglich hoch werden. Dies würde die Teilnahme naturgemäß auf diejenigen mit erheblichen finanziellen Mitteln beschränken, die Macht in den Händen der Reichen konzentrieren und Bitcoins Kernprinzipien der Dezentralisierung und des universellen Zugangs untergraben.

Stattdessen ermöglicht das schlanke Design von Bitcoin jedem mit einer Internetverbindung und einem einfachen, erschwinglichen Gerät, die gesamte Blockchain herunterzuladen, Transaktionen zu validieren und das Netzwerk von zu Hause aus zu sichern.

Stellen Sie sich vor, gewöhnliche Menschen könnten unserem traditionellen Finanzsystem »über die Schulter schauen« und sehen, was die Banken *wirklich* treiben. Derzeit finden die folgenreichsten Entscheidungen, also Entscheidungen, die uns alle betreffen, wie zum Beispiel, wie viel Geld gedruckt wird, hinter verschlossenen Türen statt, unter einer kleinen Gruppe von Menschen mit unterschiedlichen Interessen und Anreizen.

Normale Menschen haben keine Möglichkeit, das, was sie tun, in Frage zu stellen (oder überhaupt zu sehen!).

Stellen Sie sich nun ein System vor, in dem jede monetäre Handlung öffentlich ist und in dem jeder, überall, überprüfen kann, ob die Regeln eingehalten werden, und niemand sie heimlich ändern kann.

Bitcoin ist dieses System. Und es funktioniert.

Eine häufige Kritik an Bitcoin ist seine vermeintliche »Langsamkeit« aufgrund der zehnminütigen Intervalle zwischen diesen Blöcken. Wie wir inzwischen wissen, wird dieses Timing durch die Schwierigkeitsanpassung bestimmt. Aber das ist keine Schwäche; es ist eines der wichtigsten Merkmale von Bitcoin. Dieses bewusste Tempo stellt auch sicher, dass Menschen auf der ganzen Welt ihre Knoten mit einfachen Heimcomputern betreiben können.

Was Bitcoin an Geschwindigkeit fehlt, macht es durch seine Robustheit und globale Reichweite mehr als wett. Von Kalifornien bis Argentinien, von Thailand bis Italien sichern Einzelpersonen das Bitcoin-Netzwerk auf Geräten, die nicht leistungsfähiger sind als ein Heim-PC. Und wie wir im nächsten Kapitel untersuchen werden, ermöglicht die mehrschichtige Architektur von Bitcoin den Aufbau schnellerer Zahlungsnetzwerke *auf* seiner Basisebene, wobei die Sicherheit einer zugänglichen, weit verbreiteten Verifizierung mit nahezu sofortiger Transaktionskapazität auf der Benutzeroberfläche kombiniert wird (zum Beispiel, wenn Sie einen Kaffee kaufen möchten!).

Wenn also das nächste Mal jemand Bitcoin als »langsam« kritisiert, wissen Sie, dass er genau die Designentscheidungen übersieht, die es zu einem der sichersten und dezentralsten Finanzsysteme der Geschichte machen.

Es dürfte wohl keine Überraschung sein, dass ich mich dafür entschieden habe, selbst einen Knoten zu betreiben. Ich stelle mir das Knotensystem gerne als eine Art »Nachbarschaftswache« für das Bitcoin-Netzwerk vor: Je mehr Menschen beobachten, was vor sich geht, desto stärker und sicherer wird das Netzwerk.

Das Betreiben eines Knotens ist für die Nutzung von Bitcoin nicht erforderlich, und es gibt keine Vergütung dafür.

Sobald die Menschen jedoch verstehen, dass Bitcoin eine Alternative zu unserem inflationären Finanzsystem bietet, einem System, in dem Ihre Ersparnisse still und leise aufgezehrt werden, fühlen sie sich oft verpflichtet, einen Beitrag dazu zu leisten. Das Betreiben eines Knotens stärkt das Netzwerk und erhöht dessen Widerstandsfähigkeit und Transparenz. Es ist ein befriedigender Teil der Unterstützung eines Systems, das auf Wahrheit und nicht auf Vertrauen basiert.

Nachdem wir nun die grundlegende Dynamik zwischen Knoten und Minern verstanden haben, wobei Knoten das Netzwerk ehrlich halten und

Miner darum wetteifern, neue Blöcke hinzuzufügen und finanzielle Belohnungen zu verdienen, ist es an der Zeit, einen genaueren Blick auf die *Prämien* zu werfen (bestehend aus frisch geschaffenen Bitcoin und den Transaktionsgebühren, die mit dem neu geschaffenen Block einhergehen), die diese Miner verdienen.

Mit anderen Worten: Es ist an der Zeit zu sehen, worum es bei all dem Trubel eigentlich geht!

Die Blockbelohnung, auch als *Blocksubvention* bekannt, ist der Hauptanreiz für das Schürfen von Bitcoin. Diese Belohnung folgt einem festgelegten Zeitplan, der direkt in den Code von Bitcoin integriert ist und Fairness und Vorhersehbarkeit gewährleistet.

Als Bitcoin 2009 eingeführt wurde, wurde die Blockbelohnung auf 50 Bitcoin pro Block festgelegt. Wenn man an den Genesis-Block zurückdenkt, den allerersten geminten Block, war es Satoshi Nakamoto, der diese anfängliche Belohnung erhielt. Zu dieser Zeit waren diese 50 Bitcoin nichts wert. War doch Bitcoin in der Welt noch unbekannt, abgesehen von Satoshi und einer Handvoll Kryptografen, sodass es keinerlei Nachfrage nach dem neuen digitalen Token gab.

Auch wenn 50 Bitcoin heute eine enorme Summe wert sind, ist es wichtig zu verstehen, warum Satoshi die Belohnung auf dieses Niveau festlegte. Es waren die Anfänge. Nur wenige Menschen wussten von Bitcoin, noch weniger interessierten sich dafür, und nur eine winzige Gruppe war bereit, überhaupt Energie aufzuwenden, um es zu minen. Gleichzeitig war das Rätsel ziemlich einfach zu lösen: Das Ziel war riesig, und der Rechenaufwand, um es zu treffen, war minimal.

Im Grunde wurden die frühen Miner für ihre Neugier und ihre Bereitschaft, an einem großartigen Experiment teilzunehmen, großzügig belohnt. Und da Bitcoin zu dieser Zeit keinen realen Wert hatten, musste der Anreiz groß genug sein, um den Aufwand zu rechtfertigen. Zu diesem Zeitpunkt war Bitcoin wirklich eine Art »magisches Internetgeld«.

Tatsächlich führten zwei Krypto-Enthusiasten ein Jahr nach der Veröffentlichung des Whitepapers durch Satoshi zum ersten Mal eine Transaktion mit Bitcoin »in der realen Welt« durch. Ein Programmierer namens Laszlo Hanyecz bezahlte bekanntlich 10.000 Bitcoin für zwei Pizzen von Papa John's!

Zu heutigen Preisen würden diese Pizzen mehr als eine Milliarde Dollar kosten, die wohl teuerste Mahlzeit der Geschichte. Aber bei dieser Transaktion ging es nicht um das Essen; es war ein monumentaler Moment für Bitcoin. Zum ersten Mal wurde Bitcoin als *Tauschmittel* in einer kommerziellen Transaktion verwendet, was bewies, dass es tatsächlich als digitales Geld funktionieren konnte.

Dieser Moment zeigte, dass Bitcoin tatsächlich Potenzial in der realen Welt hatte. Um jedoch seinen langfristigen Wert zu sichern, traf Satoshi eine entscheidende Designentscheidung. Anstatt eine feste Mining-Belohnung festzulegen (die beispielsweise bei 50 Bitcoin pro Block liegen würde), programmierte Satoshi einen Plan für schrittweise sinkende Belohnungen in das Bitcoin-Design ein. Alle 210.000 Blöcke – etwa alle vier Jahre – würde sich die Blockbelohnung um *die Hälfte* verringern, in einem geplanten Ereignis, das treffend als »Halving« bezeichnet wird.

Warum ist das wichtig? Weil dadurch sichergestellt wird, dass der Ausgabekalender von Bitcoin einem vorhersehbaren und endlichen Verlauf folgt, wodurch die Gesamtmenge letztlich auf 21 Millionen Bitcoin begrenzt wird. Das Halving ist ein entscheidendes Merkmal der Anreizstruktur von Bitcoin, das die natürliche Knappheit von Ressourcen wie Gold nachahmt und gleichzeitig einen eingebauten Anreiz für die frühe Nutzung schafft.

Dieser sich verjüngende, disinflationäre Zeitplan ist wiederum äußerst zielgerichtet: Er fördert frühzeitig eine robuste Mining-Aktivität, lässt aber nach, wenn das Netzwerk reift (und sich Zahlungsschichten über dem Basisprotokoll weiterentwickeln), und unterstützt so das Wachstum von Bitcoin als Tauschmittel.

Wenn sich die Blockbelohnung gegen Null nähert – in vielen, vielen Jahren –, werden Miner in erster Linie durch die Transaktionsgebühren motiviert sein, die mit einem optimierten globalen Zahlungsnetzwerk und dessen ununterbrochener Aktivität verbunden sind.

Die Blockbelohnung mag mit jeder Halbierung schrumpfen, doch der Preis und die Akzeptanz von Bitcoin sind historisch gesehen gewachsen, da die Menschen es durch ihre Investition realer Energie weiter stärken und so die Folgen dieser Reduzierung ausgleichen. Dieses elegante Design stellt sicher, dass das Bitcoin-Mining auch dann noch lohnenswert bleibt, wenn die Blockbelohnung im Laufe der Zeit sinkt.

Die Blockbelohnung hat seit dem Mining des Genesis-Blocks durch Satoshi mehrere Halbierungen durchlaufen. Im Jahr 2012 sank die Belohnung von 50 Bitcoin auf 25, dann auf 12,5, 6,25 und schließlich auf 3,125, wo sie zum Zeitpunkt der Erstellung dieses Artikels liegt.

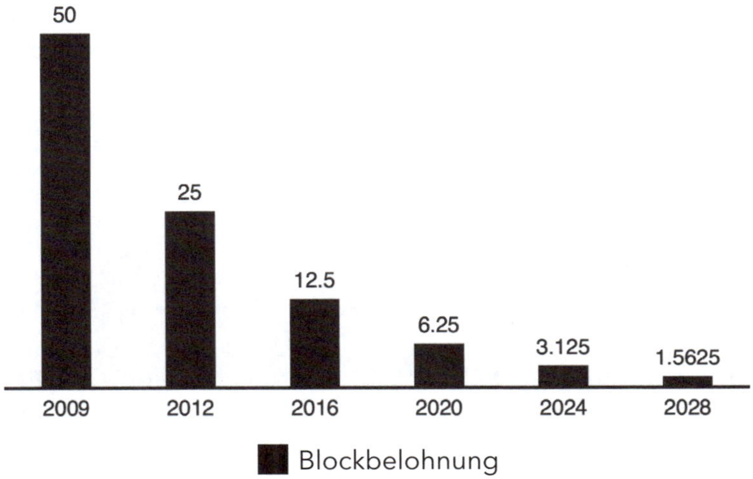

Diagramm 5: Blockbelohnung und Halbierung

Quelle: Satoshi Nakamoto, »Bitcoin: A Peer-to-Peer Electronic Cash System« (2008).

Es kann ziemlich überraschend sein, dass fast 20 Millionen der insgesamt 21 Millionen Bitcoin bereits in etwas mehr als 15 Jahren geschürft wurden.

Doch noch erstaunlicher ist der vor uns liegende Zeitplan. Das Schürfen der letzten 1,2 Millionen Bitcoin wird bis etwa zum Jahr 2140 dauern – ein Datum, das fast unvorstellbar weit entfernt erscheint. Dieser schrittweise und vorhersehbare Verteilungsplan ist eines der genialsten Merkmale von Bitcoin, das Knappheit, Anreize und langfristige Nachhaltigkeit sorgfältig in Einklang bringt.

Wenn der letzte Bitcoin geschürft ist, werden die 21 Millionen Bitcoin im Umlauf alle Bitcoin darstellen, die jemals für den Rest der Ewigkeit geschaffen werden!

An diesem Punkt ist es ebenso abwegig, Bitcoin als »magisches Internetgeld« zu bezeichnen, wie die Mathematik selbst »magisch« zu nennen. Nur weil man eine mathematische Gleichung nicht in den Händen halten kann, bedeutet das nicht, dass sie nicht real ist. Bitcoin mag als unbewiesenes Experiment begonnen haben, doch es hat sich seitdem zu einem global verteilten Netzwerk entwickelt, das auf einem unveränderlichen Fundament verankert ist, das niemand, egal wie mächtig er auch sein mag, manipulieren kann.

Dieses Fundament ist die Energie selbst.

ZUSAMMENFASSUNG VON KAPITEL 11

Bitcoin hat ein großes Rätsel der Informatik gelöst, nämlich wie man digitales Geld schafft, ohne einen vertrauenswürdigen Dritten zu benötigen. Dieser Durchbruch wird durch den *Proof-of-Work* erreicht, der von Minern verlangt, reale Energie aufzuwenden, um komplexe kryptografische Rätsel zu lösen. Quasi als Mittel, das Netzwerk zu sichern und neue Coins zu verdienen. Bitcoin ist daher an die physische Realität der Elektrizität gebunden und nicht an menschliche Versprechen. Die Coins werden von Natur aus nach einem vorhersehbaren Zeitplan ausgegeben, der auf einer *Schwierigkeitsanpassung* basiert, um ein vorhersehbares Tempo beizubehalten. Dies wird so lange fortgesetzt, bis die gesamte Menge von 21 Millionen Bitcoin bis zum Jahr 2140 geschürft worden ist.

Kernaussage: Bitcoin verankert seinen Wert in realer Energie und unumstößlicher Mathematik und schafft so einen digitalen Vermögenswert mit echter Knappheit, die durch Physik und nicht durch Politik erzwungen wird.

12.

ALLE BRAUCHEN ENERGIE

»Energie ist die Währung des Universums.«

EMILY MAROUTIAN

Eines der ersten Dinge, die Leute ansprechen, wenn sie von meinem Interesse an Bitcoin hören, ist dessen Energieverbrauch.

Ich verstehe das – das war auch eine meiner ersten Fragen und Bedenken. Wir alle wollen einen gesunden, blühenden Planeten mit sauberer Luft und sauberem Wasser, lebendigen Ozeanen und Wäldern sowie fruchtbarem Boden, auf dem nahrhafte Lebensmittel wachsen.

Aber die meisten Menschen verstehen nicht ganz, warum Bitcoin Energie verbraucht. Sie wissen nicht, welches Problem damit gelöst wird oder inwiefern sich sein Energieverbrauch grundlegend von dem anderer energieintensiver Branchen unterscheidet. Bitcoin verbraucht nicht einfach nur Energie um der Energie willen. Es sichert ein Währungsnetzwerk, das von keiner einzelnen Regierung, keinem Unternehmen und keiner Einzelperson betrogen, manipuliert oder kontrolliert werden kann.

Die Kritik, dass Bitcoin-Mining eine »Verschwendung von Energie« sei, rührt von einem Missverständnis her – nicht nur in Bezug auf Bitcoin selbst, sondern auch hinsichtlich der zunehmend wichtigen (und positiven!) Rolle, die Bitcoin-Mining in der globalen Energiewirtschaft spielen wird. Weit davon entfernt, eine sinnlose Belastung der Ressourcen zu sein, entwickelt sich Bitcoin-Mining zu einer starken Triebkraft für Innovation, Effizienz und sogar Umweltschutz.

Bitcoin ist kein gewinnorientiertes Unternehmen. Es ist eine Open-Source-Lösung für das inflationäre Chaos, das durch ein kaputtes Währungssystem verursacht wird.

Wenn Kritiker auf den Energieverbrauch von Bitcoin hinweisen, übersehen sie oft diesen größeren Zusammenhang. Wie Abbildung 6 zeigt, verblasst der Energieverbrauch von Bitcoin im Vergleich zu Branchen, die weitaus mehr Energie verbrauchen und dabei weitaus weniger unter die Lupe genommen werden, sogar solchen, die unsere Probleme verschärfen, anstatt sie zu lösen.

Ein kurzer Blick auf die Daten zeigt, dass der Energieverbrauch von Bitcoin im Vergleich zu Branchen wie Tourismus, Mode oder Tabak bemerkenswert gering ist. Die Tabakindustrie beispielsweise verbraucht nicht nur mehr Energie als Bitcoin, sondern trägt auch zur wachsenden Belastung der Gesundheitssysteme bei. Eine Branche, die bereits schätzungsweise 3.716 TWh jährlich verbraucht (nur geringfügig weniger als der weltweite Tourismus).[71] Doch die Menschen denken selten in energetischen Kategorien über diese Branchen nach.

Die Anlagestrategin Lyn Alden rückt das Ganze ins rechte Licht: Bitcoin ist für »*weniger als 0,1 % des weltweiten Energieverbrauchs*« verantwortlich.[72] Selbst wenn Bitcoin massiv skaliert und zu einer weit verbreiteten globalen Anlageklasse wird, würde sein Energieverbrauch laut Alden immer noch nur wenige Zehntel eines Prozentpunkts ausmachen. Dies ist im Grunde genommen ein »Rundungsfehler, was den globalen Energieverbrauch angeht«.

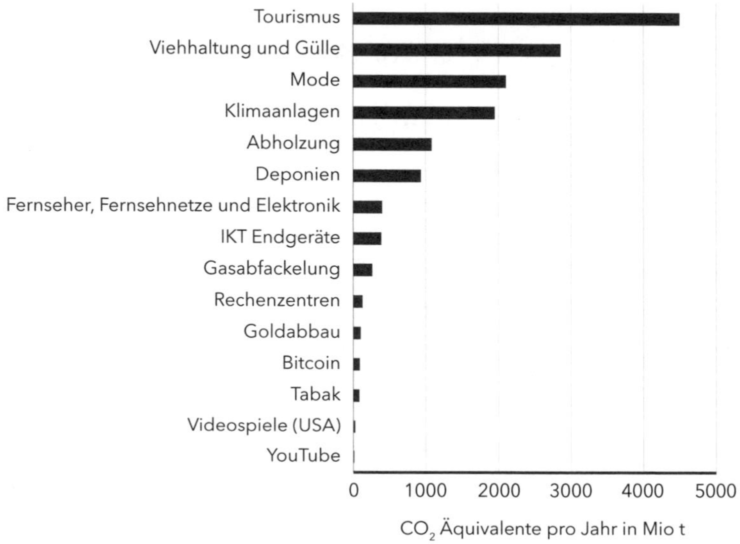

Diagramm 6: Cambridge-Index zum Stromverbrauch von Bitcoin (MtCO2e pro Jahr)

Quelle: Universität Cambridge, »Cambridge Bitcoin Electricity Consumption Index«, www.ccaf.io.

»Wenn Wissenschaftler schätzen, dass die Welt in einem bestimmten Jahr eine bestimmte Energiemenge verbraucht«, fährt sie fort, »können sie leicht um ein paar Prozentpunkte in beide Richtungen danebenliegen, ganz zu schweigen von ein paar Zehntel Prozent.«

Um dies zu verdeutlichen, fügt Alden hinzu, dass allein durch das Abschalten von 10 % der ungenutzten – ungenutzt! – Elektrogeräte mehr Energie eingespart würde, als das gesamte Bitcoin-Netzwerk verbraucht.[73]

Warum verzeihen wir so vielen anderen Branchen ihren Energieverbrauch, ganz zu schweigen vom traditionellen Finanzsystem selbst, und konzentrieren uns so einseitig auf den Anteil am Energiekuchen, den Bitcoin einnimmt?

Ich glaube, das liegt daran, dass den meisten Menschen all das *Gute*, das Bitcoin bewirkt, nicht bewusst ist.

Darüber hinaus verbraucht Bitcoin nicht nur *weniger* Energie, als man uns glauben machen wollte, sondern kann aktiv zu einer nachhaltigeren und effizienteren Energiezukunft beitragen, wie wir folgenden Beispielen entnehmen können:

- Es *hilft dabei, erneuerbare Energiequellen zu nutzen*, einschließlich solcher, die sonst ungenutzt bleiben oder verloren gehen würden.
- Es *erweitert den Zugang zu zuverlässiger Energie* in Regionen, die lange Zeit ohne sie auskommen mussten.
- Es *verbessert die Netzstabilität*, indem es Angebot und Nachfrage ausgleicht und so Energiesysteme effizienter macht.
- Es *reduziert umweltschädlichen Überkonsum*, indem es langfristige Einsparungen fördert.

Nicht schlecht für eine Form von fälschungssicherem, unbestechlichem digitalem Geld, das es uns ermöglicht, zu sparen, direkt miteinander zu handeln und Fairness und Integrität im globalen Finanzsystem wiederherzustellen.

Aber lassen Sie uns den Blick noch weiter weiten: Unabhängig von unseren Meinungen oder Gefühlen gegenüber Bitcoin bleibt eine Wahrheit unbestreitbar: *Das Universum besteht vollständig aus Materie und Energie.*

Der Energieerhaltungssatz besagt, dass wir Energie weder erschaffen noch vernichten können. Wir können jedoch entscheiden, wie wir sie am besten nutzen, um das Leben besser, reichhaltiger und komfortabler zu gestalten. Die zentrale Frage lautet nicht: »Ist der Verbrauch von Energie gut oder schlecht?« Es gibt Belege dafür, dass der Zugang zu Energie stark mit menschlichem Gedeihen korreliert, einschließlich besserer Gesundheit und höherer Lebensqualität.[74]

Die eigentliche Frage lautet: *Wie können wir die verfügbare Energie am besten nutzen*, um das Leben nicht nur für uns selbst, sondern auch für Menschen auf der ganzen Welt zu verbessern?

Wie wir im letzten Kapitel besprochen haben, gründet sich die Sicherheit von Bitcoin auf Energie und Physik. Man kann Bitcoin nicht aus dem Nichts zaubern (oder nach Belieben drucken), wenn es gerade passt. Jeder Block wird von einem dezentralen Netzwerk von Computern erstellt und gesichert, wobei Energie verwendet wird, um ihn kryptografisch mit dem vorherigen Block zu verknüpfen, bis zurück zu Satoshi Nakamotos Genesis-Block.

Diese undurchdringliche Festung, die durch die kumulierte Energie und den Rechenaufwand, die in sie investiert wurden, errichtet und verstärkt wurde, wird so lange sicher bleiben, wie Computer die Bitcoin-Software ausführen.

Das liegt daran, dass sie auf realer, überprüfbarer Energie basiert. Ihre Widerstandsfähigkeit beruht nicht auf dem Vertrauen in eine Institution oder eine Einzelperson, sondern auf der immensen Rechenleistung, die erforderlich ist, um jeden Transaktionsblock zu pflegen und zu validieren. Wie wir in früheren Kapiteln gelernt haben, wird jedes Mal, wenn Energie aufgewendet wird, um einen neuen Block zu sichern, ein unauslöschlicher Eintrag zur Blockchain hinzugefügt. Ein *Beweis* dafür, dass die *Arbeit* tatsächlich geleistet und die Integrität des Netzwerks gewahrt wurde.

Stellen Sie sich die Blockchain wie einen Bodybuilder vor. Jede Wiederholung im Fitnessstudio und jede nahrhafte Mahlzeit wird Teil seiner körperlichen Form, ein greifbares Ergebnis von Anstrengung und Energie. In ähnlicher Weise repräsentiert jeder dem Bitcoin-Netzwerk hinzugefügte Block diese kumulative Investition realer Energie, die dauerhaft in seiner digitalen Struktur verankert ist und durch kontinuierliche Anstrengung aufrechterhalten wird.

Wie wir in Kapitel elf gesehen haben, sind Bitcoin-Miner spezialisierte Maschinen, die nur eine Aufgabe haben: Bitcoin zu schürfen. Alles, was sie brauchen, ist eine Energiequelle und eine Verbindung zum Netzwerk. Ihr einzigartiger Vorteil? Sie können überall dort betrieben werden, wo Energie verfügbar ist, auch an Orten, an denen Strom sonst ungenutzt bleiben würde. Sie sind wie ein mechanischer Pac-Man, der unaufhörlich billige Energie verschlingt, um diese Rätsel zu lösen, die Blockbelohnung zu verdienen und so viel Gewinn wie möglich zu erzielen.

Viele von uns teilen berechtigte Sorgen um unsere Energiezukunft. Zwar ist Energie an sich reichlich vorhanden (wie es eine Schlagzeile in *Forbes* formulierte: »Wir könnten die ganze Welt mit Solarenergie aus 1% der Sahara versorgen«), doch unsere Fähigkeit, erneuerbare Energie in großem Maßstab zu gewinnen, zu speichern und zu verteilen, bleibt eine große Herausforderung. Technologien wie Batterien entwickeln sich weiter, aber nicht schnell genug, um den wachsenden globalen Bedarf zu decken.

Der Energieverbrauch von Bitcoin wird oft von Umweltschützern kritisiert. Auf den ersten Blick mag es so aussehen, als sei der Energieverbrauch von Bitcoin von Natur aus verschwenderisch oder unvereinbar mit Nachhaltigkeitszielen.

Allerdings wird das Bitcoin-Mining zunehmend – sogar von Institutionen wie der Weltbank[75] – als potenzieller Verbündeter beim Aufbau eines effizienteren und widerstandsfähigeren globalen Energiesystems anerkannt.

In den letzten rund zehn Jahren sind die Investitionen in erneuerbare Energien sprunghaft angestiegen. In vielen Fällen haben wir es nicht mit einem Mangel an Energieerzeugung zu tun, sondern mit einem Speicherproblem. Wie wir gerade angedeutet haben, sind Batterien noch nicht in der Lage, nennenswerte Mengen dieser überschüssigen Energie zu speichern. Wenn es keinen Ort gibt, an den die überschüssige Energie fließen kann, wird *sie* oft *gedrosselt*, das heißt, die Produktion wird bewusst reduziert oder verschwendet, weil das Netz sie nicht aufnehmen kann.

Nun, diese Energie hatte bisher keinen Abnehmer.

Bitcoin-Miner eignen sich gut dafür, Energie zu verbrauchen, die sonst verschwendet würde, da es sich oft um die *günstigste verfügbare Energie* handelt und niedrige Energiekosten für die Rentabilität des Minings unerlässlich sind.

Erneuerbare Energiequellen auf der ganzen Welt – Wasserkraft im Himalaya, Solarparks in West-Texas, geothermische Brunnen in Kenia – werden bereits zum Schürfen von Bitcoin genutzt und verwandeln so ungenutzte oder überschüssige Energie in wirtschaftlichen Wert.

Überall auf der Welt gibt es nachhaltige, ungenutzte Energiequellen, die nur darauf warten, genutzt zu werden.

Allein in Kalifornien wurde im Jahr 2022 so viel Solarenergie gedrosselt, dass der verschwendete Strom laut dem Weltwirtschaftsforum 200.000 Haushalte ein ganzes Jahr lang hätte versorgen können.[76] Stellen Sie sich das wirtschaftliche und ökologische Potenzial vor, wenn diese überschüssige Energie produktiv genutzt worden wäre.

Was viele Kritiker oft nicht sehen, ist die immens kostspielige Energie-Verschwendung in Form von Vermögensblasen, Fehlinvestitionen und Instabilität in einer Wirtschaft, die ohne hartes Geld funktioniert. Bitcoin geht nicht nur auf jene wirtschaftlichen Folgen ein, die wir ständig erleben, sondern schafft auch echte Anreize in der physischen Welt, insbesondere im Energiebereich, die in einzigartiger Weise dazu geeignet sind, das Stromnetz zu verbessern, auf das wir alle angewiesen sind.

Dieses Netz ist eine bemerkenswerte technische Meisterleistung. Jedes Mal, wenn wir einen Lichtschalter betätigen oder einen Kühlschrank öffnen, wird ein fein abgestimmtes System aus wissenschaftlichen, wirtschaftlichen und logistischen Prozessen in Gang gesetzt. Angebot und Nachfrage müssen in Echtzeit perfekt ausbalanciert sein – eine heikle Aufgabe, die von Energieerzeugern, -verteilern und Netzbetreibern bewältigt wird.

Dieses Gleichgewicht lässt sich mit Energiequellen wie Wind und Sonne, die Strom unregelmäßig produzieren, noch schwerer herstellen. Die Sonne scheint nicht immer und der Wind weht nicht immer. Überraschenderweise kann ein *Energieüberschuss* im Netz genauso schlimm sein wie ein *Mangel*; beide Situationen können zu Instabilität, Ineffizienz und sogar Stromausfällen führen.

Man kann sich das Netz wie einen Motor vorstellen: Zu wenig Öl, und er blockiert; zu viel Öl, und er läuft über und fällt aus.

Bitcoin-Miner fungieren als flexibles Überdruckventil. Sie können schnell ein- oder ausgeschaltet werden, überschüssige Energie aufnehmen, wenn zu viel vorhanden ist, und sich abschalten, wenn das Netz an anderer Stelle mehr Kapazität benötigt.

Diese einzigartige Fähigkeit macht sie zu einem wertvollen Instrument, um das Stromnetz stabil und effizient zu halten.

->>

Die Energiekosten sind nicht der *einzige* Faktor beim Bitcoin-Mining, aber sie gehören zu den entscheidenden.[77] Wenn die Nachfrage (und die Kosten) nach Energie hoch sind, können Miner ihre Anlagen abschalten. Wenn die Nachfrage sinkt und Energie billig wird, fahren sie wieder hoch. Diese natürliche Übereinstimmung schafft eine perfekte Partnerschaft zwischen Bitcoin-Mining und Netzeffizienz.

Es ist daher keine Überraschung, dass Länder wie die Vereinigten Arabischen Emirate,[78] Island, Texas und Quebec – wo erneuerbare Energien besonders reichlich vorhanden sind – Bitcoin-Miner aktiv willkommen geheißen haben, um ihre Stromnetze zu stabilisieren.[79]

Für jeden, der erneuerbare Energien unterstützt, sollte die Rolle von Bitcoin beim Ausgleich und der Stärkung der Energieinfrastruktur als Gewinn angesehen werden.

⇸»

Bitcoin-Mining verhindert nicht nur Energieverschwendung. Es unterstützt aktiv das Wachstum von Projekten im Bereich erneuerbarer Energien, indem es deren wirtschaftliche Rentabilität verbessert.

In Regionen mit einem Ungleichgewicht zwischen Energieangebot und -nachfrage fungieren Miner als flexible Energieverbraucher. Diese Anpassungsfähigkeit hilft, Schwankungen im Stromnetz auszugleichen, macht erneuerbare Energien zuverlässiger und nachhaltiger und macht steuerfinanzierte Subventionen überflüssig.

Das ist eine echte Win-Win-Situation!

⇸»

Doch nicht alle energiepolitischen Herausforderungen drehen sich um den Ausgleich von Angebot und Nachfrage im Netz. Manchmal ist das Problem nicht überschüssige Energie, sondern *gestrandete* Energie.

Weltweit liegen reichlich vorhandene Energiequellen ungenutzt brach, weil sie zu abgelegen oder zu kostspielig zu erschließen sind. Diese übersehenen Chancen verpuffen oft einfach deshalb, weil es keine praktikable Möglichkeit gibt, ihren Wert zu nutzen.

Wenn Sie jemals Pac-Man gespielt haben, kennen Sie das Gefühl dieses einen hartnäckigen Punktes, der in der Ecke des Bildschirms übrigbleibt. Diese Energiequellen sind wie dieser letzte Punkt! Sie sind isoliert, schwer zu erreichen und lassen sich unmöglich an das übrige Netz anschließen.

Nehmen wir Deponien – eine ökologische Herausforderung in vielerlei Hinsicht. Deponien setzen Methan frei, ein Treibhausgas, das in Bezug auf die Erwärmung der Atmosphäre über 80-mal wirksamer ist als Kohlendioxid. Methan ist zudem indirekt für über eine Million vorzeitiger Todesfälle durch Atemwegserkrankungen weltweit pro Jahr verantwortlich.[80] Laut der EPA entfielen im Jahr 2022 allein 17% der gesamten Methanemissionen in den USA auf Deponien.[81]

Die Abscheidung und Umnutzung von Methan ist theoretisch eine verlockende Idee, doch die Kosten für den Aufbau einer Infrastruktur zur Einspeisung von Methan in die Energienetze sind unerschwinglich hoch. Da Tausende von Deponien über die USA verstreut sind, entweicht der größte Teil des Methans Jahr für Jahr ungehindert in die Atmosphäre – mit katastrophalen Folgen.

Hier kommt das Bitcoin-Mining ins Spiel. Innovative Unternehmen setzen nun Bitcoin-Miner ein, um die Freisetzung von Deponiemethan abzufangen, es in Strom umzuwandeln und so eine Einnahmequelle zu schaffen. Das Endergebnis? Weniger Methan in unserer Atmosphäre, weniger Umweltschäden und eine neue Möglichkeit, das zu monetarisieren, was zuvor giftiger Abfall war. Wahrlich: Des einen Müll ist des anderen Schatz.

Das Gleiche gilt für das Erdgas, das bei der Ölförderung anfällt. Da es keine kosteneffiziente Möglichkeit gibt, dieses Gas aufzufangen und zu transportieren, verbrennen Ölkonzerne es oft in einem als »Flaring« bezeichneten Verfahren, d.h. einer kontrollierten Verbrennung, bei der dennoch schädliche Emissionen, darunter Methan, freigesetzt werden.

Doch die Unternehmen erkennen zunehmend, dass Erdgas (150 Milliarden Kubikmeter allein im Jahr 2022 und genug, um ganze Länder mit Strom zu versorgen!) für das Schürfen von Bitcoin genutzt werden könnte, wodurch aus Abfall Einnahmen generiert und Emissionen drastisch reduziert werden. Diese Praxis hat auch Anerkennung von der Weltbank erhalten.

→»

Über die Bewältigung von Umweltverschmutzung und die Verbesserung der Netzleistung hinaus birgt das Bitcoin-Mining ein weiteres vielversprechendes Potenzial: die Möglichkeit, Gemeinden, die seit langem ohne Strom auskommen mussten, mit Elektrizität zu versorgen.

Während Energieüberfluss in vielen Teilen der Welt als selbstverständlich gilt, leiden Milliarden von Menschen nach wie vor unter »Energiearmut«,[82] also einem Mangel an zuverlässigem Zugang zu Strom, der das Wirtschaftswachstum, Bildung, Gesundheitsversorgung und die allgemeine Lebensqualität beeinträchtigt.

Bitcoins Fähigkeit, ungenutzte Energiequellen zu nutzen, ist nicht nur eine gute Nachricht für Umweltschützer, sie verändert das Leben der Menschen in Regionen wie Subsahara-Afrika, wo Strom nach wie vor knapp oder unzuverlässig ist. Etwa 43 % der Bevölkerung haben überhaupt keinen Zugang zu Strom,[83] und selbst in städtischen Gebieten kommt es häufig zu regelmäßigen Stromausfällen und instabilen Stromnetzen. Diese Regionen sind reich an natürlichen Ressourcen wie Sonnenlicht, Wind und Wasserkraft, doch es fehlt ihnen an der finanziellen Infrastruktur und den Investitionen, die erforderlich sind, um diese Ressourcen effektiv zu nutzen.

Eine solche Energiearmut ist nicht nur eine Unannehmlichkeit; sie ist ein verheerendes Hindernis für den Fortschritt. Ohne zuverlässige Energie kann die Landwirtschaft nicht wachsen, ist der Zugang zu sauberem Wasser erschwert, bleiben Gesundheitssysteme instabil und können Schulen nicht effektiv funktionieren. Wie Habitat for Humanity erklärt: »Unzureichende Energieversorgung führt in der Regel dazu, dass Landwirtschaft und Industrie nicht entwickelt werden können, wodurch die ärmsten Länder in einem Teufelskreis gefangen bleiben: Sie können sich die Energie nicht leisten, die sie aus der Armut befreien könnte.«[84]

Bitcoin-Mining hat das Potenzial, diesen Kreislauf zu durchbrechen. Indem sie einen finanziellen Anreiz für den Aufbau und die Instandhaltung der Energieinfrastruktur bieten, können Miner es wirtschaftlich rentabel machen, abgelegene oder unterversorgte Gebiete mit Strom zu versorgen. Anstatt darauf zu warten, dass Regierungen oder internationale Organisationen diese Lücke schließen, können Gemeinden das Bitcoin-Mining als Katalysator nutzen, um ihre Energieunabhängigkeit voranzutreiben.

Alex Gladstein von der Human Rights Foundation hat seine Karriere damit verbracht, das Geflecht miteinander verflochtener Probleme zu analysieren, die mit den Auswirkungen des Zugangs zu Währung und Energie auf die Menschenrechte und das globale Wohlergehen verbunden sind. Er ist überzeugt, dass Bitcoin eine wesentliche Rolle dabei spielt, Anreize für die Energieentwicklung in unterversorgten Gebieten zu schaffen und dazu beizutragen, Wirtschaftswachstum und Chancen in diesen Gemeinden anzustoßen.

In Malawi beispielsweise haben nur 15 % der Bevölkerung Zugang zu Elektrizität,[85] trotz des reichen Wasserkraftpotenzials des Landes. Frühere Versuche, diese Ressource für die Elektrifizierung ländlicher Gebiete zu nutzen, scheiterten an hohen Kosten und logistischen Herausforderungen. Im Jahr 2023 schaltete sich ein Bitcoin-Mining-Unternehmen ein, dessen Schwerpunkt auf Netzstabilität, erschwinglicher Energie und verbesserten Anbindungen lag. Durch die Nutzung von Wasserkraft zur Stromversorgung der Mining-Betriebe erzielten sie nicht nur Gewinne, sondern verbesserten auch den Zugang zu Energie für die lokale Gemeinschaft, und das alles ohne auf ausländische Hilfe angewiesen zu sein.

Ähnliche Erfolgsgeschichten tauchen weltweit auf, von Bhutan[86] bis Uruguay.[87] In Norwegen nutzen Bitcoin-Mining-Anlagen ihre Abwärme, um Fischzuchtbetriebe zu unterstützen und Gebäude der lokalen Gemeinschaft zu beheizen.[88] Im Kongo nutzt eine Schokoladenfabrik Wasserkraft zum Schürfen von Bitcoin und reinvestiert die Gewinne in Löhne, Infrastruktur und die Verarbeitung von Kakaobohnen.[89]

Diese Projekte zeigen das Potenzial von Bitcoin, ungenutzte Energieressourcen in Wirtschaftswachstum und die Stärkung der Gemeinschaft umzuwandeln, und sie erfüllen mich mit großer Hoffnung.

Die Bereitstellung von Strom in abgelegenen Gemeinden ist nicht nur eine technische Errungenschaft, sie verändert das Leben, insbesondere das von Frauen. Ohne zuverlässige Stromversorgung werden grundlegende Aufgaben wie Kochen und Wäschewaschen zu einer zeitraubenden Angelegenheit, die wenig Zeit für Bildung, Arbeit oder Freizeit lässt.

Wie ein Vertreter der Weltbank in Bolivien feststellte, reduziert der Zugang zu Energie den Zeitaufwand von Frauen für Hausarbeit und ermöglicht ihnen so, einer bezahlten Arbeit nachzugehen, sich weiterzubilden und unternehmerische Chancen zu nutzen.[90] Wenn man bedenkt, dass *drei Milliarden Menschen weltweit pro Jahr weniger Strom verbrauchen als ein durchschnittlicher amerikanischer Kühlschrank*,[91] wird deutlich, dass die Bekämpfung der globalen Energieungleichheit dringend ist. Und Bitcoin könnte eines der wirkungsvollsten Instrumente sein, die uns zur Verfügung stehen.

In den USA sind die Probleme, die Bitcoin löst, nicht immer auf den ersten Blick erkennbar. Auch hier kritisieren wir oft den Energieverbrauch von Bitcoin, während wir den enormen Energieverbrauch der Systeme übersehen, auf die wir uns täglich verlassen wie Banken, Rechenzentren, die unsere E-Mail- und Cloud-Server betreiben, sowie andere Branchen, die zuvor in Diagramm 6 dargestellt wurden. Wir profitieren von diesen Systemen, ohne ihre Umweltauswirkungen zu hinterfragen, weil ihr Wert uns selbstverständlich erscheint.

Es ist auch wichtig zu erkennen, dass der gewohnte Energieüberfluss unsere Perspektive prägt. In den meisten Teilen der USA können wir es uns leisten, über fossile Brennstoffe versus erneuerbare Energien zu debattieren, weil wir zu beiden einen beständigen Zugang haben. Doch diese Sichtweise kann manchmal das Potenzial von Bitcoin zur Bewältigung drängender globaler Probleme verschleiern.

Auf den ersten Blick mag Bitcoin wie eine zusätzliche Belastung für ein ohnehin schon strapaziertes Energiesystem erscheinen, fast wie jene winzigen Vögel, die sogenannten *Madenhacker*, die sich an den Rücken von Nashörnern klammern. Man könnte meinen, sie seien kaum mehr als Schädlinge, die sich auf Kosten der riesigen Tiere, auf denen sie reiten, bereichern.

Doch der Madenhacker ist keineswegs eine Belastung. Er ernährt sich von Parasiten, warnt das Nashorn vor herannahender Gefahr und sorgt im Gegenzug dafür, dass sein Wirt gesünder und sicherer bleibt. Sein Name auf Suaheli, *askari wa kifaru*, bedeutet übersetzt »der Wächter des Nashorns«.[92]

Bitcoin ist wie diese Madenhacker. Weit davon entfernt, eine Belastung für das Stromnetz zu sein, *dient* es unseren Energiesystemen aktiv, indem es Netze ausgleicht, gestrandete und verschwendete Energie monetarisiert und Anreize für die Entwicklung erneuerbarer Energien schafft.

Wie das Nashorn wollen wir alle ein angenehmes Leben führen. Tatsächlich lässt sich die Geschichte menschlicher Innovationen als Streben nach einem komfortableren, sichereren und erfüllteren Leben zusammenfassen. Die meisten Innovationen – von der modernen Medizin bis zum sauberen Wasser, von Waschmaschinen bis zu Videoanrufen mit geliebten Menschen am anderen Ende der Welt – sind auf Energie angewiesen.

Auf jeder Ebene der Gesellschaft, von den notwendigen (Ernährungssysteme) bis zu den schönen (Kunst, Musik, Film), ist Energie die Quelle, aus der alles andere entspringt.

Bitcoin entzieht einem begrenzten Energievorrat nichts, sondern

optimiert ihn. Es identifiziert Reibungspunkte in unseren globalen Energiesystemen, gleicht sie aus und macht sie effizienter.

Wie der Madenhacker, der sich um sein Nashorn kümmert, kann auch Bitcoin leichtfüßig, zielstrebig und nützlich sein.

⇸»

Je mehr Energie in das Bitcoin-Netzwerk fließt, desto stärker werden dessen Sicherheit und Widerstandsfähigkeit. Aber keine noch so große Energiemenge wird jemals mehr Bitcoin schaffen. Denken Sie daran: Das Angebot ist begrenzt.

Das bedeutet, dass Bitcoin als beispielloser Wertspeicher fungiert, angetrieben von Energie aus der realen Welt.

Wenn wir auf natürliche Weise Anreize für die Entwicklung erneuerbarer Energien schaffen, Millionen von Menschen aus der Energiearmut befreien und unser Geldsystem reformieren können – und das alles bei gleichzeitiger Rationalisierung eines kostspieligen und ineffizienten globalen Zahlungsnetzwerks, wie wir im nächsten Kapitel untersuchen werden –, dann lässt sich kaum bestreiten, dass Bitcoin jedes Watt wert ist.

⇸»

ZUSAMMENFASSUNG VON KAPITEL 12

Der Energieverbrauch von Bitcoin mit weniger als 0,1 % des weltweiten Energieverbrauchs ist nicht nur im Vergleich zu anderen Branchen minimal, sondern er ist auch dazu geeignet, viele unserer energiebezogenen Probleme zu *lösen*. Bitcoin-Mining kann überall und jederzeit betrieben werden, oft unter Nutzung von Energie, die sonst ungenutzt bliebe, wie abgefackeltes Methan oder überschüssige Solarenergie. Es trägt zudem dazu bei, die Stromnetze zu stärken und zu stabilisieren, indem es Angebot und Nachfrage ausgleicht. Gleichzeitig sichert es ein effizientes Währungssystem, das keine weitere Infrastruktur benötigt, um zu funktionieren.

Kernaussage: Der Energieverbrauch von Bitcoin ist keine Verschwendung, sondern eine Quelle finanzieller Widerstandsfähigkeit.

13.

JEDER KANN SICH MIT DEM INTERNET DES GELDES VERBINDEN

»Dieses ›Telefon‹ hat zu viele Mängel, um ernsthaft als Kommunikationsmittel in Betracht gezogen zu werden.«

INTERNES MEMO VON WESTERN UNION, 1876

Neue Technologien werden oft und manchmal heftig abgelehnt, bevor sie allgemeiner Standard werden.

Als die Elektrizität eingeführt wurde, fürchteten Kritiker, sie würde Häuser in Brand setzen. Die frühen Automobile wurden als laute, unzuverlässige Spielzeuge verspottet im Vergleich mit den treuen Pferden. Flugzeuge? Alle sagten, sie seien unmöglich, bis die Gebrüder Wright abhoben. Selbst das Internet, das heute in jeden Winkel unseres Lebens eingewoben ist, wurde einst abgelehnt.

»Der Mensch wird noch eine Million Jahre lang nicht fliegen.«
— *The New York Times*, 8. Dezember 1903
»Das Internet könnte sich als bloße vorübergehende Modeerscheinung erweisen, da Millionen sich wieder davon abwenden.«
— *Daily Mail*, 5. Dezember 2000

1994 fragte Moderatorin Katie Couric in einer meiner Lieblings-Morgensendungen in einem mittlerweile viral gegangenen Clip:[93] »Können Sie erklären, was das Internet ist?« Ihre Co-Moderatoren waren alle auf komische Weise ratlos angesichts der neuen Technologie. Einige Experten sagten sogar, dass die Auswirkungen des Internets auf die Wirtschaft »nicht größer sein würden als die des Faxgeräts[94]«.

Diese Vorhersagen haben sich sicherlich nicht bewahrheitet. Das Internet hat zweifellos die Art und Weise verändert, wie wir weltweit kommunizieren, Informationen versenden und Geschäfte tätigen.

⇸

Bitcoin ist da keine Ausnahme. Wie jede wirklich revolutionäre neue Technologie wurde es missverstanden, verspottet und als spekulatives Spielzeug oder technologischer Hype abgetan. Doch genau wie die bahnbrechenden Innovationen vor ihm ist Bitcoin nicht nur ein neues Werkzeug. Es ist ein neues Paradigma. Bitcoin ist das *Internet des Geldes* – ein dezentrales Netzwerk, das darauf ausgelegt ist, Werte so nahtlos und grenzenlos zu bewegen, wie das Internet Informationen bewegt.

Hätte man in den 1990er Jahren einen Anteil am Internet selbst kaufen können, einen Token, der das Eigentumsrecht an den Grundpfeilern des World Wide Web repräsentiert, wäre dies eine der größten Investitionen aller Zeiten gewesen. Zwar kann man keinen Anteil am Internet kaufen, aber man *kann* Bitcoin kaufen.

⇸

Wie bereits erwähnt, hat die Fähigkeit des Internets, Güter und Dienstleistungen zu »entmaterialisieren«, Bücher, Musik und sogar ganze Bibliotheken in unsere Taschen verlagert und sie für jeden, der mit dem Netz verbunden ist, sofort zugänglich gemacht. Es hat Wissen, Kultur und Unterhaltung in einem bislang beispiellosen Ausmaß Milliarden von Menschen weltweit zugänglich gemacht.

Es hat unser Leben so schnell und so radikal verändert, dass es manchmal schwerfällt, diese Transformation überhaupt zu erkennen. Wenn Sie dieses Buch beispielsweise auf einem Kindle lesen oder es sich auf Audible anhören, tun Sie etwas, das für die meisten Menschen noch vor wenigen Jahrzehnten buchstäblich unvorstellbar gewesen wäre.

Einen Knopf drücken und physische Produkte an der Haustür erhalten? Wie aus einem Science-Fiction-Roman. Nahezu jede jemals produzierte Fernsehsendung und jeden Film auf Abruf streamen?

Undenkbar.

Bitcoin kam unter einer ähnlichen Wolke aus Zweifel und Verwirrung auf die Welt, einer, die in vielen Kreisen bis heute nachwirkt. Wenn das transformative Potenzial des Internets so drastisch unterschätzt wurde, liegt es nahe, dass auch das Internet des Geldes – ein dezentrales digitales Finanznetzwerk – anfangs missverstanden werden würde.

Wie Sprache oder Elektrizität (oder Geld!) ist das Internet so tief in unser Leben integriert, dass wir selten innehalten, um darüber nachzudenken, was es eigentlich ist. Wenn wir einen Schritt zurücktreten, um seine Kernmerkmale zu betrachten, können wir besser verstehen, warum auch Bitcoin ein so monumentaler Durchbruch ist.

Im Kern ist das Internet ein *Netzwerk* – das sagt schon der Name! Was dieses Netzwerk so außergewöhnlich macht, ist sein dezentraler Charakter. Es gibt keinen einzigen Kontrollpunkt und daher auch keinen einzigen Ausfallpunkt. Zwar kann der Zugang in bestimmten Regionen gestört oder von bestimmten Regierungen eingeschränkt sein, doch das sind Ausnahmen, nicht die Regel. Im Wesentlichen ist das Internet *global,* ein riesiges, widerstandsfähiges System, das Milliarden von Geräten weltweit miteinander verbindet.

Wichtig ist, dass das Internet nicht von einer einzelnen Person, einem Unternehmen oder einer Institution kontrolliert wird. Stattdessen funktioniert es nach *Protokollen,* d.h. standardisierten Regeln, die sicherstellen, dass alle Computer im Netzwerk nahtlos miteinander kommunizieren können. Wie wir in Kapitel 10 angesprochen haben, ist das wichtigste Protokoll hinter dem Internet TCP/IP (Transmission Control Protocol/Internet Protocol). Dieses Protokoll fungiert als universelle Sprache und ermöglicht es Computern, auf allen Kontinenten, Informationen zuverlässig und effizient auszutauschen.

Aber eine weltweite Sprache funktioniert nur, wenn sie von allen genutzt wird!

Stellen Sie sich vor, Sie und Ihr bester Freund wären die Einzigen gewesen, die vom Internet wussten, als es zum ersten Mal aufkam. Das wäre vielleicht interessant, aber sicherlich nicht lebensverändernd.

Aber wenn Sie jeweils einen Weg gefunden hätten, es mit anderen zu teilen, die es wiederum mit ihren Freunden und Familienmitgliedern teilen würden, hätte sich das System – wie jeder weiß, der schon einmal ein Meme weitergeleitet hat oder einen viralen Song im Kopf hatte – ziemlich schnell wie ein Lauffeuer verbreitet.

Je mehr Menschen hinzukommen, desto mächtiger wird das Netzwerk. Laut der Weltbank wächst die digitale Wirtschaft 2,5-mal schneller als die reale Weltwirtschaft,[95] ein Trend, der keine Anzeichen einer Abschwächung zeigt.

Dieses Phänomen ist als *Netzwerkeffekt* bekannt.

Der Netzwerkeffekt macht Bitcoin nicht nur wertvoller, er macht es auch *sicherer*. Wie wir in früheren Kapiteln erläutert haben, wird es umso schwieriger, das Netzwerk anzugreifen oder zu manipulieren, je mehr Menschen daran teilnehmen.

In den Anfängen, als Bitcoin noch klein und relativ unbekannt war, gab es möglicherweise Schwachstellen. Doch heute haben die schiere Größe, die Verbreitung und die Rechenleistung des Netzwerks Bitcoin in jene »Mauer aus verschlüsselter Energie« verwandelt.

Und doch lautet eine der häufigsten Fragen, die Menschen immer noch stellen, wenn sie sich mit Bitcoin beschäftigen: Wie kann etwas Digitales wirklich manipulationssicher sein? Wie können wir sicher sein, dass niemand – keine Regierung, kein böswilliger Akteur – die Kontrolle darüber übernehmen oder es abschalten kann?

Es läuft wieder einmal auf das dezentrale Design von Bitcoin hinaus, angetrieben von diesem weltweit verteilten Netzwerk von Teilnehmern, das ihm eine beispiellose Widerstandsfähigkeit gegen Angriffe verleiht. **Es gibt keine Schwachstelle, da niemand das System kontrolliert.**

Wie wir bereits zuvor erläutert haben, würde jeder Versuch, die Blockchain zu manipulieren oder zu durchbrechen, entweder vom Netzwerk sofort zurückgewiesen oder irrelevant werden, da sich die Blockchain anpasst und das Problem umgeht. Dieser Selbstkorrekturmechanismus stellt sicher, dass jeder Block, der der Kette hinzugefügt wird, kryptografisch verifiziert und von der Mehrheit der Teilnehmer bestätigt wird.

An dieser Stelle sind sich die Experten weitgehend einig: Das Bitcoin-Netzwerk hat ein derart immenses Maß an Rechenleistung und verteiltem

Konsens erreicht, dass ein erfolgreicher groß angelegter Angriff praktisch unmöglich ist.

Kurz gesagt: Bitcoin-Anhänger schlafen nachts ruhig.

Lyn Alden nutzt Wikipedia, um Netzwerkeffekte zu veranschaulichen und um zu zeigen, wie nahezu unmöglich es für Konkurrenten ist, aufzuholen, sobald etwas eine gewisse Allgegenwärtigkeit erreicht hat. Lyn schreibt:

> Technisch gesehen, könnte ich Wikipedia kopieren (alle Daten passen auf einen USB-Stick) und versuchen, sie auf meiner Website als »Lynpedia« zu hosten. Würde ich damit eine echte Herausforderung für Wikipedias Besucherzahlen darstellen?
> Natürlich nicht. Selbst wenn ich den gesamten Text kopiere, kann ich nicht die Hunderte Millionen von Links auf unzähligen Websites kopieren, die auf die echte Wikipedia verweisen, ebenso wenig wie die Top-Suchplatzierungen und die enorme Serverkapazität, über die Wikipedia verfügt, oder die Gemeinschaft von Menschen, die Wikipedia ständig aktualisieren. Es wäre ein nicht ernstzunehmender Konkurrent.[96]

Wie Lyn wäre ich vielleicht daran interessiert, ein neues Unternehmen namens »NatalieBook« zu gründen und zu versuchen, Nutzer für meine neue Plattform für soziales Engagement zu gewinnen. Meine Mutter und meine beste Freundin würden definitiv mitmachen, aber ich bin mir ziemlich sicher, dass Mark Zuckerberg nicht einmal mit der Wimper zucken würde.

Aufgrund des Netzwerkeffekts würden sowohl Lynpedia als auch NatalieBook spektakulär scheitern.

Ebenso könnte selbst der brillanteste Mensch der Welt es nicht schaffen, ein neues Protokoll zu erfinden, das unsere derzeitige Internetinfrastruktur ersetzen könnte. Es wäre egal, ob das neue Protokoll technisch überlegen wäre, denn das TCP/IP-Protokoll hat eine unumkehrbare Dominanz etabliert.

Das Internetprotokoll (IP) ermöglicht es uns, Informationspakete rund um die Welt zu senden – *Informationen über IP*. Dieses Protokoll hat die

Kommunikation und die Gesellschaft insgesamt revolutioniert (auch wenn es für Postboten und Fahrradkuriere keine gute Nachricht war). Auf sehr ähnliche Weise ermöglicht es uns das Bitcoin-Protokoll, Wertpakete direkt untereinander über ein Open-Source-Netzwerk zu senden – *Geld über IP* –, das in vielerlei Hinsicht etwas wiederbelebt, das wir fast vollständig verloren hatten.

Denken Sie einmal darüber nach: In der Antike war der Handel einfach und direkt. Die Menschen tauschten Waren oder Geld frei untereinander aus, ohne jemanden um Erlaubnis zu bitten. Es gab keine Zwischenhändler, keine Wächter. Nur zwei Parteien, die etwas von Wert anboten, seien es Perlen, Muscheln oder frühe Münzen. Sie handelten auf Augenhöhe.

Heute sind die Dinge weitaus komplizierter. Wir können nicht einfach online Geld direkt an jemand anderen senden. Stattdessen müssen wir uns durch ein verworrenes Netz von Zwischenhändlern kämpfen, darunter Banken, Zahlungsabwickler und externe Finanzinstitute.

Jeder Schritt ist mit Gebühren, Genehmigungen und Kontrollen verbunden. Wir brauchen schon eine Erlaubnis, um ein Konto zu eröffnen! Jede Transaktion wird überwacht, unsere Finanzdaten werden gesammelt und verkauft, und unzählige Zwischenhändler verlangen unterwegs ihren Anteil.

Warum muss das so sein? Warum muss eine ganze Branche von meiner Entscheidung profitieren, etwas zu nutzen, das mir gehört?

Es ist, als müssten wir ständig um Erlaubnis bitten, um unser eigenes Geld zu versenden, dabei Hürden überwinden, zusätzliche Gebühren zahlen und unsere Privatsphäre preisgeben. Bitcoin setzt dem ein anderes Modell entgegen, nämlich Geld, das direkt von Person zu Person fließt, ohne versteckte Gebühren und ohne dass eine Genehmigung erforderlich ist.

Es gibt ein absurd verworrenes Netz von Zwischenhändlern, die an modernen Finanztransaktionen beteiligt sind. Von dem Moment an, in dem Sie Ihre Kreditkarte durchziehen, auf Ihr Smartphone tippen oder auf »Zahlung senden« klicken, springt eine ganze Kaskade von Zwischenhändlern in Aktion. Jede Ebene repräsentiert einen anderen Akteur im Zahlungsökosystem: Ausgabebanken, Akquisitionsbanken, Kreditkartennetzwerke, Zahlungsabwickler, Betrugserkennungsdienste und Datenanalyseunternehmen. Sie alle nehmen sich einen Anteil oder schöpfen auf dem Weg Wert ab. In den letzten rund fünfzig Jahren, in denen Bargeld zunächst von Schecks, dann von Kreditkarten und schließlich von Überweisungen, Venmo, PayPal und Apple Pay abgelöst wurde, scheint sich unsere sogenannte Kundenerfahrung stetig vereinfacht zu haben. Tatsächlich jedoch, so weist Jack Mallers, CEO von Twenty One Capital, darauf hin, ist lediglich die sichtbare Benutzeroberfläche reibungsloser geworden. Die dahinterliegende Infrastruktur ist nach wie vor erschreckend langsam, komplex und vor allem teuer.

Mit anderen Worten könnte man *meinen*, man fahre auf einer frisch asphaltierten Straße, doch in *Wirklichkeit* stapft man einen schlammigen Pfad entlang.

In einem bekannten Szenario ziehen Sie Ihre Kreditkarte in einem Café durch, nehmen Ihre Latte und gehen zur Tür hinaus. Einfach, oder? Sie haben 5 Dollar bezahlt (Danke Inflation!), und der Tag nahm seinen Lauf.

Doch hinter diesem schnellen Vorgang verbirgt sich ein weitaus komplexerer Prozess. Ein kompliziertes Netz aus Zahlungsabwicklern, Banken und Abrechnungssystemen sorgt dafür, dass Ihre Transaktion abgewickelt wird. Diese globale Finanzinfrastruktur ermöglicht es Ihnen, Ihre Karte für einen Kaffee in Rom genauso einfach durchzuziehen wie in Ihrer Heimatstadt.

Doch dieser Komfort hat versteckte Kosten.

Während sich Ihre Zahlung sofortig anfühlt – tippen, durchziehen, fertig –, verläuft der Vorgang im Hintergrund in Wirklichkeit viel langsamer. Banken und Zahlungsabwickler benötigen oft Tage, um diese Transaktionen vollständig abzuwickeln, wobei sie Salden sorgfältig abstimmen und Zahlungen verrechnen. Hinter dem nahtlosen Erlebnis, das Sie an der Kasse genießen, verbirgt sich ein träges und zutiefst ineffizientes Finanzsystem.

Wäre es nur eine Frage der Geschwindigkeit, wäre das *deren* Problem. Aber das ist es natürlich nicht.

Jeder Schritt in diesem Prozess hat seinen Preis. Sie zahlen wahrscheinlich eine jährliche Kreditkartengebühr, monatliche Bankkontogebühren und – was am wichtigsten ist – das Café zahlt eine Bearbeitungsgebühr an Visa oder Mastercard. Diese Kosten verschwinden nicht einfach; sie werden in der Regel in Form höherer Preise an die Kunden weitergegeben.

Es ist eine überladene Transaktion. Ihre Bank, die Bank des Cafés und mehrere Zahlungsnetzwerke nehmen sich alle ihren Anteil. Jede Ebene sorgt für Reibung, wie Schlamm, der ein Fahrrad verlangsamt, und erfordert mehr Geld, um das System am Laufen zu halten.

Allein im Jahr 2024 beliefen sich die Händlergebühren auf fast 187 Milliarden Dollar – ein Anstieg von fast 9 % gegenüber dem Vorjahr – und kosteten die durchschnittliche amerikanische Familie fast 1.450 US-Dollar.[97]

Wenn Sie jemals an eine gemeinnützige Organisation gespendet haben und entscheiden mussten, ob Sie die 3-prozentige Kreditkartengebühr übernehmen wollen oder nicht, haben Sie diese Gebühr hautnah erlebt: Je mehr Sie spenden, desto mehr zahlen Sie.

Es gab zwar Bemühungen, diese Gebühren zu senken, doch Kritiker argumentieren, dass sie die Belastung für Händler oder Verbraucher kaum spürbar verringern dürften. Ehrlich gesagt, dürfte das niemanden verwundern.

Doch der Einsatz wird noch höher, wenn wir über Cafés und Kreditkartengebühren hinausblicken. Jedes Jahr senden Millionen von Menschen Geld über Grenzen hinweg, um ihre Familien zu unterstützen – ein Akt der Liebe und Aufopferung, der oft mit hohen Kosten verbunden ist. Die globale Überweisungsbranche bewegt jährlich über 800 Milliarden Dollar, aber Zwischenhändler wie Banken und Geldtransferdienste können pro Transaktion Gebühren in Höhe von 5 % bis 10 % verlangen. Für diejenigen, die kleinere Beträge senden, können diese Gebühren Tage oder sogar Wochen hart verdienten Lohns ausmachen. Eine verheerende Verschwendung.

Bitcoin verändert diese Dynamik grundlegend. Transaktionen werden schnell, sicher und zu einem Bruchteil der Kosten abgewickelt, sodass die Bemühungen des Absenders nicht verschwendet werden und das Geld tatsächlich diejenigen erreicht, die es am dringendsten benötigen.

Mit Bitcoin ist es egal, ob Sie Geld an Ihre Familie im Ausland senden, einen Kaffee bezahlen oder ein Haus kaufen, das Netzwerk nimmt keinen Rücksicht auf den Wert und den Zweck Ihrer Transaktion. Es überträgt Bitcoin einfach direkt von Ihnen an den vorgesehenen Empfänger, ohne Zwischenhändler oder zusätzliche Kosten und Komplexität.

Vor Bitcoin hatten wir keine andere Wahl, als uns auf Finanzvermittler zu verlassen – mit ihren Gebühren, Verzögerungen und den überhöhten Preisen, die diese Kosten verursachen. Digitale Zahlungen erfolgten immer über Dritte, die ihren Anteil einstrichen, Beschränkungen auferlegten und uns anfällig für Betrug machten.

Doch obwohl viele sich der enormen Tragweite des Problems der ständigen Überwachung und Monetarisierung durch Unternehmen bewusst werden, sind wir als Gesellschaft gegenüber deren Machtmissbrauch ziemlich abgestumpft. Unsere Daten werden so routinemäßig verfolgt, analysiert und an unbekannte Käufer verkauft, dass wir fast aufgehört haben, uns zu fragen, ob ein besseres System möglich ist.

All dies hängt damit zusammen, wie Finanzdienstleister Geld verdienen. Erstens erzielen sie Gewinne, indem sie uns Geld leihen, Zinsen auf Kreditkarten erheben und manchmal Jahresgebühren verlangen, und das allein für das Privileg, Geld leihen zu dürfen. Zweitens profitieren sie bei Transaktionen, indem sie sich einen Anteil an den Bearbeitungsgebühren sichern, die uns von den Händlern weiterberechnet werden. Und schließlich erzielen sie nach der Transaktion Gewinne, indem sie unsere Daten verkaufen, oft ohne unser Wissen oder unsere Zustimmung.

Bitcoin stellt diese Dynamik auf den Kopf. Es ist kein Unternehmen. Es gibt keinen CEO, keinen Hauptsitz, keine Quartalsergebnis-Telefonkonferenzen und keinen Sitzungssaal voller Führungskräfte, die sich neue Wege ausdenken, um uns Geld aus der Tasche zu ziehen.

Bei Bitcoin gibt es nur Sie und mich.

Sie und ich. Es ist fast schon seltsam zu erkennen, wie einfach das sein könnte. Sie stellen vielleicht etwas her, ein handgefertigtes Produkt, ein Kunstwerk oder bieten einfach nur eine Dienstleistung an, und ich möchte es vielleicht kaufen. In einer Welt ohne diese Schichten unnötiger Komplexität könnte diese Transaktion direkt, nahtlos und ohne Einmischung stattfinden.

Wie die politische und wirtschaftliche Anthropologin Natalie Smolenski in ihrer eindringlichen Grundsatzrede vor einer Gruppe von Gesetzgebern auf dem Bitcoin Policy Summit 2024 sagte:

> Jedes große Projekt, jede große Institution, jede große Entdeckung, jedes große Unternehmen, jedes große Land beginnt mit einem *Du* und einem *Ich*.
> Es gibt niemanden, den wir »vergessen haben zu fragen«. Es gibt niemanden, der uns die Erlaubnis geben kann. Es ist kein Ausweis erforderlich. Es gibt keine dritte Partei. Es gibt nur dich und mich.

Es ist schon erstaunlich, wenn ein so einfaches Konzept die Fähigkeit besitzt, uns umzuhauen. »Peer-to-Peer«, so argumentiert Smolenski, sei »ein Menschenrecht«. Und wenn man den Lärm ausblendet, ist diese Art von Freiheit – die Freiheit, miteinander Geschäfte zu machen – dann nicht genauso grundlegend wie alle anderen?

Wir alle bewegen uns noch immer auf viele bedeutungsvolle und zutiefst menschliche Weisen »Peer-to-Peer« durch die Welt.

Zum Beispiel: Wenn eine Freundin ein Baby bekommt, mit gesundheitlichen Problemen zu kämpfen hat oder einen geliebten Menschen verliert, suchen wir nach Möglichkeiten, sie zu unterstützen. Wir organisieren vielleicht eine Essenshilfe, holen Lebensmittel ab oder bieten an, auf die Kinder aufzupassen. Diese Gesten der Freundlichkeit geschehen direkt, von Mensch zu Mensch, ohne dass ein externer Vermittler unsere Bemühungen verwalten, genehmigen oder davon profitieren muss.

Diese Interaktionen basieren auf Vertrauen, Verbundenheit und gemeinsamer Menschlichkeit. Einen externen Vermittler in diese Momente einzubeziehen, würde sich nicht nur unnötig anfühlen, sondern wahrscheinlich auch ihre Intimität mindern und die Geste kalt, bürokratisch und transaktional wirken lassen.

Im Grunde verstehen wir instinktiv die Kraft und Schönheit von Peer-to-Peer-Beziehungen; auf sehr reale Weise und seltsamerweise gerade aufgrund seiner technischen Komplexität führt uns Bitcoin zurück zu dieser Art von Einfachheit.

Bitcoin beseitigt die Mautkassierer, die Wächter und die externen Aufseher. Es sind nur Sie und ich, befreit von der unerbittlichen Abschöpfung von Wert, die unser derzeitiges Finanzsystem prägt.

Wenn ich Ihnen Geld schicken möchte, vergleichbar der Aushändigung eines 20-Dollar-Scheins, sollte das nicht sofort als verdächtig oder ruchlos angesehen werden. Ja, manche Menschen könnten diese Möglichkeit für illegale Zwecke missbrauchen, genauso wie es in traditionellen Systemen jede Menge Finanzkriminalität gibt. (Tatsächlich macht die öffentliche und transparente Blockchain von Bitcoin illegale Aktivitäten oft leichter nachverfolgbar und aufdeckbar als die undurchsichtigen traditionellen Bankennetzwerke!). Aber das Missbrauchspotenzial mindert nicht den immensen Wert eines sicheren Systems, das auf direktem Austausch basiert.

Je misstrauischer wir einander gegenüber werden, desto mehr beginnt die Gesellschaft zu zerfallen. Das Vertrauen schwindet, Kreativität wird erstickt und unser gemeinsames Gefühl der Verbundenheit schwächt sich ab. Schauen Sie sich um: Fördert unser derzeitiges Finanzsystem Vertrauen, Innovation und menschliche Entfaltung? Oder schürt es Zynismus, Ausgrenzung und Spaltung?

⇸

Zum ersten Mal in der Geschichte der Menschheit kann jeder, überall und unabhängig davon, wer er ist oder woher er kommt, an einem globalen Finanznetzwerk teilnehmen, ohne die Erlaubnis einer Bank, einer Regierung oder eines Vermittlers zu benötigen.

Das ist nicht nur ein *technischer* Durchbruch, sondern ein zutiefst *menschlicher*. Er bietet etwas, was unsere traditionellen Finanzsysteme lange Zeit nicht leisten konnten: gleichberechtigten Zugang und echte finanzielle Souveränität.

Deshalb bin ich so begeistert von Bitcoin. Es ist nicht nur ein Werkzeug für Finanztransaktionen – es ist ein Tor zu einer offeneren, inklusiveren und faireren Weltwirtschaft.

⇸

ZUSAMMENFASSUNG VON KAPITEL 13

Wie bei vielen neuen Technologien waren auch die Anfänge von Bitcoin von Zweifeln und Kritik geprägt. Aber es ist nicht nur ein neues Zahlungssystem – es ist ein Wandel in der Art und Weise, wie wir Werte durch die Welt bewegen. Indem Bitcoin die Zwischenhändler ausschaltet, die sich jeweils einen Anteil abziehen, bringt es uns zurück zum ursprünglichen Peer-to-Peer-Charakter des menschlichen Austauschs. Wir sind nicht mehr vollständig von Banken, Zahlungsabwicklern, Kreditkartennetzwerken und anderen Gatekeepern abhängig, die uns die Erlaubnis zu Transaktionen erteilen. Dies ist besonders bedeutsam für die Schwächsten unter uns, die weitgehend von diesem System ausgeschlossen sind und dessen größte Last tragen. Und je mehr Menschen das Bitcoin-Netzwerk nutzen, desto stärker, sicherer und widerstandsfähiger wird es – ein positiver Kreislauf aus Stärke und breiter Zugänglichkeit.

Kernaussage: Bitcoin ermöglicht einen direkten, grenzenlosen Werteaustausch ohne Zwischenhändler und ist damit nicht nur ein Wertspeicher, sondern ein Netzwerk, das finanzielle Freiheit verkörpert. Bitcoin ist das Internet des Geldes.

14.

ALLE BRAUCHEN HOFFNUNG

»Ungerechtigkeit an einem Ort ist eine Bedrohung für die Gerechtigkeit überall. Wir sind in einem unausweichlichen Netz der Gegenseitigkeit gefangen, verbunden in einem einzigen Gewand des Schicksals.«

MARTIN LUTHER KING JR.

Hoffnung hat etwas zutiefst Menschliches an sich. Sie ist es, die uns antreibt, Not zu ertragen, Familien zu gründen und von etwas Besserem zu träumen.

Sie ist es, die Eltern dazu treibt, lange zu arbeiten, um ihren Kindern eine bessere Zukunft zu ermöglichen. Sie ist es, die Gemeinschaften in schwierigen Zeiten zusammenhält und den Glauben nährt, dass es morgen besser sein kann als heute. Doch Hoffnung kann nicht auf leeren Versprechungen aufgebaut werden, sie braucht ein Fundament. Und für Milliarden von Menschen auf der ganzen Welt wurde dieses Fundament systematisch untergraben durch etwas, das die meisten von uns selten hinterfragen: die Integrität unseres Geldes.

An Orten, an denen die Finanzsysteme zusammengebrochen sind, ist Geld nicht nur ein Werkzeug, sondern eine Lebensader. Und wenn diese Lebensader durch Hyperinflation, staatliche Korruption oder willkürliche Währungskontrollen durchtrennt wird, betrifft das nicht nur Bankkonten, sondern zerstört Leben.

Stellen Sie sich vor, Sie wachen eines Tages auf und stellen fest, dass das Geld, das Sie Ihr ganzes Leben lang gespart haben, plötzlich wertlos ist. Stellen Sie sich vor, Sie könnten keine Lebensmittel für Ihre Familie kaufen – nicht weil Sie kein Geld haben, sondern weil Ihr Geld nicht mehr akzeptiert wird.

Das ist kein fernes, hypothetisches Szenario. Es ist die tägliche Realität für Menschen in Ländern wie Venezuela, dem Libanon, Simbabwe und der Türkei, Orte, an denen das Vertrauen in die Landeswährung völlig zerstört wurde. Ersparnisse verschwinden über Nacht, Löhne werden bedeutungslos, und die Menschen sind gezwungen, unmögliche Entscheidungen zu treffen, nur um zu überleben.

In solchen Situationen ist die Geldentwertung nicht nur ein wirtschaftliches Problem, sondern eine *Frage der Menschenrechte*.

Aber es geht nicht nur um Extremfälle. Selbst in wirtschaftlich stabilen Ländern zeigen sich Risse im Finanzsystem. Wenn Banken Konten aus politischen Gründen einfrieren oder wenn die Inflation Jahr für Jahr still und leise die Ersparnisse aufzehrt, sind die Folgen vielleicht weniger dramatisch, aber nicht weniger real. Weltweit werden Millionen von Menschen sich der unangenehmen Wahrheit bewusst, dass die Institutionen, denen sie vertrauen sollen, nicht immer ihr Bestes im Sinn haben.

An dieser Stelle kommt Bitcoin als *Instrument für finanzielle Freiheit* ins Spiel. Im Kern ist Bitcoin keine spekulative Anlage und kein Weg, um schnell reich zu werden. Es steht vielmehr für etwas zutiefst Bedeutsames: ein Währungssystem, das keine Regierung manipulieren, keine Zentralbank durch Geldschöpfung zunichtemachen und keine Behörde abschalten kann. Es ist Geld für Menschen, die von ihren Finanzsystemen im Stich gelassen, von wirtschaftlichen Chancen ausgeschlossen oder von unterdrückerischen Regimes zum Schweigen gebracht wurden.

Von Aktivisten in autoritären Ländern, die es nutzen, um Zensur zu umgehen, bis hin zu Familien in hyperinflationären Volkswirtschaften, die ihre Ersparnisse in digitaler Form sichern – Bitcoin verändert still und leise die Möglichkeiten, die sich für Millionen von Menschen bieten. Und in einer Welt, in der Vertrauen so oft gebrochen wird, bietet es etwas Seltenes und Kostbares: Hoffnung.

In den USA haben wir zweifellos unsere Herausforderungen, doch unsere Freiheiten, also die Möglichkeit, Chancen zu ergreifen, uns auszudrücken und unseren eigenen Weg zu bestimmen, dienen seit Langem als Orientierungspunkt für die Welt.

Während wir mit Inflation und dem Gefühl eines schwindenden amerikanischen Traums zu kämpfen haben, feiern wir zu Recht unsere verfassungsmäßigen Schutzrechte, die »Leben, Freiheit und das Streben nach Glück« sichern. Die Verfassung ist eine seltene und wundersame Errungenschaft in der Geschichte der Menschheit, die es sehr wohl wert ist, gefeiert zu werden, auch wenn die Arbeit daran niemals abgeschlossen ist.

Wenn wir den Blick auf unsere Nachbarn rund um den Globus richten, wird uns schnell bewusst, wie relativ reich wir sind: Der Kampf für Menschenrechte ist heute so aktuell wie eh und je.

Wir sprechen viel über Grundrechte und Freiheiten, übersehen dabei jedoch oft das eine, das dazu beiträgt, sie alle zu schützen: *das Recht, unser eigenes Geld und Eigentum zu besitzen und darüber zu verfügen*. Ohne dieses Recht wird es weitaus schwieriger, die anderen zu schützen. Ohne dieses Recht ist unsere Fähigkeit, frei zu leben, gefährdet.

Wenn eine Regierung nach Belieben das Bankkonto einer Person einfrieren oder beschlagnahmen kann, verliert diese Person die Kontrolle über ihren eigenen Lebensunterhalt. Sie ist möglicherweise nicht in der Lage, Rechnungen zu bezahlen, medizinische Versorgung in Anspruch zu nehmen oder ihre Familie zu versorgen. Ihr Leben liegt in den Händen anderer. Wie das *Journal of Democracy* es formulierte: »In fast jeder Diktatur wird das Finanzsystem als Waffe eingesetzt.«[98]

Für Frauen in mehr als einem Drittel aller Länder weltweit[99] ist ein solcher Mangel an Autonomie tägliche Realität: Es ist ihnen verboten, Eigentum zu besitzen, Unternehmen zu gründen oder gar missbräuchliche Beziehungen zu verlassen. Dies betrifft Frauen natürlich nicht nur wirtschaftlich. Der Mangel an wirtschaftlicher Freiheit geht oft auch mit anderen Formen von Gewalt einher. In 63 % dieser Fälle weltweit sind diese Frauen Mütter; der Kreislauf der Opferrolle ist fast unmöglich zu durchbrechen.[100]

In Ländern, in denen Regierungen vorschreiben, was Bauern anbauen dürfen und was nicht, verlieren diese ihre Autonomie und ihre Verbindung zum Land. Die Folgen können verheerend sein. In Bangladesch beispielsweise wandelte die Regierung die Hälfte des weltweit größten Mangrovenwaldes in kommerzielle Shrimps-Farmen um, um die Bedingungen internationaler Kredite zu erfüllen. Diese Entscheidung führte zu schweren Überschwemmungen, der Zerstörung fruchtbaren Landes sowie weit verbreiteter Armut und Hunger.[101]

Unter solchen Bedingungen haben die Menschen auch keine Möglichkeit, andere grundlegende Rechte und Freiheiten einzufordern: Kritische Journalisten, die versuchen, Korruption aufzudecken, müssen damit rechnen, dass ihre Büros durchsucht oder ihre Ausrüstung beschlagnahmt wird. Es ist schwierig, die Meinungsfreiheit ohne finanzielle Freiheit aufrechtzuerhalten.

In jeder Gesellschaft sind Eigentumsrechte entscheidend, um frei zu leben und die Macht zu haben, die eigene Zukunft zu gestalten.

Oder, wie US-Präsident John Adams es formulierte: »Eigentum muss gesichert sein, sonst kann es keine Freiheit geben.«

Die Tatsache, dass viele von uns die dringende Notwendigkeit von Bitcoin vielleicht noch nicht erkennen, könnte ein deutlicher Hinweis auf die Freiheiten und Privilegien sein, die wir genießen.

Ich bin mit einer tiefen Wertschätzung für diese Privilegien aufgewachsen.

Meine Eltern erzählten oft, wie sie damals in Polen alles taten, um Geld beiseitezulegen. Von ihrem Lohn zu sparen, war fast unmöglich; egal, ob man Arzt oder Lehrer war, jeder verdiente ein ähnliches staatliches Gehalt, also unternahmen die Menschen große Anstrengungen, um Goldschmuck, Münzen und sogar US-Dollar zu beschaffen, die weithin als das ultimative Sparmittel galten.

Meine Mutter nahm die Ersparnisse meiner Großmutter, tauschte ihre Zloty (polnische Währung) gegen die Währung eines nahegelegenen osteuropäischen Landes ein und reiste dann mit schwer zu beschaffenden Waren in dieses Nachbarland, um sie dort auf den Märkten zu verkaufen. Sie wurde in der Landeswährung bezahlt und suchte sich dann Reisende, die ihr dieses Geld in Zloty umtauschten, die sie dann wieder nach Polen mitbrachte.

Die Polen bewegten sich schon seit Generationen in diesen Gewässern. Als meine Großeltern in ihren Dreißigern waren und eine dramatische Inflation eine allgegenwärtige Bedrohung darstellte, durchsuchte die Sluzba Bezpieczenstwa (SB), eine Geheimdienstorganisation der polnischen Regierung, Häuser, in denen der Verdacht bestand, dass dort US-Dollar aufbewahrt wurden. Eine Freundin der Familie, deren Mann aus Polen geflohen war und Geld zur Unterstützung ihres kleinen Babys nach Hause schickte, wurde von einem Nachbarn verraten: Als die SB an ihre Tür hämmerte, stopfte sie schnell ihr gesamtes Bargeld in die Windel des Babys und wiegte ihn weiter, vor Angst zitternd, während die Beamten ihre Wohnung durchsuchten.

⤔

Ich habe so oft an diese Mutter gedacht. Wenn wir hören, dass fast 54 % der Weltbevölkerung unter autoritären Regimes leben,[102] kann man leicht die sehr menschlichen Geschichten hinter solchen Abstraktionen übersehen. Die schiere Panik, die diese Mutter empfunden haben muss, lässt sich niemals allein durch Statistiken vermitteln.

Hinter dem allumfassenden Begriff »Menschenrechte« wie Meinungsfreiheit, Freiheit von Sklaverei, das Recht auf Zugang zu Grundbedürfnissen wie Nahrung, Wasser, Unterkunft und Gesundheitsversorgung verbergen sich unzählige menschliche Geschichten. Echte Menschen kämpfen Tag für Tag ums Überleben unter Umständen, die sich viele von uns kaum vorstellen können, und erinnern uns daran, dass diese Ideale nicht nur abstrakte Prinzipien sind, sondern zutiefst persönliche Kämpfe um Würde und Chancen.

⤔

Nur sehr wenige von uns sind in dieser modernen Welt völlig autark. Wer hingegen vom Geld abgeschnitten wird, ist nicht mehr in der Lage, sich die Grundbedürfnisse zu beschaffen, die wir alle zum Überleben brauchen.[103] Doch die meisten von uns im Westen halten diese finanzielle Freiheit für selbstverständlich. Selbst wenn wir wegen unserer Finanzen gestresst sind, vertrauen wir darauf, dass wir frei auf unsere Bankkonten zugreifen können. Ausnahmen sind, zumindest derzeit, sehr selten und werden groß aufgebauscht.

Wir machen uns keine Sorgen, dass wir eines Tages aufwachen und feststellen könnten, dass unser Geld wertlos geworden ist. Der »versteckte

Diebstahl« der Inflation, den wir in diesem Buch untersucht haben, ist sehr real und verheerend, aber er gleicht meist eher einem langsamen Leck als einem Schwert, das über unseren Köpfen schwebt und jeden Moment herabfallen könnte.

Wenn wir ein Unternehmen gründen oder unsere Gemeinschaften auf eine politische Vision hin organisieren wollen, beschäftigen wir uns vor allem damit, den Weg zum Erfolg und mögliche Hindernisse zu erkennen, nicht jedoch mit lebensbedrohlichen Gefahren, die ein solcher Versuch mit sich bringen könnte.

In vielen Teilen der Welt treten solche Bedrohungen oft gemeinsam auf, wie die erschütternde Erfahrung des Unternehmers Win Ko Ko Aung zeigt.

Win Ko Ko Aung, Myanmar

Win Ko Ko Aung, ein Menschenrechtsaktivist, der in Myanmar (auch bekannt als Burma) geboren und aufgewachsen ist, machte sich keine Illusionen über die Anfälligkeit der Landeswährung seines Landes auf. Fünf Jahre vor seiner Geburt entwertete die burmesische Militärdiktatur das Geld und erließ ein Dekret, wonach etwa 80 % der Banknoten aus dem Umlauf genommen werden sollten.[104] Jegliches Geld, das die Menschen gespart hatten, in kleinen Safes verstaut, unter Matratzen versteckt oder sorgfältig zu Hause aufbewahrt, wurde über Nacht wertlos.

Aber es kam noch schlimmer, erzählt er.

Jeder, der Verbindungen zu den Machthabern hatte, wusste, dass dies passieren würde. Sie begannen, alle möglichen Sachwerte aufzukaufen – Wohnungen, Gold, Land, was auch immer. Die hart arbeitenden Menschen ahnten nicht, dass sie ihren Besitz gegen eine Währung verkauften, die bald kaum mehr als Altpapier sein würde. Die meisten wurden finanziell ruiniert, und eine ganze Generation wurde in Armut hineingeboren. Win wuchs mit der tiefen Überzeugung auf, dass staatliches Papiergeld im Grunde ein »Betrug« war.

Als er ein junger Erwachsener war, gelang es Win, mit einem populären Buch ein beträchtliches Einkommen zu erzielen. Da er jedoch stets im

Hinterkopf hatte, dass die Regierung seine Konten jederzeit einfrieren könnte, verteilte er seine Ersparnisse auf sechs verschiedene Banken.

Das spielte keine Rolle. Im Jahr 2021, als er bereits über eine halbe Million Follower auf Facebook hatte, schien Myanmar kurz davor zu stehen, erneut einem erfolgreichen Militärputsch zum Opfer zu fallen. Win ermutigte seine Anhänger, sich den friedlichen Demonstrationen auf den Straßen anzuschließen, rief zu einer Volksbewegung auf und forderte die Freilassung politischer Gefangener.

Schon bald wurde er zu einer gesuchten Person. Sein Gesicht war im Fernsehen und in staatlichen Medien allgegenwärtig, und alle sechs seiner Bankkonten wurden von der Regierung eingefroren.

Was die Regierung jedoch nicht wusste, war, dass ein Freund Win geraten hatte, etwas Bitcoin zu kaufen, verbunden mit einem Rat, der sein Leben bald verändern und retten sollte: »Handle nicht damit.«

Unter der Drohung von Haft und Folter gelang es Win, sich als Wanderarbeiter auszugeben und einen Teil seiner Bitcoin zu Geld zu machen, um einen Schleuser zu bezahlen. Ohne Ausweisdokumente, aber mit nichts als seiner im Gedächtnis bewahrten Wiederherstellungs- bzw. Seed-Phrase (ein Sicherheitsmechanismus, über den wir gleich noch sprechen werden), gelang ihm die Flucht nach Thailand.

Dort verkaufte Win weitere Bitcoin, um seinen Lebensunterhalt zu bestreiten. Schließlich schaffte er es in die USA, wo er heute mit der Human Rights Foundation zusammenarbeitet und daran mitwirkt, das Potenzial von Bitcoin zur Förderung von Freiheit und menschlichem Gedeihen in Regionen auszubauen, in denen Menschen gegen Unterdrückung kämpfen. Wenn Menschen beginnen, Bitcoin wirklich zu verstehen, heißt es oft, sie hätten die »orange Pille« genommen. Win kam nicht durch ein Buch oder einen Podcast dazu, sondern, wie er selbst sagt: »Es war das burmesische Militär, das mir die orange Pille gab.«*

Deshalb sagen Aktivisten oft: »Bitcoin ist schlecht für Diktatoren.«

* Die »orange Pille« ist ein Begriff aus der Bitcoin Szene. In Anlehnung an den Film Matrix bezeichnet er einen grundlegenden Perspektivwechsel. Gemeint ist der Moment, in dem jemand durch eigene Erfahrungen erkennt, dass Bitcoin ein Instrument für Selbstbestimmung und Schutz vor staatlicher Willkür sein kann.

Unterdrückung geht nicht immer von korrupten Führern oder internen Konflikten innerhalb eines Landes aus. Manchmal ist sie im globalen Wirtschaftssystem selbst verankert, das ganze Nationen in Schuldenkreisläufe drängt und die einfachen Menschen am meisten leiden lässt.

Für viele Länder mit niedrigem Einkommen führt die Rolle des Dollars als globale Reservewährung – die, wie in Kapitel 7 erwähnt, in Bretton Woods festgelegt wurde – zu einer starken Abhängigkeit vom US-Dollar im internationalen Handel und bei Krediten. Selbst wenn diese Länder in ihrer lokalen Wirtschaft keine Dollar verwenden, benötigen sie diese dennoch, um lebenswichtige Güter wie Lebensmittel, Medikamente und Treibstoff aus anderen Ländern zu kaufen. Doch es gibt einen Haken: Diese Nationen können selbst keine US-Dollar drucken. Stattdessen müssen sie sich oft Dollar von internationalen Kreditgebern leihen.

Um diese Kredite zurückzuzahlen, sind sie gezwungen, zu verzweifelten Maßnahmen zu greifen, wie zum Beispiel mehr von ihrer eigenen Währung zu drucken (was natürlich Inflation verursacht), wertvolle natürliche Ressourcen zu verkaufen oder noch mehr Schulden aufzunehmen. Es ist unglaublich schwer, diesem Kreislauf zu entkommen.

Werfen wir vor diesem Hintergrund einen Blick auf die Währungsabwertung, eine schädliche und kaum zu entkommende Falle.

Stellen Sie sich vor, Sie besuchen ein einkommensschwaches Land – nennen wir es »Land X« – mit einer Handvoll US-Dollar. Sie werden ziemlich schnell merken, wie weit Ihr Geld reicht. Mahlzeiten, Hotels und Souvenirs kosten weit weniger als zu Hause. Und wenn die Landeswährung während Ihres Aufenthalts plötzlich abgewertet wird, reicht Ihr Geld noch weiter. Sie könnten sich zumindest vorübergehend wie ein König fühlen.

Das Gleiche gilt, wenn wir einen Schritt zurücktreten und über Volkswirtschaften als Ganzes nachdenken. Nehmen wir an, Land X hat einen Kredit in Höhe von 1 Milliarde Dollar aufgenommen, den es in Dollar zurückzahlen muss.

Kein Problem – durch einen einfachen Buchhaltungstrick und einen Federstrich kann die Regierung die Währung einfach um die Hälfte abwerten. Voilà! Um dies zu erreichen, druckt die Regierung mehr von ihrer eigenen Währung. Wenn beispielsweise ein US-Dollar zuvor zehn Einheiten der Landeswährung wert war, könnte das Drucken weiterer Geldmengen den

Wechselkurs auf 20 Einheiten pro Dollar anheben. Nun hat die Regierung die Menge der Landeswährung effektiv verdoppelt.

Diese zusätzliche Landeswährung kann zur Bezahlung von Regierungsangestellten, zur Finanzierung von Projekten und zur Deckung inländischer Ausgaben verwendet werden, während die begrenzten US-Dollar speziell für die Rückzahlung der Schulden reserviert sind.

Aber alles hat seinen Preis. Das Drucken von Geld entwertet die Landeswährung, was es für normale Bürger schwieriger macht, Waren und Dienstleistungen zu kaufen, da ihr Geld nun tragischerweise nur noch halb so viel wert ist wie vor der Entwertung.

In Wirklichkeit trifft die Last diese Menschen am härtesten. Ihre Ersparnisse sind zunichte gemacht, ihre Löhne reichen für weniger Lebensmittel, und das Leben wird über Nacht exponentiell schwieriger. Schlimmer noch: Regierungen, die unter Schuldendruck stehen, verkaufen oft Land, Ressourcen und Arbeitskräfte zu Schnäppchenpreisen, um ausländisches Kapital anzuziehen und ihre Kredite zu bedienen. Diese Kosten gehen letztendlich zu Lasten der Bürger.

Wenn die Menschen an eine Währung gebunden sind, die außerhalb der Landesgrenzen keinen Wert hat, liegt ihr Wert vollständig in der Hand der Machthaber, die ihre Kaufkraft so einfach erhöhen oder senken können, wie man einen Regler am Fernseher dreht.

Es gibt absolut keine Handhabe. Alles, was sie tun können, ist zu versuchen, mit halb so viel Reis, Kaffee und Bohnen auszukommen, wie sie noch gestern kaufen konnten.

Diese Realität hat Milliarden von Menschen in Armutszyklen gefangen gehalten und von korrupten oder restriktiven Regierungen abhängig gemacht, ohne alternative Mittel, um ihren Lebensunterhalt zu sichern. In »*Check Your Financial Privilege*« teilt der Autor Alex Gladstein von der Human Rights Foundation unzählige Geschichten dieser systemischen Ungerechtigkeit. Er beschreibt, wie Nationen das Wohlergehen ihrer eigenen Bevölkerung opfern, um ausländische Gläubiger zurückzuzahlen, oft mit verheerenden sozialen und ökologischen Kosten.

In viel zu vielen Fällen wird ein Kreislauf verfestigter wirtschaftlicher Abhängigkeit durch korrupte Eliten noch verschärft, die direkt von solchen Abkommen profitieren, während eine machtlose Bevölkerung gezwungen ist, sich mit dauerhafter Inflation, Arbeitslosigkeit sowie vernachlässigten und verfallenden öffentlichen Dienstleistungen auseinanderzusetzen.

In Äquatorialguinea beispielsweise leidet jedes vierte Kind an Unterernährung, Krankenhäuser weisen diejenigen ab, die nicht im Voraus bezahlen können, und die Einschulungsquote in der Grundschule zählt zu den niedrigsten weltweit.[105]

Unterdessen ist dokumentiert, dass die herrschende Elite staatliche Gelder zu ihrem persönlichen Vorteil veruntreut, unter anderem für den Kauf von Luxusimmobilien auf mehreren Kontinenten, Sportwagen (darunter sogar ein 8,4 Millionen Dollar teurer Lamborghini Veneno Roadster in limitierter Auflage), Schmuck und Michael-Jackson-Memorabilien.[106]

Diese Geschichte ist nur allzu bekannt. Und jahrhundertelang hatten Menschen, die in ein solches Regime hineingeboren wurden, keine andere Wahl, als zu versuchen, darin zu überleben. Denn um sich zu wehren, braucht man Ressourcen, und diese zu beschaffen war unter den wachsamen Augen der Regierungen nahezu unmöglich. Anderenfalls drohten fast unvermeidlich Gewalt, Inhaftierung und sogar der Tod.

Doch das ist nun vorbei, wie visionäre Aktivistinnen wie Farida Nabourema entdeckt haben.

Farida Nabourema, Togo

In Togo, einem kleinen und malerischen westafrikanischen Land, ist die Korruption tief verwurzelt. Regierungsführer bereichern sich auf Kosten ihres Volkes, und jeder, der sich gegen das Militärregime ausspricht, kann inhaftiert oder gefoltert werden. Farida Nabourema, eine prominente Freiheitskämpferin, kennt diese Realität nur zu gut. Ihr Großvater wurde auf Befehl des Königs geschlagen, weil er regierungskritische Flugblätter verteilt hatte, und sein Aktivismus hatte dauerhafte Folgen. Als der Familie aus Rache die medizinische Versorgung verweigert wurde, starben zwei seiner Kinder im Säuglingsalter, Babys, die Faridas Onkel geworden wären.

Faridas Vater, der den Kampf fortsetzte, war während ihrer gesamten Kindheit immer wieder im Gefängnis.

Schon in jungen Jahren lernte sie auf die harte Tour, dass es keinen besseren Weg gibt, eine Nation und ihr Volk zu kontrollieren, als ihr Geld zu kontrollieren.

Während das älteste Militärregime in der Geschichte Afrikas endlose

Verbrechen gegen das togolesische Volk verübte und es seiner Würde, seiner Lebensgrundlage und seiner Träume von Selbstversorgung beraubte, widmete sich Farida dem Studium ihres Landes und dessen Geschichte der Korruption.

Sie war entschlossen, das Erbe ihrer Familie fortzuführen, zum Sturz des Regimes beizutragen und ihrem Volk echte Selbstverwaltung zu ermöglichen.

Wie Win zwang auch Faridas öffentlichkeitswirksamer Widerstand sie schließlich ins Exil. Doch sie gibt nicht auf, obwohl sie genau weiß, dass sie weiterhin im Visier steht. Wie es in einem Artikel der Johns Hopkins University heißt: »Farida Nabourema ist das Gesicht der Opposition gegen die togolesische Regierung – eine gefährliche Rolle, wenn man bedenkt, dass Kritiker des Präsidenten oft verhaftet, entführt oder getötet werden.«[107]

Farida musste oft Geld nach Hause schicken, um diejenigen zu unterstützen, die für Demokratie kämpfen, aber sie musste einen Weg finden, dies unbemerkt zu tun. Die Regierung von Togo hat Geldströme an Aktivisten verfolgt und Menschen wegen »Finanzierung von Staatsterrorismus« bestraft.

So entdeckte sie Bitcoin.

Wie Farida es ausdrückte: »Als ich begann, mich mit Bitcoin zu beschäftigen, hatte ich das Gefühl, um etwas betrogen worden zu sein.«[108] Genau wie ich hatte sie nicht früh genug gelernt, wie Geld funktioniert, nicht einmal an der Universität.

Seitdem ist sie eine weltweit gehörte Stimme im Kampf für die monetäre Dekolonialisierung. Oft wird Farida gefragt, wie eine politische Aktivistin, die für den Sturz der ältesten Militärdiktatur des Kontinents kämpfte, zu einer globalen Fürsprecherin für Bitcoin wurde. Ihre Antwort? Geld *bestimmt* die Politik!

Farida erkannte, dass ein politischer Sieg nicht der einzige Weg war, um das togolesische Volk von der erdrückenden Last des als Waffe eingesetzten Geldes zu befreien. Politische Erfolge waren zwar unerlässlich, aber ihre Umsetzung und Verankerung konnte Jahrzehnte dauern.

Faridas Ziel ist nun klar:

»Wir wollen eine Währung, die uns daran erinnert, wer wir sind«, sagt Farida. »Eine Währung für die Menschheit.«[109]

Ich denke oft an Farida, wenn ich über eine meiner tiefsten persönlichen Missionen nachdenke: Frauen über Bitcoin als Werkzeug für echte Selbstbestimmung aufzuklären. Bitcoin bietet jeder Frau, egal, wo sie lebt und egal, wie unterdrückerisch die Regierung und die Kultur sind, einen Weg, finanzielle Sicherheit und Selbstbestimmung in ihrem Leben zu erlangen.

Und es gibt keine bessere Botschafterin für den Triumph von Frauen unter scheinbar unmöglichen Bedingungen als Roya Mahboob.

Roya Mahboob, Afghanistan

Roya Mahboob ist nicht nur die erste weibliche Tech-Geschäftsführerin Afghanistans, sie ist auch die Unternehmerin, die afghanische Frauen an das Programmieren und die Robotik heranführt und ihnen damit zugleich die Welt eröffnet.

Ihre Geschichte findet breite Beachtung: Sie wurde vom *Time Magazine* zu einer der 100 einflussreichsten Personen gekürt[110] und ist nun Gegenstand des 2025 erscheinenden Films »*Rule Breakers*«, der von ihrer unglaublichen Reise aus dem von den Taliban kontrollierten Afghanistan auf die internationale Bühne mit ihrem preisgekrönten »Afghan Girls Robotics Team« handelt.

Roya verkörpert nicht nur den unaufhaltsamen menschlichen Geist: Sie beweist, dass harte Arbeit, Entschlossenheit und Hoffnung die wahren Triebkräfte des Wandels sind, selbst unter den bedrückendsten Bedingungen.

Ihre Liebe zu Computern begann, als sie zum ersten Mal »von einem Laden hörte, der kleine Kisten hatte, die miteinander kommunizieren konnten.«[111] Frauen durften Internetcafés nicht betreten, aber Roya war so fasziniert von der Möglichkeit, Zugang zu einer Welt voller Informationen zu erhalten, dass sie es mit Hilfe eines männlichen Cousins ins Café schaffte und einen Einblick in ein Leben jenseits ihrer eigenen (sehr) begrenzten Erfahrung erhielt. Sie war begeistert.

Seitdem sind Royas Erfolge atemberaubend: Das Erlernen des Programmierens eröffnete ihr Möglichkeiten an ihrer Universität und in der afghanischen Regierung. Dann gründete sie mit ihren eigenen Ersparnissen ein Unternehmen, in dem sie zu 85% Frauen beschäftigte, von denen die meisten noch nie außerhalb ihres Zuhauses gearbeitet hatten.

Was uns zu Bitcoin bringt.

Die Bezahlung ihrer Mitarbeiterinnen war nicht so einfach, wie es scheinen mag. Bargeld war ein Problem, da es von Vätern, Ehemännern oder Brüdern beschlagnahmt werden konnte; dasselbe galt für Überweisungen, da die Frauen ohne die Erlaubnis der Männer in ihrem Leben auch keine Bankkonten haben durften.

Im Jahr 2013 erfuhr sie von Bitcoin – der Preis lag damals unter 100 Dollar[112] – und es erfüllte alle Kriterien.[113] Also begann Roya, ihre Mitarbeiterinnen in Bitcoin zu bezahlen, von denen viele Blogs schrieben und zusätzlich Geld dafür erhielten, dass sie ihre eigenen Geschichten erzählten. Um zusätzlich Sicherheit und Vertrauen zu schaffen, versicherte Roya den Frauen sogar, dass sie ihre Bitcoin jederzeit gegen Bargeld an sie zurückverkaufen könnten. Sie versprach, die Bitcoin selbst dann zurückzunehmen, wenn der Kurs stark fallen sollte, damit keine von ihnen jemals einen Verlust erleiden würde. Dieses Zahlungssystem erwies sich als erfolgreich. Die Frauen wurden zu Gestalterinnen ihres eigenen finanziellen Lebens, das erstmals vollständig privat war.

Seitdem hat Roya Tausenden von Frauen Wissen über Bitcoin vermittelt, da sie davon überzeugt ist, dass es die weltweit bedeutendste Erfindung seit dem Internet ist.[114]

Sie hat es perfekt auf den Punkt gebracht: »Bitcoin gibt ihnen Macht. Sie können lernen, wie man ihn schürft, programmiert oder damit handelt«, sagte sie. »Wenn sie Geld verdienen, können sie das in radikale Selbstständigkeit und Macht umwandeln, die sie nutzen können, um der traditionellen Rolle afghanischer Frauen im Haushalt zu entkommen.«[115]

In Royas Worten ist Bitcoin »mehr als nur eine Investition. Es ist eine Revolution.«[116]

Diese Geschichten sind nur der Anfang – Viele weitere bleiben unerzählt.

Für Milliarden von Menschen, die vom Finanzsystem ausgeschlossen sind, ist Bitcoin mehr als nur eine neuartige Technologie; es ist eine beispiellose Chance, sich aus den Kreisläufen von Verschuldung und Abhängigkeit zu befreien, die die Menschheit seit Generationen heimsuchen.

An solchen Orten wird Bitcoin zu einer Art wohlwollendem Trojanischen Pferd. Es schlüpft still und unbemerkt unter Mauern hindurch, die die Freiheit lange Zeit ferngehalten haben.

Mit nur einem Telefon und dem Internet gibt Bitcoin Milliarden von Menschen die Chance, die verschlossene Tür zu wirtschaftlichen Möglichkeiten zu umgehen.

Das ist wirklich hoffnungsvoll.

ZUSAMMENFASSUNG VON KAPITEL 14

An vielen Orten auf der Welt wachen Menschen auf und stellen fest, dass ihre Ersparnisse wertlos oder unzugänglich sind. Sie haben nicht nur Geld verloren, sie haben auch die Kontrolle über ihr eigenes Leben verloren. Bitcoin bietet eine Rettungsleine. Es wurde genutzt, um Diktaturen zu entkommen, Widerstandsbewegungen zu finanzieren und Frauen zu bezahlen, die unter Regimes leben, die ihnen den Besitz von Bankkonten verbieten. Bitcoin ist eine Form von Geld, die nicht manipuliert, beschlagnahmt oder entwertet werden kann und Millionen Menschen weltweit einen Weg zu Würde und Selbstbestimmung bietet.

Kernaussage: Bitcoin ist mehr als nur ein Vermögenswert. Er steht für unwiderrufliche Eigentumsrechte und stärkt den Einzelnen selbst in den feindseligsten Regimes.

15.

JEDER KANN SEINE EIGENE BANK SEIN

»Ich höre und ich vergesse. Ich sehe und ich erinnere mich. Ich tue und ich verstehe.«

KONFUZIUS

Seien wir ehrlich: Der Einstieg in die Welt von Bitcoin kann einschüchternd wirken. Für viele beginnt er mit einem Problem wie dem Kampf, über die Runden zu kommen, oder der Frustration über ein System, das manipuliert und ungerecht erscheint. Könnte es wirklich eine Lösung geben?

Jemand schlägt vor, sich mit Bitcoin zu beschäftigen, und wir reagieren mit Skepsis, vielleicht sogar mit völliger Ablehnung. »Das ist zu kompliziert«, denken wir. »Das ist wahrscheinlich Betrug.« Das Leben ist hektisch, und die Idee wird auf Eis gelegt.

Aber irgendetwas rückt sie immer wieder in den Blick, sei es eine Nachricht, ein Kursanstieg oder ein Kommentar eines Freundes. Selbst dann zögern wir noch, unsicher, wo wir anfangen sollen. Und vielleicht sagen wir uns, dass es zu spät ist, und ärgern uns, dass wir nicht früher darauf geachtet haben. Schließlich ist der Kurs in die Höhe geschossen, seit wir zum ersten Mal davon gehört haben.

Die Wahrheit ist: Es ist nicht zu spät. Tatsächlich sind Sie sogar früh dran. Wir sind alle früh dran.

Und lassen Sie uns mit einem weit verbreiteten Irrglauben aufräumen: Sie müssen nicht einen ganzen Bitcoin kaufen. Wie bereits erwähnt, ist Bitcoin in 100 Millionen Teile unterteilbar, die Satoshis genannt werden. Das bedeutet, Sie können klein anfangen, dabei lernen und in Ihrem eigenen Tempo vorgehen.

Das bringt uns zum Kern des Potenzials von Bitcoin: Es ermöglicht Ihnen, Ihre eigene Bank zu sein. In einer Welt, in der das Vertrauen in Institutionen schwindet und der Zugang zu Finanzdienstleistungen nicht für jeden garantiert ist, bietet Bitcoin eine beispiellose Chance auf finanzielle Unabhängigkeit und Souveränität. Es gibt Ihnen die Kontrolle zurück, wenn Sie bereit sind, sie zu übernehmen.

Schauen wir uns an, wie das geht.

Derzeit gibt es vier Hauptmöglichkeiten, wie man in Bitcoin investieren kann:

1. **Selbstverwahrung**: Sie verwalten Ihre Bitcoin direkt, indem Sie die privaten Schlüssel selbst verwahren. Sie sind Ihre eigene Bank und haben die volle Kontrolle über Ihr Vermögen.
2. **Fremdverwahrung**: Sie beauftragen eine externe Börse oder einen Dienstleister mit der Verwahrung und Verwaltung Ihrer Bitcoin, so wie Sie vielleicht den Großteil Ihres Einkommens bei einer Geschäftsbank anlegen.
3. **ETFs und Fonds**: Sie investieren indirekt in Bitcoin über klassische Finanzprodukte etablierter Investmentgesellschaften, etwa in betriebliche oder private Altersvorsorgedepots.
4. **Aktien**: Indirekte Beteiligung am Wachstum von Bitcoin durch den Kauf von Aktien von Unternehmen, die Bitcoin in ihrer Bilanz halten.

Jeder dieser Wege bietet eine andere Möglichkeit, den Einstieg zu finden. Prüfen Sie also Ihre Optionen und entscheiden Sie, was für Sie das Richtige ist. Denken Sie daran: Dies ist erst der Anfang. Sie können Ihren Ansatz jederzeit anpassen und verfeinern, während Sie mehr über Bitcoin lernen.

Erfahrene, leidenschaftliche Bitcoin-Anhänger sind von der *Selbstverwahrung* fest überzeugt. Wir haben ein Mantra: »Nicht deine Schlüssel, nicht deine Coins.«

Dies ist definitiv der Ansatz, der den Geist von Bitcoin, den wir in diesem Buch skizziert haben, am komplexesten verkörpert: Wenn wir unsere Coins selbst verwahren, maximieren wir die Privatsphäre, eliminieren jegliches Gegenparteirisiko (und alle Reibungspunkte) und nutzen und verwalten unser Geld so, wie wir es für richtig halten.

Solange Sie die Kontrolle über *Ihre Wallet* und *Ihre Schlüssel* haben – darauf kommen wir gleich noch zu sprechen –, sind Sie immun gegen die verschiedenen Probleme, die auftreten können, wenn jemand anderes Ihre Bitcoin verwaltet. Dazu könnten Verlust, Diebstahl oder eine unerwartete Änderung der Vorschriften gehören, die die Natur Ihrer Vereinbarung mit einer externen Verwahrungsplattform verändert.

Es ist auch wichtig, sich daran zu erinnern, dass Bitcoin ein Inhaberwert ist. Wie ein Dollarschein gehört er demjenigen, der ihn gerade in der Hand hält. Auf einem Dollarschein steht nicht mein Name; wenn ich ihn fallen lasse, ist er für den Glücklichen, der ihn aufhebt, genauso nützlich. Der Schutz Ihrer Bitcoin ist daher wie der Schutz Ihres Bargeldes.

Wie wir im Laufe des Buches bereits erörtert haben, wurde Bitcoin bewusst *dezentralisiert* konzipiert. Erinnern Sie sich an die Inschrift auf dem Genesis-Block, in der es um den Finanzminister anlässlich eines zweiten Bankenrettungspakets ging?

Wenn Geld zentralisiert ist, liegt die Kontrolle in den Händen derjenigen, die über die richtigen Beziehungen verfügen. Sie können nach Belieben Berechtigungen erteilen und entziehen und mehr Geld drucken, wann immer es politisch opportun ist, ungeachtet der inflationären Folgen. Dezentralisierung ist daher das Herzstück von Bitcoin, und es gibt nichts Dezentraleres als Millionen (und eines Tages Milliarden) von Menschen, die ihr Geld ohne Einmischung oder Manipulation verwalten.

Natürlich bringt solche Freiheit auch Verantwortung mit sich. Die vollständige Selbstverwahrung Ihrer Bitcoin erfordert, dass Sie sich mit der Materie vertraut machen, und Sie müssen äußerst vorsichtig sein, um die Schlüssel zu Ihrer Wallet nicht zu verlieren. Denn wenn Sie das tun, gibt es keine Institution, die Ihnen aus der Patsche hilft oder den Zugriff wiederherstellt.

Ich weiß, das kann einschüchternd klingen. Aber wie Sie in diesem Buch gelernt haben, birgt das traditionelle Bankensystem, obwohl es scheinbar sicher ist, eine Reihe versteckter Kosten, die oft unbemerkt bleiben. Vielleicht stellen Sie fest, dass die zusätzliche Verantwortung, Ihre eigenen Bitcoin zu verwalten, die Mühe durchaus wert ist.

Betrachten Sie die Selbstverwahrung eher als eine Reise denn als einen Sprung ins Ungewisse. Sie müssen nicht kopfüber hineinspringen; Sie können langsam, Schritt für Schritt hineingehen und dabei Selbstvertrauen und Wissen aufbauen. Ein schrittweiser Ansatz hält das Risiko überschaubar und lässt den Lernprozess lohnend und bestärkend erscheinen.

Sind Sie bereit, den Sprung zu wagen? Hier sind noch ein paar Dinge, die Sie wissen sollten, bevor Sie loslegen.

Bitcoin zu besitzen bedeutet, einen Eintrag im öffentlichen Hauptbuch zu besitzen, das als Blockchain bekannt ist. Bitcoin ist keine Datei oder kein Objekt, das Sie physisch speichern oder zwischen Geräten verschieben können. Stattdessen handelt es sich um einen Eigentumsnachweis, der an bestimmte *Adressen in der Blockchain* gebunden ist – dem dezentralen, öffentlich zugänglichen Hauptbuch, das alle Bitcoin-Transaktionen aufzeichnet. Diese Adressen fungieren wie Kontonummern und zeigen an, wo Bitcoin aufbewahrt werden und wie viel mit jeder Adresse verbunden ist, ohne jedoch die Identität der Person oder Organisation preiszugeben, die sie kontrolliert.

Eine *Wallet* ist ein Tool, das Ihren *privaten Schlüssel* sicher verwaltet – das kryptografische Passwort, das Ihnen die Kontrolle über bestimmte Adressen in der Blockchain gibt, an denen Ihre Bitcoin gespeichert sind. Stellen Sie sich den privaten Schlüssel als Ihre »digitale Signatur« vor, mit der Sie die an diesen Adressen gespeicherten Bitcoin freischalten und versenden können. Ohne Ihren privaten Schlüssel kann niemand – nicht einmal Sie selbst – auf Ihre Bitcoin zugreifen.

Erinnern Sie sich an Kapitel 11, als wir uns Bitcoin als in einem »digitalen Postfach« aufbewahrt vorgestellt haben? Diese Analogie hilft dabei, die Funktionsweise einer Wallet zu verstehen:

- Die *öffentliche Adresse* ist wie die Postfachnummer. Sie können sie mit jedem teilen, und andere können sie nutzen, um Ihnen Bitcoin zu senden.

- Der *private Schlüssel* ist wie der physische Schlüssel zum Postfach selbst, den Sie mit niemandem teilen dürfen und der Ihnen exklusiven Zugriff auf die dort gespeicherten Bitcoin gewährt.

Es ist wichtig zu verstehen, dass sich Ihre Bitcoin nicht »in« der Wallet selbst befinden. Die Wallet ist lediglich ein Werkzeug zur Speicherung der privaten Schlüssel, mit denen Sie auf die Adressen in der Blockchain zugreifen, die den von Ihnen gehaltenen Bitcoin zugeordnet sind.

Dies ist vielleicht einer der schwierigsten Aspekte der Bitcoin-Verwahrung, den es zu begreifen gilt. Wenn Menschen fragen, was ein Bitcoin eigentlich genau ist oder ob man ihn physisch besitzen kann, wirkt die Antwort oft unbefriedigend.

Er ist viele Tausend Euro wert, aber letztlich nur eine *Adresse*?

Ja und nein. Ihre Bitcoin sind einer Adresse in der Blockchain zugeordnet, doch was sie tatsächlich darstellen, ist *Ihr Anteil an der fest begrenzten Gesamtmenge von 21 Millionen Bitcoin*. Zu jedem Zeitpunkt weisen Ihre privaten Schlüssel nach, dass Sie die alleinige Kontrolle über genau diesen Anteil der gesamten Bitcoin-Menge besitzen.

Stellen Sie es sich so vor: Nehmen wir zum Beispiel an, Sie besäßen ein Grundstück. Nur Sie und diejenigen, die Sie persönlich benennen, dürfen jemals auf diesem Grundstück bauen. In diesem Fall ist Ihr privater Schlüssel wie eine Urkunde, die Ihr Eigentumsrecht festlegt und Ihren persönlichen Anteil am gesamten Land in dieser Region repräsentiert. Da niemand physisch mehr Land schaffen kann, wird Ihr Anteil immer denselben Bruchteil des Gesamtbestands ausmachen – einen bestimmten Prozentsatz eines dauerhaft festgelegten Bestands.

Natürlich müssen Sie diesen wertvollen Schlüssel irgendwo aufbewahren. Und genau wie bei physischen Geldbörsen haben Sie verschiedene Optionen! Es gibt viele Arten von Wallets zur Auswahl, von denen jede unterschiedliche Stufen an Sicherheit, Komfort und Kontrolle bietet. Manche Menschen bevorzugen Hardware-Wallets, auch als *Cold-Storage* bekannt, bei denen es sich um physische Geräte handelt, die auf maximale Sicherheit ausgelegt sind. Andere entscheiden sich für Software-Wallets, auch als *Hot-Wallets* bekannt, auf ihren Smartphones oder Computern, die Komfort und Sicherheit in Einklang bringen.

Hot-Wallets werden als »heiß« bezeichnet, weil sie ständig mit dem Internet verbunden sind, was sie zwar für den schnellen Zugriff praktisch, aber auch anfälliger für Hackerangriffe macht. Im Gegensatz dazu dienen Cold-Storage-Wallets der offline Aufbewahrung und bieten mehr Sicherheit, indem sie Ihren privaten Schlüssel von potenziellen Online-Bedrohungen isolieren.

Ihre Entscheidung hängt von Ihren Bedürfnissen und Ihrem Komfortbedürfnis zu Beginn Ihrer Bitcoin-Reise ab. Es gibt auch *Lösungen mit Mehrfachschlüsseln*, die genau das sind, wonach sie klingen: Sie erfordern mehrere private Schlüssel, um eine Transaktion zu initiieren, was den Datenschutz erhöht und es Mitgliedern eines Unternehmens oder einer Familie ermöglicht, die Verwahrung gemeinsam zu übernehmen.

Hot Wallets eignen sich gut für Anfänger. Sie sind einfach zu bedienen, fühlen sich wie jede andere App an und machen das Kaufen, Verkaufen und Bezahlen mit Bitcoin einfach. Sie funktionieren zudem nahtlos mit schnelleren Zahlungsnetzwerken, die auf Bitcoin basieren. Es ist jedoch am besten, nur eine kleine Menge Bitcoin in einer Hot-Wallet aufzubewahren, da diese wiederum anfällig für Hackerangriffe oder Diebstahl sein können.

Cold-Storage gilt weithin als der höchste Standard für die Bitcoin-Verwahrung. Da Cold-Storage-Wallets Ihre Bitcoin-Schlüssel offline aufbewahren, außer bei der Signierung von Transaktionen, sind sie eine der sichersten Möglichkeiten, Ihre Bitcoin zu speichern.

Die meisten Menschen, die ihre Bitcoin auf diese Weise verwahren, verwenden ein einfaches Gerät, eine sogenannte Hardware-Wallet, die ausschließlich für die Speicherung ihrer privaten Schlüssel konzipiert ist. Das Gerät sieht oft wie ein einfacher USB-Stick aus, mit einer sehr begrenzten Benutzeroberfläche (nur ein oder zwei Tasten), über die man den Pass Code eingibt und auf die Bitcoin zugreift.

Es wird empfohlen, dass Personen mit Cold-Storage und Wiederherstellungs-Phrasen diese an einem besonders sicheren Ort aufbewahren. Nehmen Sie sich ein Beispiel an James Howells, dem Mann, dessen Partnerin versehentlich eine Festplatte mit etwa 8.000 Bitcoin (zum Zeitpunkt der Erstellung dieses Artikels im Wert von rund 930 Millionen US-Dollar[117]) weggeworfen hat: Wenn sie verloren sind, sind sie verloren.

Unabhängig davon, ob Sie eine Hot- oder Cold-Storage-Wallet verwenden, hängt der Zugriff auf Ihre Bitcoin von Ihren privaten Schlüsseln ab, die, wie bereits erwähnt, durch eine Widerherstellungs-Phrase gesichert sind. Diese Wiederherstellungs-Phrase, in der Regel eine zufällige Folge von 12 oder 24 Wörtern, die bei der Einrichtung Ihrer Wallet generiert wird, fungiert als Hauptschlüssel für Ihre Bitcoin. Sie ist praktisch unmöglich zu erraten, was sie zu einer entscheidenden Sicherheitsebene macht.

Da die Wiederherstellungs-Phrase so wichtig ist, muss sie mit äußerster Sorgfalt behandelt werden. Schreiben Sie sie auf und bewahren Sie sie sicher auf – idealerweise an einem anderen Ort als Ihre Hardware-Wallet, falls Sie eine verwenden. Für zusätzlichen Schutz gravieren viele Menschen ihre Wiederherstellungs-Phrasen auf haltbare Materialien wie Metallplatten, um sie vor Schäden durch Feuer oder Wasser zu schützen.

Unabhängig davon, wie Sie Ihre Wiederherstellungs-Phrase aufbewahren, müssen Sie sich jedoch unbedingt bewusst sein, dass Sie die Kontrolle über Ihre Bitcoin verlieren können, wenn diese verloren geht oder in *irgendeiner* Weise kompromittiert wird. Wahre Souveränität erfordert enorme Reife. Auch ist eine ehrliche Selbsteinschätzung Ihrer Fähigkeit, ob Sie dieses Maß an Verantwortung bewältigen können, entscheidend für eine erfolgreiche Selbstverwahrung.

Das Fazit? Die Lösungen reichen von einfach, aber vertrauensabhängig bis hin zu hochsicher, aber auf persönliche Verantwortlichkeit angewiesen.

So oder so, seien Sie versichert: Bei Bitcoin gibt es wirklich einen Einstieg für jeden.

OK! Nehmen wir also an, Sie haben auf die eine oder andere Weise eine Wallet eingerichtet. Da kein physisches Geld den Besitzer wechselt, fragen Sie sich vielleicht, was eigentlich hinter den Kulissen vor sich geht, wenn Sie Bitcoin senden oder empfangen.

Stellen Sie sich vor, Sie möchten einem Freund helfen, seine Bitcoin-Reise zu beginnen. Zuerst würden Sie ihm ein Exemplar dieses Buches geben (zwinker, zwinker). Dann würden Sie ihm helfen, eine Hot-Wallet auf seinem Smartphone einzurichten, damit Sie ihm Satoshis im Wert von 1 $ senden können.

Nun ist es an der Zeit, die Transaktion zu initiieren. Das Senden von Bitcoin teilt dem Netzwerk mit: »Bitte übertrage diese Menge an Bitcoin von meiner Adresse an die Adresse meines Freundes.« Das Netzwerk überprüft, ob Sie über genügend Bitcoin verfügen, um die Transaktion abzudecken, und ob Sie Ihre einzigartige digitale Signatur angegeben haben (die Wiederherstellungs-Phrase, die wiederum nur Sie kennen – Ihren privaten Schlüssel).

Da ein Bitcoin kein physisches »Ding« ist, wechseln keine Gegenstände den Besitzer: Sobald die Transaktion verifiziert ist, wird im Hauptbuch – das auf Computern auf der ganzen Welt geführt wird – einfach vermerkt, dass z. B. 5.000 Satoshis Ihre Adresse (dein »Postfach«) verlassen haben und in das Postfach Ihres Freundes gelangt sind, das anhand seines öffentlichen Schlüssels identifiziert wurde. Der Eigentumsstatus wurde aktualisiert.

Das war's![118]

⇸

Die Tatsache, dass wir den Großteil dieses Kapitels damit verbracht haben, die Feinheiten der Selbstverwahrung zu erörtern, untermauert – aus all den oben aufgeführten Gründen – die Vorstellung, dass diese Art der Bitcoin-Verwahrung am ehesten mit dem Bitcoin-Ethos im Einklang steht.

Aber es gibt sicherlich auch andere Möglichkeiten, sich sinnvoll am Bitcoin-Ökosystem zu beteiligen und von dessen Vorteilen zu profitieren, also lassen Sie uns diese kurz betrachten.

Viele Menschen möchten sich nicht mit dem Schutz und der Verwaltung ihrer Bitcoin befassen. In diesem Fall ist es eine beliebte Option, diese Aufgabe an einen *Verwahrer* in Form einer Börse zu übertragen. Unternehmen bieten Dienste an, die den Einstieg außerordentlich einfach machen: Viele sind bequem, etabliert und reguliert. Die Nutzung einer Börse unterscheidet sich aus Sicht der Benutzererfahrung nicht von der Nutzung von Finanzdienstleistungs-Apps wie Venmo oder PayPal.

Aufsehenerregende Fälle kriminellen Verhaltens einiger Börsen – am bekanntesten ist der Fall von Sam Bankman-Fried und FTX – haben jedoch die Risiken deutlich gemacht, die mit der Verwahrung Ihrer Bitcoin bei einem Dritten verbunden sind, insbesondere bei solchen, die offshore operieren und sich nicht an Finanzvorschriften halten. Obwohl viele Börsen sicher arbeiten und alle Vorschriften einhalten, gilt es aufgrund von Risiken wie Hacking und Betrug nach wie vor nicht als bewährte Praxis, bedeutende Bitcoin-Bestände »online« zu halten.

⇸

Zunehmend bieten große Finanzinstitute Produkte an, die es ihren Kunden ermöglichen, Bitcoin zu kaufen und zu halten. Die Genehmigung von »Spot-Bitcoin-ETFs« durch die US-Börsenaufsichtsbehörde SEC im Januar 2024 löste eine neue Welle des Interesses an Bitcoin bei Menschen aus, die an einem Engagement in diesem leistungsstarken Vermögenswert interessiert waren, aber zögerten, den Kaufprozess selbst in die Hand zu nehmen.

Spot-Bitcoin-ETFs (Exchange-Traded Funds) funktionieren genau wie reguläre ETFs, da sie Investmentfonds darstellen, die mehrere Vermögenswerte an einem Ort halten; statt Aktien zu besitzen, hält der Fonds jedoch echte Bitcoin. Anleger können Anteile des Fonds über ihr reguläres Brokerage-Konto kaufen, was es einfach macht, in Bitcoin zu investieren, ohne sich mit Wallets, Passwörtern oder technischen Einstellungen befassen zu müssen.

Diese Zulassung stellte einen bedeutenden Meilenstein dar, da Bitcoin-ETFs schnell Milliarden von Dollar anzogen, die die frühen Gold-ETFs übertrafen und den Bitcoins Status als Mainstream-Finanzanlage festigten.

Dieser Weg hat sich für eher traditionelle Anleger definitiv als attraktiv erwiesen, und die Zulassung des Spot-ETF hat das allgemeine Bewusstsein für Bitcoin erheblich erweitert. Es ist jedoch wichtig zu beachten, dass solche Investitionen mit Kosten verbunden sind, die selbstbestimmte Bitcoin-Inhaber nicht tragen müssen: Verwaltungsgebühren und ein potenzieller Abschlag auf die mit reinem Bitcoin verbundenen Anlagegewinne, ganz zu schweigen vom zentralistischen Charakter solcher allgegenwärtigen Institutionen, sind angesichts des dezentralen Ethos von Bitcoin wichtige Überlegungen.

Derzeit gibt es nur wenige börsennotierte Unternehmen, die in ihren Bilanzen nennenswerte Bitcoin-Positionen ausweisen, obwohl ihre Zahl täglich wächst. Unter der visionären Führung von Michael Saylor ist Strategy eine bemerkenswerte Ausnahme.

Ganze Bücher könnten (und werden!) über die Geschichte von Saylors bahnbrechender Strategie und die ingenieurwissenschaftliche Denkweise geschrieben werden, die es ihm ermöglichte, vor praktisch jeder anderen Führungskraft die transformative Kraft von Bitcoin zu erkennen.

Es genügt zu sagen, dass für diejenigen, die einen eher bewährten Weg wählen möchten, um von Bitcoin zu profitieren, auch eine indirekte Beteiligung über den Kauf von Aktien von Unternehmen möglich ist, die Bitcoin als Teil ihrer Unternehmensreserven halten und sich zugleich aktiv für eine breitere Verbreitung einsetzen.

Aber vergessen Sie nicht: Das ist nicht dasselbe wie der direkte Besitz von Bitcoin. Der Aktienkurs des Unternehmens hängt von vielen anderen Faktoren ab und spiegelt möglicherweise nicht genau die Kursentwicklung von Bitcoin an einem bestimmten Tag wider.

Während Bitcoin weiter wächst, sich weiterentwickelt und reift, werden sich diese Wege der Akzeptanz entsprechend anpassen. Ganz gleich, ob Sie einen »Einmal einrichten und vergessen«-Ansatz verfolgen oder sich noch über Jahre hinweg mit Bitcoin beschäftigen möchten, die Zeit, die Sie damit verbracht haben, sich in diesem Ökosystem zurechtzufinden, wird reichlich belohnt werden.

Und das nicht nur finanziell: Wie wir im letzten Kapitel sehen werden, hat Bitcoin einen tiefgreifenden Einfluss auf unser Verständnis von Zeit und Sinnhaftigkeit.

ZUSAMMENFASSUNG VON KAPITEL 15

Es gibt viele Möglichkeiten, Ihre Reise mit Bitcoin zu beginnen. Sie können Bitcoin an einer Börse kaufen und dort halten, über ETFs investieren oder durch Selbstverwahrung die volle Kontrolle übernehmen. Die Selbstverwahrung verkörpert am besten die Kernprinzipien der finanziellen Souveränität von Bitcoin. Indem Sie Ihre Schlüssel selbst verwalten und zu Ihrer eigenen Bank werden, können Sie alle Zwischenhändler umgehen und die direkte Kontrolle über Ihren Anteil am festen Gesamtangebot übernehmen. Die Teilbarkeit von Bitcoin in 100 Millionen Satoshis pro Coin macht es für jeden zugänglich, überall, unabhängig von Budget oder Hintergrund.

Kernaussage: Bitcoin kann von jedem, überall und jederzeit besessen werden. Von der Selbstverwahrung bis hin zu institutionellen Investitionen gibt es für jeden einen Bitcoin-Weg. Und jeder davon gibt uns beispiellose Kontrolle über unser eigenes Geld.

16.

ALLE MÖCHTEN EIN SINNVOLLES LEBEN

»Zeit ist das Wertvollste, was ein Mensch ausgeben kann.«

DIOGENES LAERTIUS

Wenn wir älter werden, neigen wir dazu, unser Verhältnis zur Zeit neu zu bewerten.

Was einst unendlich schien – träge Sommer, endlose Wochenenden – beginnt sich endlich, ja sogar kostbar anzufühlen. In vielerlei Hinsicht prägt unser Zeithorizont unsere Entscheidungen, ob wir sparen oder ausgeben, aufbauen oder konsumieren, in die Zukunft investieren oder sofortiger Befriedigung nachjagen.

In unserem Alltag denken wir oft an Zeit in Form von Kalendern, Terminen und Fristen, also an die Dinge, die wir heute erledigen müssen, und an diejenigen, die auf morgen verschoben werden können. Sicherlich nehmen wir etwas Abstand, um größere Zusammenhänge zu betrachten – Reisen, Veranstaltungsplanung, die Ausbildung unserer Kinder –, aber größtenteils zerlegen wir unsere Zeit in überschaubare Abschnitte, um organisiert zu bleiben und die Dinge am Laufen zu halten. Zeit ist ein Werkzeug, mit dem wir unser Leben koordinieren.

Wenn wir jedoch noch weiter zurücktreten, offenbart sich die grundlegendste Wahrheit über die Zeit: Sie ist ein Maß für unsere begrenzte Anzahl von Tagen auf der Erde. Alles, von unserer Berufswahl bis zur Priorisierung von Familie, Freunden und Freizeit, ist letztlich eine Funktion unserer Beziehung zur Knappheit der Zeit.

Und kaum etwas beeinflusst unsere Beziehung zu dieser Knappheit direkter als unsere finanzielle Sicherheit und Freiheit.

Geld ist sicherlich nicht alles, aber es hat einen enormen Einfluss auf die Entscheidungen, die wir treffen. Jeder, der schon einmal darüber nachgedacht hat, was er tun würde, wenn er im Lotto gewinnen würde – den Job kündigen, ein Haus kaufen, um die Welt reisen –, kann die immense Macht des Geldes anerkennen, die unser Leben prägt.

Für mich war sagenhafter Reichtum nie das Ziel: Wie so viele Menschen in den USA und auf der ganzen Welt habe ich mein ganzes Leben (abgesehen von einem kurzen Moment in der Highschool, als meine Eltern dieses Stadthaus kauften) in kleinen Wohnungen verbracht. Ich beschwere mich nicht: Ich bin enorm dankbar für alles, was mir meine amerikanische Erziehung ermöglicht hat.

Aber solange ich mich erinnern kann, habe ich davon geträumt, ein eigenes Haus zu besitzen. Davon, meine Wände, Böden und Decken nicht mit Nachbarn zu teilen. Einen eigenen Ort, an dem ich wertvolle Familienerinnerungen pflegen und schaffen kann.

Für mich steht dieses Zuhause für Hoffnung.

Hoffnung ist genaugenommen ein Ausdruck unserer Gefühle gegenüber der Zukunft: unserer eigenen Zukunft, der Zukunft unserer Lieben, der Zukunft der Gesellschaft und der Welt selbst.

Mit anderen Worten: Auch wenn wir sie *jetzt* erleben, ist Hoffnung ein zukunftsorientiertes Gefühl.

Für mich bietet die Möglichkeit, mein Traumhaus zu besitzen, eine großartige Perspektive auf die Gegenwart: Wenn mir diese Zukunft egal wäre oder ich nicht an sie glauben würde, würde ich wahrscheinlich andere Entscheidungen treffen. Warum sollte ich mir heute nicht etwas gönnen, das nur flüchtigen Genuss verspricht, wenn das Sparen für meine größeren Träume sinnlos wäre?

Natürlich ist das keine exakte Wissenschaft: Bis zu einem gewissen Grad unterliegen wir alle den Anforderungen der Gegenwart. Das ist ein sehr intuitiver Prozess – wir sitzen nicht herum und wägen jede Entscheidung, die wir im Moment treffen, gegen alle zukünftigen Möglichkeiten ab. Aber es ist ein reales Phänomen, und Ökonomen haben einen Namen dafür: Das Maß, in dem wir gegenwärtige Vorteile gegenüber zukünftigen Vorteilen bewerten, wird als unsere *Zeitpräferenz* bezeichnet.[119]

⇸

Teenager werden oft als Menschen mit einer sehr *hohen Zeitpräferenz* dargestellt: Einer ihrer Lieblingsausdrücke, YOLO (»you only live once«), verweist auf Dinge, die – aus der Sicht eines reifen Erwachsenen – riskant oder unverantwortlich erscheinen mögen. Ein Teenager, der sein zukünftiges Ich außer Acht lässt, neigt beispielsweise dazu, seine Sommerverdienste lieber für ein Auto auszugeben, anstatt ein College-Sparkonto zu eröffnen, oder mit dem Rauchen anzufangen, ohne sich Gedanken über seine spätere Gesundheit zu machen.

Eine hohe Zeitpräferenz bedeutet, aktuelle Befriedigungen gegenüber zukünftigen zu priorisieren.

Menschen mit einer *geringer Zeitpräferenz* hingegen erkennen den Wert darin, heute etwas zu schaffen, von dem sie in der Zukunft profitieren. In früheren Zivilisationen konnte sich das etwa in der Entscheidung zeigen, entweder nur so viel zu fischen, wie man für den täglichen Bedarf braucht, oder Zeit in die Herstellung von Werkzeugen zu investieren, die die Erträge später steigern, etwa Angelruten oder Boote. Auch wenn sich dieser Aufwand zunächst nicht auszahlt, weil man stattdessen essen oder sich ausruhen könnte, wird das eigene zukünftige Selbst dankbar dafür sein. In moderneren Begriffen entspricht dies etwa dem Unterschied zwischen dem Geld für Restaurantbesuche, statt zu Hause zu essen, und die Differenz beiseitezulegen, um für ein Eigenheim zu sparen.

In beiden Fällen haben die Anforderungen der *aktuellen Gegenwart* (buchstäblich genau jetzt) Vorrang vor den Anforderungen der *zukünftigen Gegenwart* (dem »Jetzt«, das wir erst dann als »Jetzt« erleben werden, wenn wir tatsächlich dort angekommen sind).

Auch wenn dies oft nicht erkannt wird, hat die Solidität unseres Geldes einen enormen Einfluss auf unsere Zeitpräferenz.

⇸

Es ist knifflig: Wir neigen dazu zu glauben, dass wir nur billige Dinge kaufen, weil wir nicht genug Geld für die schönen Sachen haben, aber wenn unser Geld seinen Wert behalten würde – wenn Sie also wüssten, dass Ihre 5 Dollar morgen noch mindestens 5 Dollar wert wären und vielleicht sogar später 10 Dollar –, würden Sie dann nicht zweimal darüber nachdenken, ob Sie diesen billigen Teppich wirklich kaufen möchten? Würden Sie nicht eher warten, um das schönere Produkt zu kaufen, das über die Zeit hinweg Bestand hat, deinen Geschmack besser widerspiegelt und mit echter Sorgfalt und Handwerkskunst hergestellt wurde, anstatt etwas zu kaufen, das in einer weit entfernten Fabrik am Fließband produziert wurde?

Wenn unser Geld stark ist – wenn es seinen Wert im Laufe der Zeit halten oder sogar steigern kann –, dann haben wir einen natürlichen Anreiz zum Sparen, da wir wissen, dass wir durch den Verzicht auf einige vorübergehende Wünsche (ein teures Abendessen heute Abend) unser zukünftiges Ich noch glücklicher machen (vielleicht eines Tages einen richtigen Urlaub?) und entsprechend planen können.

Aber das Gegenteil trifft ebenfalls zu: Wenn die Geldmenge ständig aufgebläht wird – was dazu führt, dass unsere Kaufkraft schneller schwindet, als wir den Unterschied ausgleichen können –, stehen wir unter einem sehr realen Druck, das Geld jetzt auszugeben, bevor es uns später noch weniger einbringt. Die verheerenden Auswirkungen dieser Situation sind überall sichtbar, von unserem eigenen Leben bis hin zur Weltgeschichte.

Hard Money löst diese Spannung in unserem System auf. Es ermöglicht, dass technologische Fortschritte die Preise auf natürliche Weise senken, ohne dass diese künstlich durch eine Geldmengenausweitung ausgeglichen werden, die eine inflationäre Wirtschaft aufrechterhält.

In ihrer extremsten Form wird Inflation zur *Hyperinflation*. In Ländern, die unter Hyperinflation leiden, ist eine hohe Zeitpräferenz eine Frage des Überlebens: »Die Preise steigen parabolisch an, was die Verbraucher dazu veranlasst, in Panik alles zu kaufen, was seinen Wert behält, und so massive Engpässe zu verursachen.«[120] In solchen Fällen wird Geld zu einer heißen Kartoffel, die so schnell wie möglich im Tausch gegen alles Mögliche weitergegeben wird. In einer hyperinflationären Situation, wie Saifedean Ammous betont, sind Obstbäume jetzt als Brennholz nützlicher als für die Früchte, die sie Jahr für Jahr tragen werden.[121]

Glücklicherweise haben die meisten von uns diese tragische – und oft tödliche – wirtschaftliche Situation noch nicht erlebt.

Wenn wir jedoch Anzeichen derselben Verzweiflung in unserem eigenen Verhalten erkennen, ist es hilfreich, sich zu fragen, ob der ständige Selbstvorwurf (»Warum kann ich keine besseren Entscheidungen treffen?«) nicht vielmehr eine Folge der subtilen, aber sehr realen Auswirkungen von Geld ist, das mit der Zeit an Wert verliert.

Der Drang nach hoher Zeitpräferenz – jetzt Geld auszugeben, weil es später weniger wert sein wird – betrifft nicht nur das individuelle Verhalten. Diese Tendenz hat auch enorme Auswirkungen auf die Art und Weise, wie Geschäfte getätigt werden, mit Folgen, die weit über den Sitzungssaal hinausreichen und in unser tägliches Leben hineinwirken.

Unternehmen sind im selben Paradigma der hohen Zeitpräferenz gefangen wie wir alle. Sie agieren nur auf einer ganz anderen Ebene, mit dem Anreiz, kurzfristigen Gewinn und Shareholder Value gegenüber langfristiger Nachhaltigkeit zu maximieren.

Wenn Ihnen in den letzten Jahrzehnten ein gewaltiger Wandel in der Unternehmenskultur aufgefallen ist, hilft dies, ihn zu erklären. Vor nicht allzu langer Zeit hatten Unternehmen eine geringere Zeitpräferenz: Sie investierten mehr in ihre Mitarbeiter, boten Renten und stabile Karrierewege an, die Loyalität und Verbundenheit förderten. Sie waren sehr stolz darauf, echte Dinge zu schaffen, die Bestand haben würden.

Das erscheint heute fast altmodisch, aber viele aus der Generation unserer Eltern blieben jahrzehntelang – sogar ein ganzes Berufsleben lang – bei einem Unternehmen, in dem Wissen, dass ihr Engagement finanziell (können Sie sich eine leistungsorientierte Rente vorstellen?) und persönlich belohnt werden würde. Sie pflegten lebenslange Beziehungen; sie gehörten zu einer Arbeitsgemeinschaft.

Heute ist jedoch das Gegenteil der Fall. Das Ziel, um jeden Preis kurzfristige Gewinne zu erzielen – getrieben von der Notwendigkeit, den Aktionären vor dem Hintergrund steigender Inflation weiterhin Renditen zu liefern – hat dieses Fundament ausgehöhlt. An seine Stelle sind flüchtige und transaktionale Beziehungen sowie Wegwerfjobs getreten (ganz zu schweigen von einer ganzen Gig-Economy aus gesichtslosen, austauschbaren Arbeitskräften).

Beispiele für die zerstörerischen Folgen einer hohen Zeitpräferenz gibt es viele. Fast Fashion, Fast Food und seichte Unterhaltung, die auf die größtmögliche Zielgruppe zugeschnitten ist, vermitteln uns ein starkes Gefühl dafür, wie die Welt aussieht, wenn Geld seinen Wert nicht bewahren kann. Denken Sie etwa an Filmstudios, die immer wieder alte Erfolgsreihen ausschlachten, um schnell Geld zu verdienen, statt kreative Risiken einzugehen.

⇸

Wenn wir in einer Denkweise mit hoher Zeitpräferenz gefangen sind, neigen wir dazu, uns nur auf das Kurzfristige zu konzentrieren. Die Zukunft spielt im Vergleich zu dem, was wir gerade jetzt brauchen, kaum eine Rolle. Wenn beispielsweise ein Unternehmensleiter kurzfristig denkt, könnte das Einleiten von Giftmüll in einen Fluss

wie eine schnelle Lösung an. Das Produkt wird heute ausgeliefert, die Mitarbeiter werden heute bezahlt, und das Unternehmen überlebt einen weiteren Tag.

Doch wenn dieser Druck nachlässt – wenn unser Geld seinen Wert behält und wir nicht mehr das Gefühl haben, ständig gegen die Uhr zu rennen – ändert sich alles. Anstatt Flüsse, Parks und Ackerland als Ressourcen zu betrachten, die wir uns sichern müssen, bevor es jemand anderes tut, können wir wieder langfristig denken. Wir können sie nicht nur für uns selbst, sondern auch für zukünftige Generationen schützen.

Wenn wir in einer Denkweise mit hoher Zeitpräferenz feststecken, richten wir unseren Blick vor allem auf den kurzfristigen Nutzen. Die Zukunft spielt kaum eine Rolle im Vergleich zu dem, was wir jetzt brauchen. Wenn ein Unternehmensleiter etwa nur kurzfristig denkt, kann es wie eine schnelle Lösung erscheinen, giftige Abfälle in einen Fluss zu entsorgen. Das Produkt wird heute ausgeliefert, die Mitarbeiter werden heute bezahlt, und das Unternehmen übersteht einen weiteren Tag.

⇸

Das bringt uns zurück zum unausweichlichen Lauf der Zeit in unserem eigenen Leben und dazu, wie unsere finanzielle Situation die Entscheidungen beeinflusst, die wir treffen. Vor Bitcoin war mein Traum vom Eigenheim fast unvorstellbar. Ich arbeitete Jahr für Jahr so hart ich konnte, schien aber nie seiner Verwirklichung näher zu kommen. Ich stellte mein Privatleben und den Wunsch, eine Familie zu gründen, zurück. Ich versuchte verzweifelt zu sparen und gab mir selbst die Schuld dafür, dass ich meine Ziele nicht erreichen konnte. Ich verstand einfach nicht, was ich falsch machte.

Jetzt verstehe ich es natürlich vollkommen: Ich schwamm gegen den Strom. Ich bestieg einen Berg, der mit jedem Schritt höher zu werden schien.

Anstatt mich zu fragen, was ich falsch mache, stelle ich mir jetzt ganz andere Fragen über die Zukunft: Wie würde die Welt aussehen, wenn sich jeder finanziell stark fühlen würde?

Was könnten die Menschen mit all der Zeit anfangen, die sie sparen würden, wenn sie sich nicht so viele Sorgen um die Finanzierung ihres Lebens machen müssten?

Und wie sieht es bei Ihnen aus? Wenn Ihr Geld im Laufe der Zeit seinen Wert behalten – oder sogar an Wert gewinnen – könnte, was würden Sie anders machen?

Lieben Sie Ihre Arbeit, oder würden Sie eine andere Wahl treffen? Würden Sie mehr Zeit zu Hause verbringen? Würden Sie mehr Kinder haben? Reisen? Gar Gitarrespielen lernen, Wildblumen pressen, ehrenamtlich in deinem örtlichen Tierheim arbeiten? Würden Sie mehr Bücher lesen? Vielleicht sogar eines schreiben?

Was wäre, wenn wir nicht so hart arbeiten müssten, um zu überleben, sondern stattdessen auf Ziele hinarbeiten könnten, die uns ein echtes Gefühl von Zufriedenheit und Freude geben?

Bitcoin hat mich gelehrt, Geld aus einer völlig anderen Perspektive zu betrachten, und mir gezeigt, dass wir die Kontrolle über unsere Zeit zurückgewinnen können.

Und wo wir gerade von Zeit sprechen: Es sei noch einmal gesagt: Was das Studium von Bitcoin angeht, sind Sie *früh dran*. Das sind wir alle.

Wie Sie in der unten dargestellten globalen Vermögenslandschaft sehen können, steckt Bitcoin noch in den Kinderschuhen. Zum Zeitpunkt der

Erstellung dieses Artikels macht es knapp 2 Billionen US-Dollar des gesamten globalen Vermögens von 900 Billionen US-Dollar aus. Im Gegensatz dazu dominieren Immobilien (330 Billionen US-Dollar), Anleihen (300 Billionen US-Dollar) und Aktien (115 Billionen US-Dollar) als primäre Instrumente zur Vermögenssicherung.

Prognosen deuten jedoch darauf hin, dass mit zunehmender Akzeptanz erhebliche Kapitalmengen aus traditionellen Anlageklassen abfließen und in Bitcoin fließen werden.

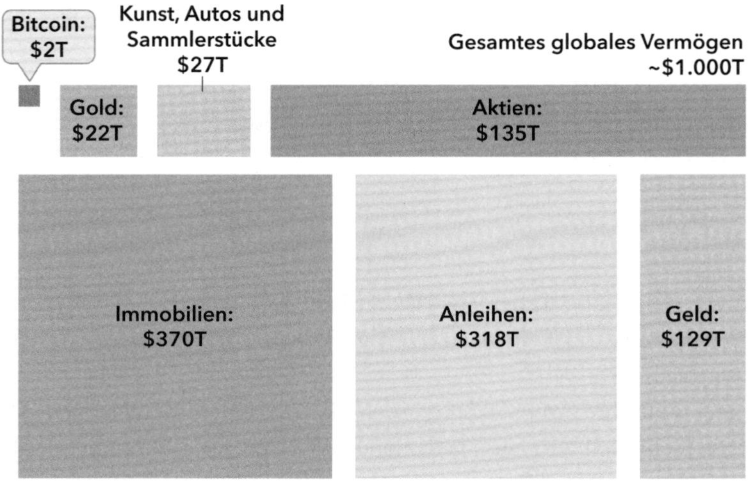

Abbildung 11: Globale Vermögenswerte

Quelle: Jesse Myers, »Once-in-a-Species«, www.onceinaspecies.com.

Immobilien könnten in erster Linie wieder dazu dienen, echte Menschen zu beherbergen, anstatt als Kapitalanlage zu fungieren. Kunst und Sammlerstücke könnten wieder für ihren kulturellen Wert geschätzt werden, anstatt in erster Linie vor Inflation zu schützen. Mit einem monetären Gut wie Bitcoin als Anker für globale Wertmaßstäbe kann die Menschheit einen grundlegenden Wandel hin zu einer stärker zukunftsorientierten Denkweise vollziehen.

Stellen Sie sich vor, was ein solches Bewusstsein – nicht nur als moralische Verpflichtung, sondern als wirtschaftliche Realität – für zukünftige Generationen bedeuten würde.

Wenn die Menschen frei von der Angst vor Geldentwertung sind, können sie ihre Zeit, Energie und Ressourcen in den Aufbau einer Welt investieren, in der langfristiger Wohlstand nicht nur möglich, sondern unvermeidlich ist.

Bitcoin repariert nicht einfach nur das Geld; es repariert unsere Beziehung zur Zeit.

In diesem Sinne ist Bitcoin überhaupt kein Geld. Es ist eine Neudefinition der Art und Weise, wie Geld unser Leben prägt.

Es ist das beste Geld, das je erfunden wurde, um *die Energie unserer Arbeit zu speichern*. Anstatt uns zu zwingen, ihm hinterherzujagen, um zu überleben, befreit uns Bitcoin, damit wir leben können.

ZUSAMMENFASSUNG VON KAPITEL 16

Unsere Beziehung zur Zeit prägt alles, was wir tun. Die *Zeitpräferenz*, also wie sehr wir die Zukunft gegenüber der Gegenwart wertschätzen, ist ein unterschätzter Einflussfaktor auf all unsere Entscheidungen. Mit Fiatgeld werden wir zu kurzfristigem Denken gedrängt: Es macht Sinn, unser Geld jetzt auszugeben, solange es mehr wert ist, als es im Laufe der Zeit sein wird. Dies hat enorme Konsequenzen sowohl für unser individuelles Leben als auch für die Gesellschaft als Ganzes. Bitcoin kehrt die Logik des kurzfristigen Denkens um: Da es knapp und deflationär ist, ermutigt es uns, zu sparen und für die Zukunft vorzusorgen.

Kernaussage: Bitcoin richtet unsere Beziehung zur Zeit neu aus - es belohnt Geduld und langfristige Planung, indem es Wert über Generationen hinweg bewahrt.

Epilog

BITCOIN IST FÜR ALLE

»Die erste Antwort auf die Frage ›Warum gerade jetzt?‹ lautet also ganz einfach: ›Weil es an der Zeit ist.‹«

CLAY SHIRKY

Bitcoin ist eine Idee, deren Zeit gekommen ist.

Die digitale Währung mag mit einem obskuren Beitrag in einem Forum für Kryptografen begonnen haben, doch heute ist sie weltweit ein Begriff. Und obwohl ihre Komplexität unbestreitbar ist – jedes dieser Kapitel könnte ein eigenes Buch füllen –, ist ihre Wirkung eine Geschichte, die wir gemeinsam schreiben. Ich begeistere mich für Bitcoin nicht, weil ich glaube, dass damit alle Fragen beantwortet werden, sondern weil es uns dazu anregt, uns mit einigen sehr wichtigen Fragen auseinanderzusetzen. Wie wollen wir (miteinander) leben, und wie könnte *solides digitales Geld* uns helfen, diese Ideale zu verwirklichen? Wer sind wir, und wer wollen wir werden? Warum ist es so schwer, in unserer hektischen, abgelenkten Kultur innezuhalten und diese wesentlichen Fragen zu stellen?

Die Freiheitsstatue – und der amerikanische Traum, für den sie mittlerweile steht – ist seit langem ein Leuchtfeuer für die Welt. Ihre Fackel hat nicht nur den Amerikanern den Weg erhellt, sondern Menschen von überall her angezogen, wie meine Eltern, die in den Vereinigten Staaten den lebenden Beweis dafür sahen, dass Menschen unter den richtigen Bedingungen hart arbeiten, frei leben und gedeihen können.

Es war nicht nur, dass Amerika wohlhabend war, obwohl dies sicherlich ein Schlüssel zu seinem bleibenden Vermächtnis war. Es war auch das, was dieser Wohlstand *ermöglichte*: Innovation und Kreativität. Gemeinschaftsbildung, bürgerschaftliches Engagement und Freizeit mit Familie und Freunden. Die Fähigkeit zu entscheiden, was wir tun wollen, und die Möglichkeit, es auch tatsächlich zu tun.

Das heutige Amerika ist nach jedem Maßstab *immer noch* außerordentlich wohlhabend, aber der soziale Aufstieg, der früheren Generationen möglich war – zumindest mit harter Arbeit und Disziplin –, scheint zurückgegangen zu sein.

Das liegt nicht daran, dass sich die Menschen grundlegend verändert hätten; in vielerlei Hinsicht liegt es daran, dass ein kaputtes Geldsystem das amerikanische Versprechen belastet.

Bitcoin belebt nicht nur den amerikanischen Traum wieder, sondern auch unsere globale Wirtschaft und die Gesellschaft insgesamt. Mit Bitcoin arbeiten wir nicht mehr atemlos daran, einer inflationären Währung davonzulaufen; mit Bitcoin können wir entschleunigen, träumen und eine humanere und lebendigere Welt aufbauen.

Indem Bitcoin den Schleier lüftet, der sich über die Fackel der Freiheit gelegt hatte, verbreitet es den Schein der Möglichkeiten weit und breit. Das Licht, das sich auf wenige konzentriert hatte, kann nun uns alle erreichen, selbst an Orten, an denen Barrieren die Norm waren und der Zugang streng begrenzt war.

Es ist in gewisser Weise ironisch, dass eine neue Form des Geldes, die die persönliche Souveränität betont, uns gleichzeitig in direkteren Kontakt mit dem größeren Ganzen der Gesellschaft bringen kann. Statt in einem undurchsichtigen, schwer durchschaubaren System isoliert zu sein, erkennen wir klarer, wie eng wir mit den Menschen in unserer unmittelbaren Umgebung und auf der ganzen Welt verbunden sind. Wir sehen, dass ein Nullsummenspiel mit Gewinnern und Verlierern nicht die einzige mögliche Zukunft ist, ja nicht einmal die wahrscheinlichste.

Ganz gleich, ob Sie ein bereits solides Portfolio diversifizieren möchten oder sich fragen, wie Sie die Miete für den nächsten Monat aufbringen sollen: Bitcoin ist eine Investition in die Vision einer Zukunft, auf die wir nicht nur *reagieren,* sondern die wir *gemeinsam gestalten* können.

Oder, wie Satoshi es bescheiden und prägnant formulierte: »Es könnte Sinn machen, sich einfach etwas davon zu sichern, falls es sich durchsetzt.«

Bitcoin gleicht einer steigenden Flut und hat das Potenzial, das erste Geld in der Geschichte zu sein, das tatsächlich alle Boote anhebt.

Bitcoin ist Hoffnung, und es ist wirklich für jeden da.

DANK

Jeder hat auf seinem Weg Hilfe erfahren.

Das Schreiben *von »Bitcoin ist für jeden«* war eine der tiefgreifendsten und prägendsten Erfahrungen meines Lebens, und es wäre ohne die Unterstützung, Liebe und Anleitung so vieler Menschen, die mich begleitet haben, nicht möglich gewesen.

Zuallererst verdanke ich alles meiner Familie. Meinen Eltern, die alles hinter sich gelassen haben, was sie kannten, um ein besseres Leben für ihre Kinder zu suchen, bin ich auf ewig zu Dank verpflichtet. Ihr Mut, in einem fremden Land, in dem alles ungewohnt war, neu anzufangen, hat mich zu dem Menschen gemacht, der ich heute bin. Die Opfer, die sie gebracht haben, ohne jemals die Last ihrer Kämpfe nach außen zu tragen, sind tief in meinem Herzen verankert.

Meiner Mutter, die von einer besseren Welt jenseits der Grenzen des kommunistischen Polens träumte und mir den Glauben vermittelte, dass alles möglich ist, wenn wir den Mut haben, dafür zu kämpfen. Ihre Opfer nährten meinen Wunsch, anderen zu helfen, die ähnliche Kämpfe durchstehen, und gerade wegen ihres unerschütterlichen Glaubens an den amerikanischen Traum setze ich mich dafür ein, diesen Traum für alle zugänglich zu machen. Meinem Vater, der unermüdlich daran arbeitete, ein besseres Leben für unsere Familie aufzubauen. Ich bin zutiefst dankbar für seine stillen Opfer und die Liebe und Ermutigung, die er mir jeden Tag entgegenbringt.

An meinen lieben Bruder, der mit fast 17 Jahren bei seiner Ankunft in diesem Land so viele Herausforderungen bewältigen musste und der mich immer dabei unterstützt hat, meine Träume zu verfolgen, selbst wenn sie mich weit von zu Hause weggeführt haben. Seine Herzlichkeit, sein Optimismus und sein schlagfertiger Witz sind mir seit langem eine Quelle des Trostes und der Inspiration. Ich bin so dankbar, wieder in seiner Nähe zu sein, zusammen mit seiner Frau und meiner geliebten Nichte.

Meinen verstorbenen Großeltern, die meiner Mutter beigebracht haben, von einem Leben jenseits des Eisernen Vorhangs zu träumen, verdanke ich einen Großteil der Grundlage meiner Sichtweise auf Freiheit und Chancen. Ihre Vision einer Welt, in der Menschen ohne Grenzen träumen können, hat nicht nur meinen eigenen Weg geprägt, sondern auch die Geschichten, die ich im Laufe meiner Karriere erzählt habe.

An meinen Mann, Sam Callahan, dessen unerschütterliche Unterstützung und sein Glaube an mich mich durch die schwierigsten Zeiten getragen haben: Danke. Deine Geduld, dein Verständnis und deine Liebe waren mein Anker. Deine gemeinsame Vision einer besseren Zukunft für alle, in der finanzielle Freiheit Realität ist, war eine ständige Quelle der Inspiration.

Mein herzlicher Dank gilt auch der Autorin Allison Gustavson und meiner Literaturagentin Maura Phelan, die mir geholfen haben, meine Gedanken und Ideen in geschriebene Worte zu fassen. Ihr Engagement und ihr Fachwissen waren während dieses gesamten Prozesses von unschätzbarem Wert. Allison hat mit ihrem unvergleichlichen Talent für das geschriebene Wort unermüdlich daran gearbeitet, dass meine Drehbücher für das Fernsehen ihre Stimme in literarischen Texten fanden. Gemeinsam saßen sie geduldig mit mir zusammen, gingen jedes Kapitel und jedes Wort durch und halfen mir dabei, meine Ideen auf eine Weise zu verfeinern, wie ich es alleine nicht hätte tun können. Ich bin ihnen für ihre Anleitung und ihr Können auf ewig dankbar.

Ich bin meinen Bitcoin-Mentoren zutiefst dankbar. Ihre Leidenschaft, ihr Wissen und ihr Engagement für die Schaffung einer inklusiveren Finanzwelt haben mein Verständnis davon, was möglich ist, tiefgreifend beeinflusst. Danke, dass ihr mein Denken herausgefordert und mir geholfen habt, Bitcoin nicht nur als Investition, sondern als revolutionäres Werkzeug zur Selbstermächtigung zu sehen. Dazu gehören insbesondere Michael Saylor, Lyn Alden, Jeff Booth, Brian und Kelly Estes, Preston Pysh, Eric Weiss, Lawrence Lepard, Saifedean Ammous, Peter McCormack und Lawrence Shea.

Ich muss auch meiner besten Freundin seit 19 Jahren, Paula Pendley, danken, deren unerschütterliche Unterstützung bei meiner ersten Bitcoin-Konferenz mir half, in dieser neuen Branche Fuß zu fassen. Heute, als Anwältin, die sich für Bitcoin-Unternehmen einsetzt und für Gerechtigkeit kämpft, macht sie mich stolzer denn je.

An die vielen Freunde aus der Branche, Kollegen und brillanten Köpfe, mit denen ich während meiner Bitcoin-Reise die Ehre hatte, in Kontakt zu treten: Danke, dass ihr eure Zeit mit mir geteilt, Seite an Seite mit mir zusammengearbeitet und diese außergewöhnliche Technologie mit mir auf der ganzen Welt gefeiert habt. Vielen Dank an Carla und Walker, Hunter, Nathanial, Teresa Bacal, Adam Back, Calli Bailey, David und Emily Bailey, Lynne Bairstow, Eric Balchunas, Haris Basit, Dom Bei, Sumit Behl, Aron Bender, Carly Benson, Marty Bent, Charlotte Bergmans, Nik Bhatia, Bill Miller, George Bodine, Joel Bomgar, Kelly Booth, Joe Burnett, Perianne Boring, Vijay Boyapati, Zach Bradford, Lee und Becca Bratcher, BTC Archive, Kaily Buemi, Bob Burnett, Joe Burnett, Joe Carlasare, Nic Carter, Vivian Cheng, John Christovich, Colin Coates, Renae Cormier, Alexandra Davani, Brian De Mint, Jason Don, Jack Dorsey, Julia Duzon, Sue Ennis, Charlene Fadirepo, Hong Fang, Efrat Fenigson, Fran Finney, David Foley, Silas Foley, Greg und Julie Foss, Martell Fox, Mike Germano, Alex Gladstein, Mike Germano, Simon Gerovich, Gui Gomes, Luke Gromen, Magdalena Gronowska, Dan Held, Stacy Herbert, Andrew Hohns, Matt Hougan, Hunter Horsley, Ella Hough, Lisa Hough, Adam Hurley, Neil Jacobs, Shirish Jajodia, Michael Jordan, Ed Juline, Andrew Kang, Max Keiser, Christian Keroles, Cory Klippsten, Tim Kotzman, Kyle Knobloch, Danny Knowles, Lyudmyla Kozlovska, Chris Kuiper, Victoria und James Lavish, Chris Lawlor, Shimon Lazarov, Phong Le, Dylan LeClair, Kiki LeClair, Nico Lechuga, Tom Lee, Alex Leishman, Hailey Lennon, Parker Lewis, Stephan Livera, Caitlin Long, Jameson Lopp, Valerie B. Love, Jason Lowery, US-Senatorin Cynthia Lummis, Oberst Douglas Macgregor, Roya Mahboob, Janet Maingi, Brooke Mallers, Jack Mallers, Sabrey Manning, Elina Marchenko, Matt Marlinski, Steve McClurg, Addie McDougal, Lana Miles, T.J. Miller, Brad Mills, Nico Moran, Brett und Sima Morrison, Mark Moss, Jesse Myers, Farida Nabourema, Nick Neumann, Eric Norris, NVK, Obi Nwosu, Matt O'Dell, Russell Okung, Thomas Pacchia, Jeff Park, Anil Patel, Raj Patel, Charles Payne, Matteo Pellegrini, Ben Perrin, Matthew Pines, Anthony und Polina Pompliano, Dennis Porter, Yan Pritzker, Demi Pysh, Brandon Quittem, David Rassiner, Will Reeves, Susie und TJ Reilly,

Rick Rickertsen, Pete Rizzo, Bonnie Roberts, Samantha Robertson, Pierre und Morgen Rochard, Jeff Ross, Avik Roy, Becca Rubenfeld, Kimberly und Shaun Ryan, Isabella Santos, Anthony Scaramucci, Kyle und Anelia Schmitt, Trey und Cas Sellers, Eric Semler, James Seyffart, Lauren Sieckmann Wertheimer und Udi Wertheimer, Natalie Smolenski, Jimmy Song, Alex Stanczyk, Elizabeth Stark, Ross Stevens, Aubrey Strobel, Harry Sudock, Knut Svanholm, Aleks Svetski, Brady Swenson, Fred Thiel, Kristin Thompson, Alex Thorn, Vince Ungaro, Jeff Walton, Michelle Weekley, Ben Werkman, Jason Williams, C.J. Wilson, Tyler und Cameron Winklevoss, Cathie Wood, Tony Yazbeck, Eric Yakes, Endi Zekaj und Yujia Zhai.

Mein tiefster Dank gilt meinem lieben Freund Ryan Tower, der mich überhaupt erst mit Bitcoin bekannt gemacht hat, und Larry, dessen Ermutigung meine Neugier in Taten verwandelte – und mich dazu brachte, mein erstes Bitcoin-Buch zu lesen und meinen Podcast zu starten.

Mein herzlicher Dank gilt meinen unglaublichen Freunden, deren unerschütterliche Unterstützung mich durch jedes Kapitel meines Lebens begleitet hat. Ein besonderer Dank geht an Katie Banks, Samantha Cortese, Katie Corder, Kelli DePaolis, Lisa Marie Grimes, Saphia Hall, Meghan Kluth, Lauren Sansone, Ariana Tejero, Jessica Tepas und Casi Ticer.

Den Unternehmen und Teams, deren Partnerschaften meine Inhalte und Bildungsbemühungen beflügelt haben, bin ich zutiefst dankbar – eure Unterstützung macht meine Arbeit möglich.

Der Einwanderergemeinschaft, deren Widerstandskraft und Hoffnung mich weiterhin inspirieren, widme ich dieses Buch. Ich sehe in euch denselben Antrieb, dieselbe Weigerung, Einschränkungen zu akzeptieren, die ich in meiner eigenen Familie gesehen habe. Unsere Geschichten handeln von Beharrlichkeit, vom Kampf gegen systemische Barrieren und von dem Glauben, dass wir mit den richtigen Werkzeugen eine Zukunft gestalten können, die wir selbst in der Hand haben.

An die Pioniere von Bitcoin, deren Arbeit diese Reise inspiriert hat, und an die Menschen aus allen Gesellschaftsschichten, die sich weiterhin für eine inklusivere finanzielle Zukunft einsetzen: Eure Arbeit treibt meine eigene weiter an. Danke für euren Mut, das System herauszufordern, und für eure Vision einer Welt, in der finanzielle Souveränität für alle zugänglich ist, nicht nur für einige wenige Privilegierte.

Danke an Satoshi, wer auch immer du sein magst. Du hast die Menschheit durch das Geschenk namens Bitcoin beflügelt.

Und schließlich an euch alle, die ihr diese Worte lest: Danke. Dieses

Buch ist für euch. Es ist für die unzähligen Menschen, die es leid sind, von einem kaputten System zurückgelassen zu werden, und die bereit sind, einen neuen Weg in die Zukunft einzuschlagen. Mögt ihr Hoffnung, Selbstbestimmung und die Kraft finden, eine Zukunft zu gestalten, in der finanzielle Freiheit kein ferner Traum ist, sondern Realität für alle.

Diese Reise ist nicht nur meine eigene. Sie ist eine, die ich mit vielen teile, und ich bin jedem Einzelnen dankbar, der daran mitgewirkt hat.

GLOSSAR UND WICHTIGE BEGRIFFE

ASICs (Application-Specific Integrated Circuits)
Hochspezialisierte Computer, die für eine einzige einfache Funktion entwickelt wurden: Bitcoin zu minen. ASICs lösen die kryptografischen Rätsel, die das Bitcoin-Netzwerk sichern und Transaktionen validieren.

Beständigkeit
Eine der wichtigsten Eigenschaften soliden Geldes: die Fähigkeit, physischem oder digitalem Verfall im Laufe der Zeit standzuhalten. Bitcoin ist wie Gold äußerst beständig – es zerfällt nicht, korrodiert nicht und verfällt nicht.

Bitcoin-Wallet
Ein Software- oder Hardware-Tool, mit dem Nutzer die privaten Schlüssel generieren, speichern und verwalten können, die zum Speichern, Senden und Empfangen von Bitcoin erforderlich sind. Die Wallet enthält nicht Bitcoin selbst, sondern die Zugangsdaten, mit denen Bitcoin in der Blockchain freigeschaltet wird.

Blockbelohnung/Blockzuschuss
Neu ausgegebene Bitcoin, die an Miner vergeben werden, weil sie reale Energie aufwenden, um das kryptografische Rätsel zu lösen und sich das Recht zu verdienen, einen Block von Transaktionen zu validieren und zur Blockchain hinzuzufügen. Die Blocksubvention ist der primäre Mechanis-

mus, durch den neue Bitcoin in Umlauf kommen, und dient als wirtschaftlicher Anreiz für die Sicherung des Netzwerks.

Blockchain

Ein verteiltes Hauptbuch, das Transaktionen in »Blöcke« gruppiert, von denen jeder durch kryptografische Hashes mit dem vorhergehenden verbunden ist, wodurch eine ununterbrochene, nur anfügbare Kette entsteht, die manipulationssicher ist. Blockchains können »genehmigungsfrei« (wie Bitcoin) oder »genehmigungspflichtig« (privat verwaltet) sein.

Bretton-Woods-Abkommen

Ein 1944 geschlossenes internationales Währungsabkommen, das die Weltwährungen an den US-Dollar koppelte, der seinerseits (bis 1971) durch Gold gedeckt war. Dieses Abkommen etablierte den Dollar als globale Reservewährung.

Cantillon-Effekt

Ein nach dem Ökonomen Richard Cantillon benanntes Phänomen, das beschreibt, wie neu geschaffenes Geld denjenigen, die dem »Gelddrucker« am nächsten stehen, unverhältnismäßig zugutekommt. Diese Personen und Institutionen haben Zugang zu diesem neuen Geld, bevor die Preise steigen, während alle anderen von der Inflation betroffen sind.

Cold Storage

Der Zugriff auf Ihre Bitcoin über eine Offline-»Hard Wallet« – mittels eines USB-ähnlichen Geräts – ist die stärkste Form der Selbstbestimmung, die es gibt. Cold Storage gilt als die sicherste Methode, um Bitcoin langfristig zu schützen, ähnlich wie das Aufbewahren von Gold in einem Tresor.

Compound Annual Growth Rate (CAGR)

Ein Maß für das Wachstum einer Investition im Laufe der Zeit, das ein klares Bild der langfristigen Wertentwicklung vermittelt.

Defizit

Ein Defizit ist die Differenz zwischen den Einnahmen des Staates (aus Steuern und anderen Einkünften) und seinen Ausgaben. Wenn der Staat beispielsweise in einem Jahr 3 Billionen Dollar einnimmt, aber 3,5 Billionen

Dollar ausgibt, weist er für dieses Jahr ein Defizit von 500 Milliarden Dollar auf.

Deflation
Ein anhaltender Rückgang des allgemeinen Preisniveaus.

Dezentral
Ein System, in dem Kontrolle und Entscheidungsfindung verteilt sind, anstatt in einer zentralen Behörde oder einem einzigen Kontrollpunkt konzentriert zu sein.

Eigenkapital
Eine Beteiligung an einem Vermögenswert – wie einem Haus, einer Aktie oder einem Unternehmen. Eigenkapital ist der Wert, der nach Abzug aller Schulden auf den Vermögenswert verbleibt, und damit ein wichtiger Maßstab für Vermögen.

Einspeisebegrenzung
Der Verlust von überschüssiger Energie – wie Wind- oder Solarenergie –, weil das Angebot größer ist als die Nachfrage und die vorhandene Infrastruktur den Überschuss nicht aufnehmen kann.

ETF (Exchange-Traded Fund)
Ein Anlageinstrument, das den Kurs eines Basiswerts nachbildet und wie eine Aktie an öffentlichen Börsen gehandelt wird. Ein Bitcoin-ETF ermöglicht die Anlage in Bitcoin über herkömmliche Brokerkonten, ohne Bitcoin direkt zu halten.

Federal Funds Rate
Der Leitzins, zu dem sich Geschäftsbanken gegenseitig über Nacht Reserven leihen. Er wird von der Federal Reserve festgelegt und dient als grundlegende Referenz für Zinssätze in der gesamten Wirtschaft, wobei er alles von Hypotheken bis hin zu Kreditkarten-Jahreszinssätzen beeinflusst.

Federal Reserve (Fed)
Das Zentralbanksystem der Vereinigten Staaten. Es verwaltet die Geldmenge des Landes, legt die Zinssätze fest und fungiert in Krisenzeiten als Kreditgeber letzter Instanz. Obwohl es zur Aufrechterhaltung der wirt-

schaftlichen Stabilität konzipiert wurde, stehen seine Maßnahmen zunehmend in der Kritik, da sie zur Vermögensinflation und Vermögensungleichheit beitragen.

Federal Reserve Act von 1913

Das Gesetz, mit dem das Federal Reserve System als Zentralbank der Vereinigten Staaten gegründet wurde. Es übertrug der Fed die Befugnis, Geld auszugeben, Banken zu regulieren und die Geldpolitik zu steuern, mit dem erklärten Ziel, die Finanzstabilität zu fördern.

Fiat

Von einer Regierung ausgegebene Währung, die nicht durch einen physischen Rohstoff wie Gold oder Silber gedeckt ist. Ihr Wert beruht auf ihrem rechtlichen Status und dem Vertrauen der Öffentlichkeit in die ausstellende Regierung. Die meisten modernen nationalen Währungen funktionieren als Fiatgeld.

Fiat-Standard

Ein globales Währungssystem, in dem Fiat-Währungen dominieren, die von Regierungen oder Zentralbanken ohne Rohstoffdeckung geschaffen und verwaltet werden. Dieses System ermöglicht eine expansive Geldpolitik, eine weitreichende Kreditvergabe und die Zentralisierung der Finanzmacht. Bitcoin wurde als Alternative zu diesem Modell entwickelt.

Finanzialisierung

Die zunehmende Dominanz von Finanzinstituten, Märkten und finanziellen Motiven, die die reale Produktion übertrumpft. In einem finanzialisierten System werden Gewinne zunehmend aus der Spekulation mit Vermögenswerten statt aus der Produktion von Gütern und Dienstleistungen erzielt.

Freies Bankwesen

Ein Zeitraum, in dem Privatbanken ihre eigenen, durch Reserven – typischerweise Gold oder Silber – gedeckten Währungen ausgaben. Diese dezentralisierten Systeme funktionierten ohne Zentralbanken und unterlagen marktbasierten Kontrollmechanismen.

Fungibilität

Die Eigenschaft von Geld, die es ermöglicht, einzelne Einheiten untereinander auszutauschen: Ein 20-Dollar-Schein ist mit jedem anderen 20-Dollar-Schein identisch.

Gegenparteirisiko

Die Wahrscheinlichkeit, dass die andere Partei einer Transaktion ihre Verpflichtung nicht erfüllt. Bitcoin beseitigt dieses Risiko, indem der Wert direkt über seine Blockchain abgewickelt wird – sobald eine Transaktion bestätigt ist, ist sie endgültig und wird durch das Netzwerk selbst garantiert.

Gelddrucker

Ein Sammelbegriff, der sich auf die Fähigkeit von Zentralbanken bezieht, neues Geld zu schaffen, sei es physisch oder digital. Obwohl dies zur Ankurbelung der Wirtschaft beabsichtigt ist, kann diese Macht die Märkte verzerren und die Kaufkraft untergraben.

Geldentwertung

Ein Anstieg der Gesamtgeldmenge innerhalb einer Volkswirtschaft. Geldentwertung verwässert den Wert der bestehenden Währung und führt häufig zu Vermögensblasen und langfristiger Preisinstabilität.

Gesamtgeldmenge

Die Gesamtmenge des im Umlauf befindlichen Geldes, gemessen in M_2. Dazu gehören Bargeld, Einlagen und andere liquide Instrumente. Eine rasche Ausweitung der Geldmenge im Verhältnis zur Wirtschaftsleistung ist ein häufiger Auslöser für Inflation.

Globale Reservewährung

Eine Währung, die von Regierungen und Institutionen in erheblichen Mengen als Teil der internationalen Reserven gehalten und im globalen Handel verwendet wird. Der US-Dollar erfüllt derzeit diese Rolle und verleiht den Vereinigten Staaten beträchtlichen wirtschaftlichen und geopolitischen Einfluss.

Goldstandard

Ein Währungssystem, in dem die Währung eines Landes direkt an eine feste Goldmenge gekoppelt ist.

Halving

Ein im Bitcoin-Protokoll vorprogrammiertes Ereignis, das die Blockbelohnung für Miner um 50 % reduziert und etwa alle vier Jahre stattfindet. Das Halving verlangsamt die Neuemission und verstärkt die Knappheit von Bitcoin.

Hard Money

Währung, die schwer zu produzieren oder zu manipulieren ist, typischerweise aufgrund natürlicher oder erzwungener Knappheit.

Hauptbuch (Ledger)

Eine strukturierte Aufzeichnung von Transaktionen. Im Bitcoin-Netzwerk ist das Hauptbuch öffentlich, verteilt und kryptografisch gesichert. Es wird von Tausenden von Knoten gepflegt, um Transparenz zu gewährleisten und Betrug zu verhindern.

Hot Wallet

Eine mit dem Internet verbundene digitale Geldbörse. Hot Wallets sind zwar ideal für den einfachen Zugriff und häufige Transaktionen, bergen jedoch höhere Sicherheitsrisiken und werden im Allgemeinen nur für die Aufbewahrung kleinerer Bitcoin-Beträge empfohlen.

Hyperinflation

Ein Szenario, in dem die Preise für Waren und Dienstleistungen in einem unkontrollierbaren Tempo von über 50 % pro Monat steigen.[122] Hyperinflation untergräbt den Wert des Geldes bis zur Wertlosigkeit und wird in der Regel durch übermäßige Geldschöpfung, Vertrauensverlust in die Währung sowie politische oder wirtschaftliche Instabilität ausgelöst.

Inhaberwert

Eine Form von Eigentum – physisch oder digital –, die demjenigen, der sie besitzt, das volle Eigentumsrecht und die volle Kontrolle darüber gewährt. Bargeld ist ein physischer Inhaberwert, und Bitcoin ist ein digitaler Inhaberwert.

Inhaberwertpapier

Ein Finanzinstrument, das dem Inhaber Rechte gewährt, ohne dass ein

Identitätsnachweis erforderlich ist. Wie bei einer Konzertkarte oder einem Lottoschein bestimmt der Besitz die Kontrolle.

Internet des Geldes

Ein Begriff, der die transformative Rolle von Bitcoin als native digitale Währung beschreibt, die es ermöglicht, Werte über das Internet ohne Banken, Grenzen oder zentralisierte Kontrolle zu transferieren. So wie das Internet die Kommunikation dezentralisiert hat, zielt Bitcoin darauf ab, den finanziellen Austausch zu dezentralisieren.

Kapital

Kapital sind die Gebäude, Maschinen und Werkzeuge, in die Menschen investieren, um Waren und Dienstleistungen zu produzieren, sowie das Geld, das zum Kauf und Betrieb dieser Mittel verwendet wird. Es steht für Ersparnisse, die beiseitegelegt werden, um Unternehmen auszubauen und zukünftige Einnahmen zu erzielen.

Kapitalismus

Kapitalismus ist das System, in dem Menschen ihre Ersparnisse nutzen, um Unternehmen zu gründen und frei auf dem Markt zu konkurrieren, was Innovation und Wirtschaftswachstum vorantreibt. In diesem Rahmen belohnen Gewinne Ideen und Anstrengungen, die Wert schaffen, während Verluste dazu beitragen, Ressourcen von weniger erfolgreichen Unternehmungen abzuziehen.

Kaufkraft

Der reale Wert des Geldes, definiert durch die Menge an Gütern oder Dienstleistungen, die damit gekauft werden kann. Wenn die Inflation steigt oder die Währung an Wert verliert, sinkt die Kaufkraft.

Knappheit

Ein Zustand, in dem das Angebot – in diesem Fall an Geld – streng begrenzt ist. Die maximale Ausgabe von 21 Millionen Bitcoin-Coins ist durch den Code festgelegt, was eine vorhersehbare Knappheit schafft, die seine Rolle als Wertspeicher untermauert.

Knoten

Ein einzelner Computer, auf dem Bitcoin-Software läuft und der dabei hilft, die Regeln des Netzwerks durchzusetzen. Knoten validieren Transaktionen, leiten Daten weiter und verwalten eine vollständige Kopie der Blockchain, wodurch sie zur Dezentralisierung und Integrität des Systems beitragen.

Konsensbasierter Mechanismus

Eine Methode, mit der dezentrale Systeme eine Einigung über gemeinsame Daten – wie beispielsweise die Gültigkeit von Transaktionen – erzielen, ohne sich auf eine zentrale Behörde zu stützen. Bitcoin nutzt Proof-of-Work als Konsensmechanismus.

Kontrahenten

Die Parteien auf beiden Seiten einer Finanztransaktion. In traditionellen Systemen fungieren Vermittler wie Banken als Gegenparteien. Bitcoin macht Gegenparteien überflüssig, indem es einen direkten, vertrauenslosen Austausch ermöglicht.

Kredit

Geliehenes Geld, das im Laufe der Zeit zurückgezahlt werden muss, in der Regel mit Zinsen.

Kreditgeber letzter Instanz

Eine Funktion der Zentralbanken, Finanzinstituten in Stress- oder Krisenzeiten Notfallliquidität zur Verfügung zu stellen. Diese Rolle soll zwar einen systemischen Zusammenbruch verhindern, kann aber auch ein moralisches Risiko mit sich bringen, indem sie riskante Akteure vor den Folgen eines Scheiterns abschirmt.

Kryptografie

Die Praxis, Mathematik als hochtechnologisches Schloss-und-Schlüssel-System zur Sicherung von Informationen zu nutzen. Die Kryptografie schützt digitale Informationen mithilfe von Mathematik, indem sie diese in einen geheimen Code umwandelt, der nur von jemandem mit dem richtigen digitalen Schlüssel gelesen werden kann.

Kryptowährung

Eine digitale Form von Geld, die Kryptografie nutzt, um Transaktionen zu sichern und das Angebot in einem dezentralen Netzwerk zu regulieren. Bitcoin, die erste Kryptowährung, ist nach wie vor die am stärksten dezentralisierte und die einzige mit einem streng begrenzten Angebot.

Lebenshaltungskosten

Der durchschnittliche Geldbetrag, der zur Deckung der Grundbedürfnisse wie Wohnen, Ernährung, Gesundheitsversorgung und Mobilität erforderlich ist.

Leichtes Geld

Geld, das günstig zu leihen und leicht verfügbar ist und oft in großen Mengen von Zentralbanken geschaffen wird. Leichtes Geld ist typischerweise durch niedrige Zinsen und reichlich Kredite gekennzeichnet und kann die Ausgaben und Vermögenspreise ankurbeln, aber auch Blasen und Ungleichheit schüren.

Mining

Der wettbewerbsorientierte Prozess, durch den Bitcoin-Transaktionen verifiziert und der Blockchain hinzugefügt werden. Miner wenden Rechenleistung auf, um kryptografische Rätsel zu lösen (siehe: Proof-of-Work), und werden für die Sicherung des Netzwerks mit neu ausgegebenen Bitcoin (siehe: Blockbelohnung) und Transaktionsgebühren belohnt.

Moral Hazard

Wenn jemand größere Risiken eingeht, weil er nicht die vollen Konsequenzen tragen muss. In der Finanzwelt tritt dies häufig auf, wenn Rettungsaktionen, Versicherungen oder andere Garantien rücksichtsloses Verhalten fördern, indem sie die Kosten eines Scheiterns auf andere abwälzen.

Multi-Signature-Verwahrung (Multi-Sig)

Ein Sicherheitsprotokoll, das mehrere kryptografische Signaturen erfordert, um eine Bitcoin-Transaktion zu autorisieren. Multi-Sig wird häufig von Institutionen oder Gruppen genutzt und bietet einen zusätzlichen Schutz, indem die Kontrolle auf mehrere Parteien oder Geräte verteilt wird.

Netzwerkeffekt

Ein Phänomen, bei dem der Wert eines Produkts oder Systems steigt, je mehr Menschen es nutzen.

Öffentliche Bitcoin-Adresse

Die kryptografische Kennung, die zum Empfang von Bitcoin verwendet wird. Oft mit einem digitalen Postfach verglichen, ermöglicht eine öffentliche Adresse es Einzelpersonen, Geld aneinander zu senden, ohne die Identität des Empfängers preiszugeben. Öffentliche Adressen bestehen aus einer Folge von Zahlen und Buchstaben und können frei weitergegeben werden.

Open-Source

Ein Entwicklungsmodell, bei dem der Softwarecode für jedermann frei zugänglich ist, um ihn einzusehen, zu ändern oder zu verbessern.

Peer-to-Peer

Eine Möglichkeit, Werte direkt zwischen Menschen auszutauschen: ohne Zwischenhändler, ohne Banken, ohne Unternehmensinfrastruktur.

Portabilität

Die Leichtigkeit, mit der Geld transferiert oder transportiert werden kann.

Private Schlüssel

Kryptografische Zugangsdaten – ähnlich wie Geheimcodes –, die den Zugriff auf eine bestimmte digitale Geldbörse ermöglichen. Wer den privaten Schlüssel besitzt, kontrolliert die zugehörige Geldbörse; der Verlust des Schlüssels führt zu einem dauerhaften und unwiderruflichen Verlust des Zugriffs.

Proof-of-Work

Der dezentrale Konsensmechanismus, den Bitcoin zur Sicherung des Netzwerks nutzt. Miner wenden Energie auf, um kryptografische Rätsel zu lösen, um Transaktionen zu validieren und Blöcke zur Blockchain hinzuzufügen (siehe: Mining). Erfolgreiche Miner erhalten neu geschaffene Bitcoin (siehe: Blockbelohnung) und Transaktionsgebühren für die Sicherung des Netzwerks durch Proof-of-Work.

Quantitative Lockerung (QE)

Eine Politik der Zentralbank, bei der neues Geld geschaffen wird – das über das Bankensystem geleitet wird –, um Finanzanlagen, typischerweise Staatsanleihen, zu kaufen. QE soll die Kreditvergabe und Investitionen ankurbeln, führt jedoch oft zu einem Anstieg der Vermögenspreise und einer Vergrößerung der Vermögensungleichheit.

Rechnungseinheit

Eine Funktion des Geldes, die es ermöglicht, Preise und Schulden zu messen und zu vergleichen. Damit eine Rechnungseinheit wirksam ist, muss sie stabil, allgemein anerkannt und über die Zeit hinweg konsistent sein.

Reserven

Der Teil der Kundeneinlagen, den Banken bei der Zentralbank hinterlegen. Reserven dienen dazu, Abhebungsanforderungen zu erfüllen und die Liquidität aufrechtzuerhalten, um Bankenstürme zu verhindern.

Sachwerte

Anlagen mit bleibendem Wert wie Immobilien, Edelmetalle und produktives Land. Diese Vermögenswerte behalten im Laufe der Zeit tendenziell ihren Wert und dienen als Absicherung gegen Inflation und Währungsabwertung.

Sats oder Satoshi(s)

Die kleinste Einheit von Bitcoin, benannt nach seinem Schöpfer. Satoshis sind wie Cent-Stücke im Verhältnis zu einem Dollar. Ein Bitcoin besteht aus 100 Millionen Satoshis, was präzise Transaktionen auf Mikroebene innerhalb des Systems ermöglicht.

Schulden (Staatsschulden)

Die laufende Summe, die der Staat den Inhabern seiner Anleihen schuldet. Jedes Jahr kann der Staat Kredite aufnehmen, um Ausgaben zu decken, die über seine Steuereinnahmen hinausgehen – wodurch ein jährliches Defizit entsteht –, und diese jährlichen Defizite summieren sich zur Gesamtverschuldung.

Schuldschein

Eine schriftliche Vereinbarung, in der sich eine Partei verpflichtet, einer anderen Partei zu einem zukünftigen Zeitpunkt einen bestimmten Betrag zu zahlen. Schuldscheine dienten in der Vergangenheit als rechtliche Grundlage für frühe Formen von Kredit und Währung.

Schwierigkeitsanpassung

Eine integrierte Funktion des Bitcoin-Protokolls, die die Mining-Schwierigkeit etwa alle zwei Wochen anpasst, um sicherzustellen, dass Blöcke in einem gleichmäßigen Tempo hinzugefügt werden, unabhängig von Schwankungen der Rechenleistung oder davon, wie viele Miner zu einem bestimmten Zeitpunkt dem Netzwerk beitreten oder es verlassen.

Selbstverwahrung

Die Praxis, die volle Kontrolle über die eigenen digitalen Vermögenswerte zu behalten, ohne sich auf externe Verwahrer zu verlassen.

Sicherheiten

Sicherheiten sind Vermögenswerte, die Sie einem Kreditgeber versprechen, wenn Sie einen Kredit aufnehmen. Wenn Sie diesen nicht zurückzahlen können, kann der Kreditgeber diese Vermögenswerte beschlagnahmen und verkaufen, um die Schulden zu decken. Gängige Beispiele sind ein Haus für eine Hypothek oder von Banken verpfändete Staatsanleihen.

Tauschmittel

Eine der Kernfunktionen von Geld: den Austausch von Waren und Dienstleistungen ohne Tauschhandel zu ermöglichen. Damit ein Tauschmittel erfolgreich ist, muss es weit verbreitet, leicht übertragbar und vertrauenswürdig sein.

Teilbarkeit

Die Fähigkeit von Geld, für den praktischen Gebrauch in kleinere Einheiten unterteilt zu werden. Bitcoin ist in hohem Maße teilbar: Jeder Bitcoin kann in 100 Millionen kleinere Einheiten, sogenannte Satoshis, aufgeteilt werden, was präzise Transaktionen in jeder Größenordnung ermöglicht.

Teilreservebankwesen

Ein Bankmodell, bei dem Institute nur einen Bruchteil der Einlagen als Reserve halten und den Rest als Kredite vergeben, um Gewinne zu erzielen. Diese Praxis macht Banken anfällig für »Bankenstürme«, wenn zu viele Einleger gleichzeitig Auszahlungen verlangen, und trägt maßgeblich zur allgemeinen Ausweitung der Geldmenge bei.

Triffin-Dilemma
Ein strukturelles Problem, mit dem Länder konfrontiert sind, deren Währungen als globale Reservewährung dienen. Um die weltweite Nachfrage zu decken, muss das Land anhaltende Handelsdefizite verzeichnen, was letztlich das Vertrauen in die langfristige Stabilität der Währung untergräbt. Seit Bretton Woods betrifft dieses Dilemma fast ausschließlich die USA.

»Too Big to Fail«
Ein Begriff für Institutionen, deren Zusammenbruch ein systemisches Risiko für die Wirtschaft darstellen würde. Regierungen greifen oft ein, um einen Zusammenbruch zu verhindern, was zu Rettungsaktionen, verzerrten Anreizen und moralischem Risiko führt.

Veräußerbarkeit
Ein Maß dafür, wie einfach und zuverlässig ein Vermögenswert verkauft werden kann, ohne an Wert zu verlieren. Eine hohe Verkäuflichkeit ist ein Kennzeichen solider Währung – sie muss liquide, weit verbreitet und widerstandsfähig gegenüber Schwankungen sein.

Verbraucherpreisindex (CPI)
Ein von der Regierung berechneter Index zur Erfassung von Veränderungen bei den Kosten für Güter des täglichen Bedarfs – wie Lebensmittel, Benzin und Mieten. Der VPI verwendet einen standardisierten »Warenkorb« als Maßstab zur Messung der Kaufkraft, wird jedoch häufig dafür kritisiert, die tatsächliche Inflation zu unterschätzen.

Vermögensinflation
Ein Anstieg der Marktpreise von Finanz- und Sachwerten – wie Immobilien, Aktien oder Kunst – nicht aufgrund einer erhöhten Nutzbarkeit oder Produktivität, sondern als Folge eines Kapitalüberflusses, der in diese Märkte fließt (mit anderen Worten: »mehr Geld jagt denselben Gütern nach«). Dies tritt häufig auf, wenn neu geschaffenes Geld Renditen auf den Anlagemärkten sucht, anstatt in der Gesamtwirtschaft zu zirkulieren.

Vermögenswert
Eine Ressource mit wirtschaftlichem Wert – wie Immobilien, Aktien, Gold oder Bitcoin –, die man besitzen oder kontrollieren kann, in der Erwartung, dass sie diesen Wert behält oder sogar steigert.

Wertspeicher

Eine zentrale monetäre Funktion, die die Kaufkraft über einen längeren Zeitraum hinweg bewahrt.

Zeitpräferenz

Ein wirtschaftlicher Begriff, der beschreibt, wie Individuen den gegenwärtigen Konsum gegenüber zukünftigen Ersparnissen priorisieren. Eine hohe Zeitpräferenz begünstigt die sofortige Befriedigung; eine niedrige Zeitpräferenz begünstigt die langfristige Planung.

Zinssatz

Die Kosten für die Aufnahme von Krediten oder die Vergütung für das Sparen. Zentralbanken haben großen Einfluss auf die Zinssätze, und diese wirken sich auf die gesamte Wirtschaft aus und bestimmen, wie viel Menschen leihen, investieren und ausgeben.

ANMERKUNGEN

1 John M. Griffina, Samuel Kruger, Gonzalo Maturana, »What Drove the 2003-2006 House Price Boom and Subsequent Collapse?« Journal of Financial Economics (September 2021), www.sciencedirect.com.

2 Natalie Brunell, »Bitcoin ATMs in Sacramento! Wait, What's Bitcoin?« KCRA (19. November 2017), www.kcra.com.

3 Inequality.org, »Wealth Inequality in the United States,« www.inequality.org.

4 Madelin Brown et al., »Nine Charts about Wealth and Inequality in America,« www.apps.urban.org.

5 United States Census Bureau, »National Poverty in America Awareness Month« (Januar 2025), www.census.gov.

6 Inequality.org, »Wealth Inequality in the United States,« www.inequality.org.

7 HBO, »Icahn: The Restless Billionaire« (2022), www.hbo.com.

8 Oyin Adedoyin, »Gen Z Sinks Deeper into Debt,« The Wall Street Journal (7. Mai 2024), www.wsj.com.

9 Mike Winters, »Over Half of Americans Have Medical Debt, Even Those with Health Insurance—Here's Why,« CNBC (11. März 2022).

10 Claire Thornton, »Food Banks are Struggling this Holiday Season as Inflation Creates ›Perfect Storm‹,« USA Today News (23. November 2022), www.eu.usatoday.com.

11 NAHB, »Nearly Half of U.S. Households Can't afford a $250,000 Home« (Mai 2024), www.nahb.org.

12 Tim Kephart, »25 % of Millennials Currently Live with Parents, Survey Finds,« ABC Action News (7. Dezember 2022), www.abcactionnews.com.

13 Dylan Sloan, »Larry Fink says Gen Z, Millennials Distrust Boomers on the Economy,« Fortune (26. März 2024), www.fortune.com.

14 Anthony Pompliano, »The Income Needed to Purchase a Typical U.S. Home has Increased by 79 % in just 5 Years,« The Pomp Letter (25. März 2025), www.pomp. substack.com.

15 Aimee Picchi, »Retiring in America Increasingly Means Working into Old Age, New Book Finds,« CBS News (18. April 2024).

16 Michael Saylor, post in X, www.x.com.

17 Rufas Kamau, »Bitcoins Philosophy and Political Promise of Borderlessness and Solving Inefficiencies,« Forbes (6. Oktober 2022), www.forbes.com.

18 Bureau of Labor Statistics, »Consumer Prices Up 9.1 % Over the Year Ended June 2022, Largest Increase in 40 Years,« The Economics Daily (18. Juli 2022), www.bls.gov.

19 National Center for Education Statistics, »Tuition Costs of Colleges and Universities,« www.nces.ed.gov.

20 KFF, »2024 Employer health Benefits Survey« (9. Oktober 2024), www.kff.org.

21 Paul H. Keckley, »Analysis of Healthcare Spending Since 2000,« Healthcare Executive, www. he althcareexecutive .org.

22 Federal Reserve Bank of St. Louis, »Median Sales Price of Houses Sold for the United States,« www.fred.stlouisfed.org (abgerufen 23. April 2025).

23 Bureau of Labor Statistics, »Median Usual Weekly Earnings of Full-time Wage and Salary Workers by Sex,« www.bls.gov.

24 Federal Reserve Bank of St. Louis, »Table data—M2« (abgerufen April 2025), www.fred.stlouisfed.org.

25 Mike Winters, Gabriel Cortes, »28-year-old made 15 offers, went $65,000 over asking price and still got rejected,« CNBC (17. September 2024), www.cnbc.com.

26 Julia Carpenter, »Why Young Adults Are Delaying Parenthood,« The Wall Street Journal (7. Januar 2022), www.wsj.com.

27 Sabrina Karl, »New Zillow Data Shows 'Typical Mortgage Payment' Has More Than Doubled in Just 5 Years,« Investopedia (31. Januar 2025), www.investopedia.com.

28 Board of Governors of the Federal Reserve System, »What is the Purpose of the Federal Reserve System,« www.federalreserve.gov.

29 Christopher Leonard, The Lords of Easy Money: How the Federal Reserve Broke the American Economy (Simon & Schuster, 2022), p26.

30 Christopher Leonard, The Lords of Easy Money: How the Federal Reserve Broke the American Economy (Simon & Schuster, 2022), p26.

31 American Numismatic Association, »The History of Money,« www.money.org.

32 Saifedean Ammous, The Bitcoin Standard: The Decentralized Alternative to Central Banking (Wiley, 2018), p13.

33 Saifedean Ammous, The Bitcoin Standard: The Decentralized Alternative to Central Banking (Wiley, 2018), p14.

34 Christopher Leonard, Lords of Easy Money: How the Federal Reserve Broke the American Economy (Simon & Schuster, 2022), p13.

35 Govmint, »Who Invented Ridges on Coins« (5. Dezember 2024), www.govmint.com.

36 Lyn Alden, Broken Money: Why Our Financial System is Failing Us and How We Can Make it Better (Timestamp Press, 2023), PP38-9.

37 Murray N. Rothbard, »Fractional Reserve Banking,« Mises Institute (17. Januar 2024), www.mises.org.

38 Lyn Alden, Broken Money: Why Our Financial System is Failing Us and How We Can Make it Better (Timestamp Press, 2023), pvii.

39 Lyn Alden, »Banks, QE, and Money-Printing,« Lyn Alden Investment Strategy (November 2020), www.lynalden.com.

40 Christopher Leonard, The Lords ofEasy Money: How the Federal Reserve Broke theAmerican Economy (Simon & Schuster, 2022), P46.

41 Jon R. Moen and Ellis W. Tallman, »The Panic of 1907,« Federal Reserve History (4. Dezember 2015), www.federalreservehistory.org.

42 Benjamin Wallace-Wells, »Loaded,« The New Yorker (20. Mai 2024).

43 David J. Erickson, »Before the Fed: The Historical Precedents of the Federal Reserve System,« Federal Reserve History (4. Dezember 2015), www.federalreservehistory.org.

44 G. Edward Griffin, The CreaturefromJekyllIsland:A SecondLook at theFederal Reserve (American Media, 1994), p5.

45 Phil Davies, »The Federal Reserve's Role During WWI,« Federal Reserve History (22. November 2013), www.federalreservehistory.org.

46 Hugh Rockoff, »Until It's Over, Over There: The U.S. Economy in World War I,« National Bureau of Economic Research (Juni 2004), www.nber.org.

47 Richard H. Timberlake, »Federal Reserve System,« EconLib, www.econlib.org.

48 «Consumer Price Index, 1800-« Federal Reserve Bank of Minneapolis, www. minneapolisfed.org.

49 Christopher Leonard, The Lords of Easy Money: How the Federal Reserve Broke theAmerican Economy (Simon & Schuster, 2022), p100.

50 «Trade and Gold Reserves after the Demise of the Classical Gold Standard,« Federal Reserve Bank of St. Louis (1. September 2020), www.stlouisfed.org.

51 «Bank Holiday of 1933,« Federal Reserve History, www.federalreservehistory.org.

52 Franklin D. Roosevelt, »Executive Order 6102—Forbidding the Hoarding of Gold Coin, Gold Bullion and Gold Certificates,« The American Presidency Project, www.presidency.ucsb.edu/ node/208042.

53 »World War II,« High Point Museum, www.highpointnc.gov.

54 World Bank Group, »Bretton Woods Monetary Conference, 1.-22. Juli 1944,« www.worldbank.org.

55 Lyn Alden, Broken Money: Why Our Financial System is Failing Us and How We Can Make itBetter (Timestamp Press, 2023), P123.

56 »The Post World War II Boom: How America Got into Gear,« History, wwwhistory.com.

57 Levi Strauss & Co., »The Fall of the Wall: Jeans as a Symbol of Freedom in Eastern Europe« (6. November 2014), www.levistrauss.com.

58 Tam Harbert, »Here's How Much the 2008 Bailouts Really Cost,« MIT Management (21. Februar 2019), www.mitsloan.mit.edu.

59 Josh Bivens, Elise Gould, and Jori Kandra, »CEO Pay Declined in 2023,« Economic Policy Institute (19. September 2024), www.epi.org.

60 Gaurang Dholakia, »Global Stock Buybacks Hit Record High In 2022; North America Drives Activity,« S&P Global (25. Mai 2023), www.spglobal.com.

61 Pallavi Rao, »Visualizing the $105 Trillion World Economy in One Chart,« Visual Capitalist (9. August 2023), www.visualcapitalist.com.

62 Jorgelina Do Rosario, »Global Debt Hits New Record High at $313 trillion,« Reuters (21. Februar 2024), www.reuters.com.

63 Fiscal Affairs Department, »Global Debt Monitor« (Dezember 2024), www.imf.org.

64 Benn Steil and Elisabeth Harding, »For the First Time, the U.S. is Spending More on Debt Interest than Defense,« Council on Foreign Relations (23. Mai 2024), www.cfr.org.

65 Jeff Booth, The Price of Tomorrow (Stanley Press, 2020), pp2-3.

66 Aerospace, »A Brief History of GPS,« www.aerospace.org.

67 Kate Ashford, »What is Deflation? Why is it Bad for the Economy?« Forbes (14. Februar 2023), www.forbes.com.

68 Bitcoin, »Bitcoin is an Innovative Payment Network and a New Kind of Money,« www.bitcoin.org.

69 Tim Ferriss, »The Tim Ferriss Show Transcripts: Nick Szabo (#244),« Tim Ferriss (1. Juni 2018), www.tim.blog.

70 Rebekah Carter, »How Many Bitcoins Are There in 2024?« Bankless Times (6. Mai 2025), www.banklesstimes.com.

71 Hass McCook, »Bitcoins Energy Use Compared to Other Major Industries,« Bitcoin Magazine (10. August 2021), www.bitcoinmagazine.com.

72 Lyn Alden, »Bitcoins Energy Usage Isn't a Problem. Here's Why,« Lyn Alden Investment Strategy (August 2021), www.lynalden.com.

73 Lyn Alden, »Bitcoins Energy Usage Isn't a Problem. Here's Why,« Lyn Alden Investment Strategy (August 2021), www.lynalden.com.

74 Robert B. Jackson et al., »Human Well-being and Per Capita Energy Use,« Ecosphere (12. April 2022), www.esajournals.onlinelibrary.wiley.com.

75 Gianna Lorenzato et al., Financing Solutions to Reduce Natural Gas Flaring and Methane Emissions, (World Bank, 2022), www.openknowledge.worldbank.org.

76 James Larsen »Storage is the Key to the Renewable Energy Revolution,« World Economic Forum (30. August 2023), www.weforum.org.

77 Susie Violet Ward, »Bitcoin Mining Catalyzes Growth in Renewable Energy and Infrastructure,« Forbes (18. Oktober 2023), www.forbes.com.

78 Stephen Alpher, »Marathon Teams Up with Abu Dhabi's Zero Two for Middle East's First Large-scale Immersion-cooled Bitcoin Mining,« CoinDesk (9. Mai 2023), www.coindesk.com.

79 Christian Sefrin, »Energy Transition and Bitcoin Mining: an Efficient Way to Stabilise the Grid?« Adesso (9. August 2024), www.adesso.de.

80 Climate & Clean Air Coalition, »Methane,« www.ccacoalition.org.

81 UN Environment Programme, »Methan Emissions are Driving Climate Change. Here's How to Reduce Them« (20. August 2021), www.unep.org.

82 Robert B. Jackson et al., »Human Well-being and per Capita Energy Use,« Ecosphere (12. April 2022), www.esajournals.onlinelibrary.wiley.com.

83 Mogomotsi Magome, »'What Can We Do?': Millions in African Countries Need Power,« AP News (25. März 2023), www.apnews.com.

84 Habitat for Humanity, »Energy Poverty: Effects on Development, Society, and Environment,« www.habitat.org.

85 Alex Gladstein, »Stranded: How Bitcoin is Saving Wasted Energy and Expanding Financial Freedom in Africa,« Bitcoin Magazine (24. Januar 2024), www.bitcoinmagazine .com.

86 Liz Mills, »Bhutan's Bitcoin Mining Reveals Wider Interest in Digital Assets,« Crypto Council for Innovation (2. Oktober 2024), www.cryptoforinnovation.org.

87 Daniel Ramirez-Escudero, »Bhutan's $750M Revenue from Bitcoin Mining Sets Model for Developing Nations,« CoinTelegraph (20. September 2024), www.cointelegraph.com.

88 Natalie Brunell, »The Untold Story of Bitcoin Data Centers Transforming Local Economies,« YouTube (1. Mai 2025), www.youtube.com.

89 World Economic Forum, »This Chocolate Factory is Powered by a Net-zero Bitcoin Mine,« www.weforum.org.

90 World Bank Group, »The World Bank will Help Increase and Improve Access to Sustainable Electric Power in Rural Communities of Bolivia« (20. November 2023), www.worldbank.org.

91 Alex Epstein, Fossil Future: Why Global Human Flourishing Requires More Oil, Coal, and Natural Gas—Not Less (Portfolio, 2022).

92 Rina Herzl, »Oxpeckers: The Rhino's Guard,« Rhino Recovery Fund (29. Dezember 2021), www.rhinorecoveryfund.org.

93 Today, »'What is Internet?' Kate Couric, Bryant Gumbel are Puzzled,« (20. Juni 2019), www.today.com.

94 David Emery, »Did Paul Krugman Say the Internet's Effect on the World Economy Would Be 'No Greater Than the Fax Machine's'?« Snopes (7. Juni 2018), www.snopes.com.

95 Zia Hayat, »Digital trust: How to Unleash the Trillion-dollar Opportunity for Our Global Economy,« World Economic Forum (17. August 2022), www.weforum.org.

96 Lyn Alden, »Analyzing Bitcoin's Network Effect,« Lyn Alden Investment Strategy (März 2021), www.lynalden.com.

97 J. Craig Shearman, »Credit and Debit Card 'Swipe' Fees Hit New Record of $187.2 Billion,« Merchant Payments Coalition (18. März 2025), www.merchantspaymentscoalition.com.

98 Alex Gladstein, »How to Dictator-Proof Your Money,« Journal of Democracy (April 2024), www.journalofdemocracy.org.

99 Roya Rahmani, »Ensuring Women have Equal Rights to Inheritance and Property is Key to Tackling Climate Change,« Equality Now (23. Juni 2022), www.equalitynow.org.

100 Alexandra Arevalo, »Economic Violence, a Silent Aggression,« Friedrich Naumann Foundation (25. November 2023), www.freiheit.org.

101 Alex Gladstein, »Structural Adjustment: How the IMF and World Bank Repress Poor Countries and Funnel their Resources to Rich Ones,« Bitcoin Magazine (30. November 2022), www.bitcoinmagazine.com.

102 Human Rights Foundation, »The Time for Democracy is Now« (15. September 2022), www.hrf.org.

103 Michael Albertus, »How Authoritarians Turn Rural Areas into their Strongholds,« The Atlantic (11. April 2021), www.theatlantic.com.

104 The Irrawaddy, »The Day Three Myanmar Banknotes Suddenly Became Worthless« (5. September 2019), www.irrawaddy.com.

105 »'Manna from Heaven?' How Health and Education Pay the Price for Self-Dealing in Equatorial Guinea,« Human Rights Watch (15. Juni 2017), www.hrw.org.

106 Katarina Hoije and Alonso Soto, »To Get IMF Bailout, Equatorial Guinea's Ruler Must Reveal Assets,« Aljazeera (27. Dezember 2019), www.aljazeera.com.

107 Jacob deNobel, »Fighting for the Right to have Rights,« Johns Hopkins University (21. November 2019), www.hub.jhu.edu.

108 Block, Inc., »Currency of Freedom: Farida Nabourema and Jack Dorsey,« YouTube (15. Dezember 2022), www.youtube.com.

109 Block, Inc., »Currency of Freedom: Farida Nabourema and Jack Dorsey,« YouTube (15. Dezember 2022), www.youtube.com.

110 Sheryl Sandberg, »Roya Mahboob,« Time (18. April 2013), www.time.com.

111 Alex Gladstein, »Finding Financial Freedom in Afghanistan,« Bitcoin Magazine (26. August 2021), www.bitcoinmagazine.com.

112 Natalie Brunell, »Roya Mahboob: One of Afghanistans First Female Tech CEOs on Bitcoin and Freedom in her Country,« YouTube (19. Oktober 2021), www.youtube.com.

113 Alex Gladstein, »Finding Financial Freedom in Afghanistan,« Bitcoin Magazine (26. August 2021), www.bitcoinmagazine.com.

114 Alex Gladstein, »Finding Financial Freedom in Afghanistan,« Bitcoin Magazine (26. August 2021), www.bitcoinmagazine.com.

115 FIRST Staff, »Afghanistans First Female Tech CEO on the Importance of Digital Literacy,« FIRST (17. April 2018), www.firstinspires.org.

116 Alex Gladstein, »Finding Financial Freedom in Afghanistan,« Bitcoin Magazine (26. August 2021), www.bitcoinmagazine.com.

117 Ryan Leston, »Man Says his Binned Bitcoin Fortune now Worth £500 m,« BBC (19. November 2024), www.bbc.com.

118 For more information and up-to-date tutorials about how to begin your self- custody journey or purchase bitcoin on regulated, compliant exchanges, see my YouTube videos at www.shorturl.at/SRoWg.

119 Saifedean Ammous, The Bitcoin Standard: The Decentralized Alternative to Central Banking (Wiley, 2018), p74.

120 Jameson Lopp, »How to Prepare For Hyperinflation,« Forbes (6. März 2022), www.forbes.com.

121 Saifedean Ammous, Principles of Economics (The Saif House, 2023), p265.

122 Kimberly Amadeo, »Hyperinflation: Its Causes and Effects With Examples,« The Balance (30. Dezember 2021), www.thebalancemoney.com.

ÜBER DIE AUTORIN

Natalie Brunell ist Moderatorin von »Coin Stories«, dem weltweit führenden Bitcoin-Podcast. Als führende Stimme in der Bitcoin-Bildung und den Medien ist sie bekannt für ihre eindringlichen Interviews, ihre prägnante Erzählweise und ihre Fähigkeit, komplexe Finanzthemen verständlich zu machen.

Als Einwanderin der ersten Generation und ehemalige investigative Journalistin bringt Natalie eine einzigartige Leidenschaft dafür mit, die Wahrheit aufzudecken und Menschen durch Wissen zu stärken. Ihre Sendung bietet Gespräche mit den einflussreichsten Stimmen aus den Bereichen Bitcoin und Wirtschaft und zählt durchweg zu den führenden Business-News-Podcasts in den USA.

Natalie hat einen Master of Science in Journalismus von der Northwestern University und lehrte Kommunikationswissenschaften an der University of Southern California (USC). Außerdem ist sie Vorstandsmitglied bei Semler Scientific, einem der größten börsennotierten Bitcoin-Treasury-Unternehmen in den USA.